皇帝
也是人

范捷　著

宋代卷

宋代目錄

960—1279

南宋　1127— 1279

皇帝也是人

歷代卷

中華文明的歷史悠長久遠，底蘊豐厚，歷經了數千年的風風雨雨，前後更替過大大小小數十個王朝。其間曾發生過無以計數的歷史事件，湧現出眾多各式各樣的歷史人物。審視這些事件和人物，歷朝的帝王無疑是其中的主角，他們在很大程度上引領著歷史發展的潮流，主宰著一定時期內的歷史進程。他們中有的創造出輝煌的基業，有的則平淡無奇，有的甚至昏庸暴虐，但他們畢竟演繹了一段段特定的歷史，是不同朝代不可或缺的主人。

由於宮闕相隔，人們似乎總鮮見帝王們的真容，總是自覺不自覺地將其「神化」，把他們想像得是多麼與眾不同。實際上他們也同普通人一樣，有鮮活的個性，有屬於自己的喜好和情感。而這些個性化的內涵往往會不同程度地對歷史進程產生影響，成為歷史發展的一部份。本書系即着眼於此，展現歷朝帝王與普通人相同或相近的一面，讓他們從高高的皇位上走來，將其還原成一個個有血有肉、個性鮮明的普通人，以此來拉近與讀者的距離，為解讀不同時期的歷史增加新的視點。

把帝王作為普通人，並非要進行杜撰、演繹甚至編造，而是站在歷史的高度，採取嚴謹的態

四

度，在尊重史實的前提下融入哲學的思辨，採用平視的角度、故事性的筆法和適當的篇幅，關鍵是讓普通人喜歡讀。以往有關帝王的著述，大多集中於一些受關注的人物，以致造成了不同帝王間的資訊不對稱，多的過多，動輒洋洋數十甚至數百萬言；而少的又過少，造成彼此銜接上的支離破碎。本書意在簡明、兼收並蓄、節奏流暢上作些探索，並非要進行學術考證和研究，而是為了普及，給大眾讀者以閱讀的興趣。

本卷為宋代卷，原在北京紫禁城出版社出版，介紹自黃袍加身的宋太祖趙匡胤開始，宋代的十八位皇帝。此次香港三聯書店推出中文繁體字版，故將原有內文中的表達方式及相關內容作了適當調整，以適應港澳台地區及海外華人的閱讀習慣。

北宋

960—1127

心機過人的趙匡胤

宋太祖
建隆
乾德
開寶

960-976

宋代是中國歷史發展很重要的時期，湧現出許多著名的人物，其中最具影響力的無疑當數宋太祖趙匡胤。他從「後周為官」到「陳橋兵變」，從「杯酒釋兵權」到「總攬威柄」，並非像不少帝王那樣主要依仗強權和殘暴，而更多使用的是計謀和規制，這就增加了其執政的智慧和技術含量。當然，他也頗受爭議，主要是為帝的方式和重文輕武、攘外先安內的做法。

宋太祖趙匡胤像

《宋太祖蹴鞠圖》

趙普像

生於亂世
志存高遠

趙匡胤生於後唐天成二年（927年），正逢中國史上非常混亂的五代十國時期，戰亂四起，朝代頻更，各路豪強「你方唱罷我登場」，誰都想過過皇帝癮。主角盡是武夫，「亂世英雄起四方，有槍就是草頭王」，打打殺殺，強吃橫搶。趙匡胤的父親趙弘殷是後唐禁軍中的飛捷指揮使，雖也身為兵將，但與那些武夫相比，多着幾分沉穩和對書墨的敬重。

趙指揮使在征戰中忙裡偷閒生育下了趙匡胤，取名「香孩兒」。為什麼叫這麼個名字？據說當時後唐明宗李嗣源被部下擁立為帝，他出身藩族，家世貧賤，又年逾花甲，總感到底氣不足，於是每晚在宮中焚香禱告，期盼有「真天子」誕生。趙匡胤出生時體有異香，三日不散，就此起名叫「香孩兒」。這在很大程度上是出於時人的杜撰，凡是君主成功，總會有人將他們出生乃至孕育描繪得神乎其神、天花亂墜，完全可以理解，而且也沒有人去深究。

父親正式給他取名趙匡胤，匡即匡扶、拯救，胤是子嗣、後代，一看便知道老爹對兒子寄以厚望，也能看出其所擁有的書卷味道。小匡胤也沒讓父親失望，他讀書刻苦，很有悟性，且受父親的影響，在習武方面天份頗高，「學騎射，轍出人上」，幾年下來，武藝嫻熟，騎術過人。

趙匡胤青少年時期家境並不興旺，十幾年間，朝代從後唐變成後晉，皇帝換了四五任，但老爹職位始終沒有得到提升。後晉開運二年（945年），匡胤結婚成家，他看出依靠家庭難以成就大業，於是在二十一歲那年毅然離家出走，決心出外闖蕩一番。

他先是跑到父親過去的戰友那兒，想憑着老爹的面子謀份差事。沒想到那些有了權勢的叔叔、大伯根本不念舊情，誰也不願意接納他。一次，他找到鳳翔節度使王彥超，人家像打發叫花子似的只給他了幾貫錢便不再理睬。趙匡胤特別鬱悶，便拿了這幾貫錢到賭場去賭，開始手氣很臭，

不幾下便讓人把錢捲走了大半，細心的他看出了點兒其中的名堂，聰明投注，開始贏錢。但當他拿了贏的錢準備走時，那幫賭徒見他勢單力薄，一陣拳打腳踢，把他的錢搶了個精光。後來賭場有句行話，叫「趙匡胤賭——許輸不許贏」，據說就源於他此次經歷。

兩年的遊蕩生活使他吃盡了苦頭，同時也磨練了意志，開闊了眼界，這對他是一筆寶貴的精神財富。他南下來到漢水邊的重鎮襄陽，走進一家寺院。寺院的住持是位老僧，見趙匡胤身材魁梧，豹頭環目，雖衣衫破爛，但透着一股英武之氣，再一交談，更覺出其氣宇不凡。他指點趙匡胤：如今中國漢水以南的政權穩定，北方則戰亂不斷，亂世才能出英雄，所以，你應據此北上，而不應當南下。老僧贈送給趙匡胤銀兩，讓他上路。這是趙匡胤人生的一次重要轉機。

趙匡胤踏上了北歸的路程。胸中有抱負，腳步也變得輕巧。他高興了還不時地謅上幾句詩以做消遣，早晨，他看到朝霞萬丈，隨口吟道：「欲出未出光辣達，千山萬山如火發；須臾走向天上來，逐卻殘星趕卻月。」夜晚，他露宿荒野，見明月高掛，又詩性大發：「未離海底千山黑，才到中天萬國明。」沒什麼文采，但能看出他的心胸和情懷。

後漢乾祐三年（950 年），匡胤來到鄴城（今河北臨漳），在後漢樞密副使郭威軍中做了一名兵士。趙匡胤作戰勇猛，人聰明機靈，很受郭威賞識。次年郭威發動兵變篡後漢建立後周，趙匡胤因榮立戰功被提拔為禁軍東西班行首，負責宮廷的禁衛。這裡需要提一下郭威篡後漢，當時後漢主劉承祐昏庸，濫殺大臣，郭威被逼而反，一位將領在城牆上臨時扯了面黃旗給他披上，擁他稱帝。「黃袍加身」實際上始創於後周的郭威，並非後來的趙匡胤，但二者有着一種傳承的關係。

郭威的養子、即後來的周世宗柴榮經常出入宮室，對趙匡胤的英武、威儀、嚴謹印象極佳，徵得郭威同意，將趙匡胤調至自己作府尹的開封任馬直軍使，即騎兵指揮官。郭威死，柴榮繼位，趙匡胤隨之被調進中央禁軍，更加受到重用。

廣順四年（954 年），遼國扶植的傀儡北漢進攻後周，趙匡胤隨世宗前往迎敵，在高平（今山西晉城東北）雙方展開激戰。北漢軍隊在戰鬥開始時佔優，後周將領樊愛能、何徽畏首畏尾，臨陣脫逃，軍隊陣腳大亂。這時趙匡胤表現出臨危不懼的氣質，建議將禁軍分為兩部，一部由部將張永德率領搶佔制高點，用箭矢壓制敵軍；另一部則由他率領從左翼衝擊敵陣，世宗允准。趙匡胤高喊：「主危臣死，拚死效忠的時候到了！」率領兩千騎兵奮勇拚殺，北漢軍隊潰散，後周軍隊反敗為勝。

高平之戰令世宗對趙匡胤更加刮目相看，破格提拔他為殿前都虞侯，命其整頓禁軍。趙匡胤對禁軍汰除老弱，調選精壯，組建殿前司諸軍，戰鬥力大為增強。整頓中，趙匡胤開始發展自己的勢力，安排親信，結交將領，使得實力漸長。又經與後蜀、南唐的戰爭，趙匡胤指揮有方，作戰威猛，進一步被提拔為忠武軍節度使兼殿前都指揮使。

這時趙匡胤在朝廷中的地位可就非同小可了。他作為武將，已不光關注軍務也開始重視文人，趙普、王仁瞻、楚昭輔、李處耘等先後被羅致麾下，成為心腹幕僚。他開始留意經史、禮儀，提高素養。在攻打南唐時，他收繳了數千卷書籍，抓緊時間攻讀。周世宗對他的變化頗感驚訝，問道：「卿為將帥，應以治戎裝、磨刀劍為正事，怎麼讀起書來？」匡胤答道：「我受皇上重任，常感力不從心，所以要多學多聞，增加見識，以不辜負聖上的重託厚望。」幾句話搪塞了世宗的疑問。他越發注意結交權貴，不僅包括原來維繫的中下層軍官，還進一步搞好與高層官員的關係，府第經常高朋滿座，貴客盈門。

此間發生了兩件頗為蹊蹺的事兒：一是宰相王樸突發腦溢血而死，趙匡胤平時很忌憚這個人，常被其訓得「唯唯而退」，這下能鬆口氣了；二是世宗發兵親征契丹，莫名其妙地在路上撿到一塊書有「點檢作天子」的木牌，「點檢」是禁軍最高官員殿前都點檢的簡稱，時任此職的是太祖郭威的女婿張永德，與世宗算是郎舅之誼。當時世宗沒在意，不想收復了契丹所佔的瀛、莫、易三州及莫北的三關之地後突染重病，不得已撤回開封，病危中想到了木牌的事兒，感覺是個「不祥之兆」，擔心自

己死後禁軍會鬧事而威脅到自己年幼的兒子，於是撤掉了張永德，換上了「忠誠可靠」的趙匡胤。不久，世宗死，由他七歲的兒子柴宗訓繼位。

陳橋兵變
黃袍加身

此時到了趙匡胤人生最關鍵，也是最考量其智商、膽略、心理承受、決斷能力的時機和階段了。七歲的宗訓繼位，後周形成了「主少國疑」的局面，而趙匡胤任殿前都檢點，執掌禁軍大權，機會毫不吝嗇地呈現在他面前。該怎麼辦？他明白「機不可失，時不再來」，同時也深諳其中所要承擔的巨大道義壓力和行動風險。

趙匡胤跟往日一樣表現得很平靜，一副對朝廷忠心耿耿的樣子，操持軍務，侍奉幼主。但這時他所統轄的禁軍在人事安排上悄悄出現變化，殿前司原空缺的殿前副都點檢、殿前都虞侯分別由慕容延釗、王審琦擔任，連同已任殿前都指揮使的石守信都是趙匡胤的故交；侍衛司則由韓令坤、高懷德、張令鐸分別接任了侍衛都虞侯、侍衛與軍都指揮使、侍衛步軍都指揮使，幾名跟趙匡胤不親近的官員遭到裁撤，新任的幾個人都是趙匡胤的親信，後兩位後來還成了趙匡胤的親家。

大家都預感到要發生什麼，朝野間不時傳出「時人咸謂天下無主」的風聲，那些忠於後周的官員馬上意識到風頭的起源，指出趙匡胤不應再掌管禁軍，甚至有人主張先發制人，及早幹掉這個禍根。但是，此時就實力而言，想仰仗小皇帝柴宗訓和太后符氏孤兒寡母的實力去做掉羽翼漸豐的趙匡胤已是很不容易、甚至不可能了。

後周顯德七年（960 年）正月初一，即宗訓繼位半年左右的時間，君臣正在朝賀新年，忽然傳來遼與北漢聯兵入侵的邊報，幼帝徵得宰相范質、王溥的同意，令趙匡胤率禁軍前往抗敵。此時人們很自然地聯想到當年

太祖郭威就是因為邊防「有警」，率兵出征發動兵變而稱帝的史實。所以，趙匡胤要出征的消息一經傳出，京城立即流言四起，說「出軍之日，當立點檢為天子」。次日，趙匡胤率兵出征，來到離開封幾十里的陳橋驛，在趙普、趙匡義（趙匡胤之弟，後宋太宗趙光義）等一幫官員的策動下，軍隊發生兵諫。當晚，趙匡胤被人們從寢室中擁出，眾將校高喊：「諸軍無主，願策太尉為天子」，這時有人將一件做好的黃袍披在了他身上，眾人跪拜，高呼「萬歲」。趙匡胤隨即率軍返回京師，在留守將軍石守信等人的協助下，很快掌控了局面。小皇帝無奈，只得召集百官宣讀了別人早為他準備好的「禪位制書」，讓位於趙匡胤。因曾為歸德軍節度使，駐宋州，所以趙匡胤宣佈國號為「宋」，改元「建隆」，此即「陳橋兵變」和「黃袍加身」的故事。

趙匡胤就這樣當上了皇帝。他的稱帝應當說與歷代君王在身份上很不相同，他既不是諸侯割據的地方勢力，也不是皇子皇孫，更不是揭竿而起的綠林頭領，他是當朝的官員，以此身份做君王，是要背負僭越、謀反之罪名的。正因為如此，據說他在出征前很猶豫，當時老百姓聽說要發生兵變，人心惶惶，紛紛準備出城避難；事發突然，許多環節尚欠周密，萬一有所閃失，豈不功虧一簣？猶豫之中他回到家中，說：「外面到處議論我的出征，這該如何是好？」此時他妹妹在廚房裡，出來叱道：「大丈夫臨大事兒應當自決，跑回家說什麼？」一句話把趙匡胤逼到了懸崖邊上。

趙匡胤就這麼率軍還都了，表現得很低調，很被動，給人的印象似乎沒有任何想法，完全是被眾軍將所擁戴，是順應「天意」、迫不得已、被逼無奈地當了皇上。當然，到底是怎麼回事兒，他心裡清楚，別人也不糊塗。但他有自己的解釋：「帝王之興，自有天命，求之亦不可得，拒之亦不能止。」

但後人似乎並沒有抓住趙大人的小伎倆不放，而是採取了寬容的態度。說起「陳橋兵變」和「黃袍加身」，總帶有些許的恭維，把其視為趙大人智慧和謀略的展現。這就是中國人的傳統思路，「成者為王敗者為

寇」，只要能成功，採取什麼樣的手段都可以忽略不計。更何況趙匡胤結束了五代十國的混亂局面，實現了國家的統一。在中國人的理念當中，統一是衡量是非成敗非常關鍵的要素。

趙匡胤成功了，在眾人的簇擁下登上了皇帝的寶座。此時似乎已沒有人再去追究其權力的「合法性」，後世也較少有人去給其編織罪名。趙匡胤乃英雄出世，一代聖主，英雄是亂世之雄，君主是治世之主，雄才大略，文武兼具，盛譽還嫌不夠，還顧得上詆毀？人常說「識時務者為俊傑」，實際上是「識俊傑者懂時務」，中國人的腦筋轉得快。

但不追究問題並不等於沒有問題，不背負罪名並不等於沒有罪名。如果按照「忠君」、「孝父」的祖制，別說小皇帝七歲，什麼事也不懂，就算還沒出生，也應當「乖乖」地在那兒等著。你看一世名相諸葛亮，守著沒出息又傻到家的阿斗，照樣「鞠躬盡瘁，死而後已」，留得身後一世英名。

但如果有人要問，皇位為什麼就不能篡，權為什麼就不能奪？難道權力就只能專屬帝王一家，別人欲執掌就是僭越，就是「篡黨奪權」、犯上作亂？難道趙匡胤就不能理直氣壯、正大光明地取代小皇帝，卻偏要羞羞答答、遮遮掩掩？史學家就不敢公然讚賞趙大人的膽識和氣度，為其改朝換代喝采？回答一個字：難。中國沒有如此的社會基礎，也不具備這樣的思想理念。多少年來，皇權都是世襲，小皇帝就是穿著開襠褲、流著鼻涕也照樣能接班，這合理嗎？不合理，但它合乎封建社會的典章之法。要改變它，不是通過大規模的「武裝鬥爭」，就是通過皇室內部的自相殘殺。像趙匡胤這樣從統治集團內部平和更替，較少流血，從亂到治，是不多的，所以，應當給予他客觀的評價。

整飭朝政
「燭光斧聲」

趙匡胤稱帝後，先後攻滅荊南、湖南、後蜀、南漢和南唐諸國，加強了對契丹的防禦；出台了不少政治性的措施，推行「文人治政」。他的從政風格和理念很有特色，不像有些開國君主一上台就對功臣痛下黑手，也不窮兵黷武、好大喜功，而是講究謀略，各個擊破；苦練內功，從制度上解決問題；強調節儉，力戒奢華和反對腐敗。

因為其稱帝的特殊經歷，趙匡胤從上位那天就很收斂。一次乘駕出宮，經過大溪橋，有人向他射來箭鏃，換作別人早勃然大怒了，不血洗也得抓上一群人解解氣，但他卻撩開車布簾子，衝着箭鏃射來的方向喊：「射吧，射吧，射死我這皇位也輪不到你。」另一說法是他坦然說：「謝謝他教我箭法。」弄得那刺客都覺得掃興。

趙匡胤是從禁軍頭領登上皇位的，深知軍權過重對於政權的威脅。他加冕後那些擁立他稱帝的後周官員自恃有功，恣意妄為，甚至不把他這個皇帝放在眼裡。換作別人早就暗動殺機了，「鳥盡弓藏，兔死狗烹」，但他卻不計較，反而整天放下架子與那些武夫們混在一起喝酒、神侃。有人私下裡勸他，做皇帝就得有做皇帝的樣兒，講究君臣尊卑，不然臣下會瞧不起你。可他卻不在乎。有一次喝到動情處，說道：「要不是靠眾將擁立，我不會有今日。但是作了天子日子也很難受，不如作節度使時自在，沒一夜睡得安穩。」眾將問為何，他說：「我這位子誰不想坐？」眾說：「天命已定，誰敢有異心？」他說：「你們不會有異心，但若有一天你們的部下也把黃袍披在你們身上，你們不想作皇帝也很難吧。」眾將大驚，下跪說：「我們沒想到這一點，請陛下指一條生路。」趙匡胤說：「人生在世不過為了榮華富貴，我為你們打算，不如交出兵權，去地方當官，廣購良田美宅。為子孫後代留下份產業，自己也天天快樂。我再與你們聯姻，君臣沒有猜忌，不是很好嗎？」眾將第二天就交出了兵權。這就是「杯酒釋兵權」的故事。

解除了將領們的兵權，趙匡胤又在中央及地方大批使用文官。任用文人，有利於提高政權的文化格調，提高官員們的素質。有句話叫「半部論語治天下」，就是趙匡胤的宰相趙普講的，他喜歡讀書，「手不釋卷」。趙匡胤非常重視文人。金人打敗北宋，佔領皇宮時發現趙匡胤刻在石碑上的遺訓有三點：「一，柴氏子孫有罪，不得加刑，縱犯謀逆，止於獄中賜盡，不得市曹刑戮，亦不得連坐支屬。二，不得殺士大夫及上書言事人。三，子孫有渝此誓者，天必殛之。」但是，文人掌權，軍力會削弱，避免軍隊威脅政權，可對外則減少了戰鬥力，宋代軍事實力弱，則成了趙匡胤「重文輕武」的結果之一。

任用文人，需要進行科考。趙匡胤調整了原有的科舉考試制度，增加了「殿試」，即御考。過去科舉主要通過「鄉試」，在各省、州舉行，由地方官主持，這就難免出現舞弊現象。趙匡胤把科考權力收歸朝廷，不僅提升了考試的質量，而且限制了地方官營私舞弊。

宋代以前，地方藩鎮和勢力較大的州郡經常以各種借口截留賦稅，長此以往，便形成了「留使」和「留州」，國庫收不上錢來。地方截留多了，財大氣粗，便可以擴展勢力，「擁兵自重」，與中央王朝形成對抗。趙匡胤將那些截留也作為稅種收繳，來了個釜底抽薪，中央財政殷實了，地方的膨脹勢力得到了抑制。

開源還需節流，多少政權都因為揮霍無度而垮台。它不僅能耗盡國庫中的銀兩，還在消磨着官員們的意志。「成於儉而毀於奢」，趙匡胤懂得其中的道理，他非常崇尚節儉。宋代建築相比其他朝代的建築比較低矮，包括皇家建築，絕對跟趙匡胤的處事風格有關。他持儉戒奢，富日子當窮日子過，有時簡直到了非常苛刻的地步。當時平定南方諸國，大量金帛財寶被源源不斷運至汴京，被作為戰備物資封存，不許動用。他稱帝時皇宮的陳設非常簡單，本人吃穿特別不講究，衣服是用質地很差的紡織物做的。弟弟勸他別那麼「慳」，他說你們難道忘了我在夾馬營是怎麼活的嗎？夾馬營是他出生的地方。他盡量減少身邊的工作人員，偌大一個皇宮僅有五十多個宦官和三百多個宮人。他不但自己持儉，也要求

屬下這麼做，規定辦私事不能用公家的物品，據說官員看家信都不敢點公家的蠟燭，有「滅蠟看家書」的說法。

趙匡胤的措施可以說是絲絲入扣，環環相連，動了相當多的腦筋，想了非常多的辦法，每項措施都很有針對性，操作性很強。因為他是從底層混上來的，有豐富的底層工作經驗，知道弊端在哪兒，該怎麼處置，別人騙不了他。

客觀講，趙匡胤的許多做法是具有積極意義的，比如他的敬業、寬容、務實、節儉、公正以及較真等等，具有感染力和震撼力，為世人所稱道；而且他在維護統一、發展經濟、豐富文化、淳化民風等方面都做出了非常有益的貢獻。但是他強化中央集權，使原本就充滿惰性的國度愈發失去了活力；他改革稅賦，在一定程度上壓抑了地方和民間的財富，壓抑了社會生產的發展，形成了「積貧」；因為重文抑武，宋在中原歷朝的版圖中是最小的，形成「積弱」。中原對北方游牧民族長期採取守勢，大約就是從宋開始的，這對民族性格產生了非常不好的負面影響。

趙匡胤的脾氣秉性，對於他成就霸業、構建制度的影響很大。他心機很深，善用計謀。不過，人常說「聰明反被聰明誤」，「搬起石頭砸自己的腳」，這用在趙匡胤身上似乎很合適。他長於陰謀，最後竟是被陰謀所害。據史書記載，趙匡胤為帝的第二年，其母親杜太后因病去世。臨終前老太太問趙匡胤為什麼能當上天子？趙匡胤說是先祖及老太太您積德積功的結果。老太太說你別敷衍我了，你能稱帝是因為周世宗死後國君年幼，如果是成年人繼位，你根本就別想當上皇帝。所以，你將來身後應傳位於你的弟弟光義，光義傳光美，光美傳德昭（趙匡胤子），國有長君，這是社稷之福。趙匡胤見老太太奄奄一息，答應了。據說當時還由趙普當場記下老太太的遺囑，藏於金盒子裡面，史稱「金匱之盟」。

這事兒聽着實在有點兒太蹊蹺，老太太臨終下遺囑決定皇帝傳位的事兒，好像不太靠譜，歷史和皇室好像都不可能賦予她那麼大的權力，更何況還由宰相記錄下放入金匱存檔，實在有點兒不合規制。皇位繼承是

父傳子嗣，這是多年形成的規矩，也是封建社會賴以存在的基礎，一個老太太可以隨意更改，有些不可信。何況那時太祖剛即位兩年，三十幾歲，兒子也已十幾歲了，似乎並不存在今後傳位會出現「主少國疑」的局面。這時立遺囑好像是要咒皇帝早死，更不合乎情理。而這一切都是其弟趙光義當上皇帝後說的，空口無憑，死無對證，是個「無頭案」。

而趙匡胤的死就更密霧重重。據說趙匡胤約弟弟光義到宮中喝酒，哥倆兒把宮女和宦官支開，殿內只剩下兄弟二人對斟對飲，外人見帳內燭影晃動，有人聽到有柱斧戳地的聲音，即史傳「燭光斧聲」，第二天發現趙匡胤已死，時年只有五十歲。有人說當天趙光義住在了宮裡，也有人說是第二天一早被人叫來，其實這已經不重要了。趙光義隨之繼位，但不管怎麼說還是個趙家人。

宋太宗
太平興國
雍熙｜端拱
淳化｜至道

才疏慮深的
趙炅

976-997

中國歷代帝王更替，大部份是子繼父業，先帝無子嗣才實行兄終弟及。但趙炅卻是在太祖子嗣健全的情況下以弟弟的身份承得皇位，這在中國封建傳承史上是極少有的。他的繼位及身後傳位的事幾乎困擾他一生，窮其心思去編造和處置，甚至不惜使用暴力，以致留予後人諸多疑點和話題。

宋太宗赵炅像

繼兄稱帝
「迷霧」團團

趙炅是太祖匡胤的弟弟，原名趙匡義，匡胤登基後，為避兄長名諱，改名光義。光義續位後第二年，下詔改名為炅（音炯）。他們兄弟的父親趙弘殷，為後唐禁軍的飛捷指揮使。當年趙指揮使年齡尚輕，還未發跡，一天路過一個村落，天降大雪，他被凍得瑟瑟發抖，躲在一大戶人家的屋簷下避雪。這個村叫杜家莊，他避雪的地方是莊主杜老太爺的莊院。莊丁見他可憐，招呼他進院取暖，結果被老太爺撞見，見他相貌英俊，頗有些氣質，便以酒飯款待，並招呼他住上幾天。這一住不想讓老太爺相中，將自己第四個女兒許配予他。

杜家莊前有個水窪，叫「雙龍潭」，不知原來就這麼叫還是後來人們給起的。杜家四小姐與趙弘殷成親後，先後生了三個兒子，老大即趙匡胤，老二即趙炅，當時叫趙匡義，老三叫趙匡美，結果老大、老二後來先後做了皇上。而人們則認定那汪「雙龍潭」是先兆。

當時正處於五代十國兵荒馬亂時期，政局不穩，杜氏經常把匡胤、匡義兄弟倆放在筐裡擔在肩上四處避難。當時一個有名的道士陳搏見了喃喃自語：「都說當今沒有真命天子，現在卻將天子上擔挑！」實際上匡義比匡胤小十二歲，兄弟倆根本就不可能同時坐在筐裡。這就得懷疑史傳的真偽了。

匡胤於二十一歲那年外出闖蕩，匡義年少，仍留在母親身邊。匡胤幾經磨難，加入後周禁軍，作戰勇猛，勤於軍務，慢慢熬到了高官。這時匡義被大哥帶到了軍中，有兄長「罩」著，匡義也很快擔任了官職。從兩人成長的軌跡看，頗為相似，都是年紀尚輕就進入了軍界，成為了一名職業軍人；都作戰勇猛，極具才幹。但仔細觀察，便會發現，兩人出道的情形很不相同，匡胤當年是外出獨自闖蕩，從軍後慘淡經營，靠自己打拼出一片天地，而匡義從小圍繞在父母膝下，長大後靠父兄「引上道」，深得庇護。

趙炅
宋太宗

匡義真正走到歷史前台或者說受到世人的關注是他擁立匡胤稱帝。這是一次非正常的政權更替，後周世宗死，七歲的兒子柴宗訓繼位，擔任殿前都檢點的匡胤北征抗遼，在眾將的擁戴下「黃袍加身」，代後周自立。匡義在其中發揮了重要作用，他憑着掌有的權力和特殊的身份，充當組織、煽動、聯絡、實施的角色，幹得天衣無縫，得心應手。

太祖稱帝，匡義受命殿前都虞侯，領睦州防禦使、泰寧軍節度使，太祖出征，總讓匡義留守京師。建隆二年（961 年），匡義任開封尹，同平章事，這時他改名光義，老三匡美改名光美。太祖即位後，仍沿用後周舊制，以開封為東京，河南府為西京，即洛陽。平定江南後，太祖曾一度想還都洛陽，群臣勸阻，太祖說道：「汴梁地居四塞，無險可守，我想徙都關中，倚山帶河，可以裁去冗兵，為長治久安的根本。」這時匡義出面相勸，說：「為政在德，不在地勢險要，何必定要還都？」太祖覺最終放棄了還都的打算，此後北宋九朝一直以汴梁即開封為都。

在光義任開封尹的那年，杜太后病重，召來幾個兒子和樞密使趙普交待後事，那情形講太祖時講了，史稱「金匱之盟」。這段「史實」講起來總讓人感到心裡有些彆扭，歷史編一編在所難免，因為那都是人寫的，總會摻雜着人們的想像和判斷。但是要編得讓一個老太太臨危改制，而且篡改的是封建傳嗣之制，就顯得有點兒離譜。

開寶九年（976 年）十月二十日，太祖招呼趙炅到宮裡喝酒，哥倆兒把宮人們支開，坐在那裡對斟對飲。宮人在殿外見燭光中人影晃動，有柱斧戳地的聲音，第二天人們發現太祖已氣絕身亡，即「燭影斧聲」的傳聞。關於「金匱之盟」和「燭影斧聲」，人們大都冠之以千古「謎團」，其實根本就不是什麼「謎」，不如改個字，叫千古之「謊」。看中國的史料，凡是稱為「謎」的其實都特清楚，或者說再清楚不過了，只不過世人不好說或不敢說，所以才冠以「謎」字，這顯示出中國人的智慧，也道出了中國人的尷尬。

這裡得說一說太祖和光義的關係。太祖跟別人特有心機，但對這個弟弟

絕對相當厚道，特別信任，顯現出做大哥的氣度和情懷。稱帝後封其為晉王，掌開封府尹，又加授中書令，位列宰相之上。一次光義生病，身為至尊的太祖親手為弟弟灼艾，即在身上燒一種藥草，疼得光義吱哇亂叫，為安慰弟弟，太祖取來艾草自灼，這大哥當得沒話說。講這些是說光義應當感恩戴德，誠心盡意、死心塌地地尊敬太祖。

但結果怎麼樣呢？得知太祖去世，皇后宋氏急忙命宦官王繼恩去召皇子德芳入宮，誰知這廝出宮後竟直奔晉王府，光義也似乎早有準備地等候在府門前。聽到長兄過世及嫂子召見的消息，光義表現得很「驚詫」，但也很平靜，他並未急於前往，說是要與家人商議一下。王繼恩催道：「時間久了，恐怕被別人搶先了！」他這才冒着風雪趕往宮中。到達宮門外，王繼恩請光義稍候，自己進去稟報，與光義同去的晉王府左押衙程德玄說：「直接進去就是了，還等什麼？」遂與光義逕直闖入了寢宮。

宋皇后見到王繼恩回來，問：「德芳來了嗎？」王繼恩說：「晉王到了。」宋皇后一見光義，滿臉愕然，心裡全明白了，說道：「我們母子性命都託付於官家了。」宋代把皇帝叫官家，她這麼稱呼，表明承認了光義繼位為帝的現實。光義表現得很悲痛，流着眼淚說：「共保富貴，不用擔憂。」

攻遼受挫
心虛氣短

趙光義就這麼登上了皇位，當年即改元太平興國，太平興國二年，下詔改名為炅（音炯）。他首先對在皇位更替中比較敏感的人做了一番安排，讓弟弟光美接替自己擔任開封府尹兼中書令，封齊王，為避他的名諱光美又改叫廷美，這弟弟因兩哥哥先後稱帝，而改了兩次名；封太祖的兒子德昭、德芳為節度使和郡王，女兒被封為公主；廷美的孩子也都稱為皇子皇女；太祖的舊部薛居正、沈倫、盧多遜、曹彬和楚昭輔等人都加官晉爵，兒孫也獲得官位；一些太祖曾處罰或想處罰的人則予以赦免。

趙炅從兄長手中接過大宋的權杖，當時雖江山已定，但統一還未實現，南方還有吳越王錢俶和平海軍節度使陳洪進，北方還有北漢及遼國。

割據於漳州、泉州一帶的陳洪進勢力較弱，吳越及南唐滅閩後都曾覬覦他，陳洪進為了尋找靠山，主動找宋請求加封，太祖任命其為平海軍節度使，陳則向宋稱臣納貢。趙炅繼位後陳為了自保，又獻出漳、泉二州二十四縣的土地戶口，趙炅封其為武寧節度同平章事，賜第京師；吳越王錢俶尊旨到宋，被扣，無奈交出了所管的十三州一軍，共八十六縣，五十五萬多戶，十一萬多兵士，削去吳越國號，先後受封許王、鄧王。至此，南方完全統一，這實際上是太祖一朝打下的基礎，趙炅屬於坐享其成。

趙炅稱帝後真正打的第一仗是進攻北漢。北漢是受遼國保護的小國，割據於山西中北部，太祖時北漢主劉承鈞死，王室發生內訌，宋乘機攻漢。北漢權臣郭無為殺劉繼恩另立劉繼元，引來遼軍，宋與遼軍相持了兩年。趙炅即位，決定再次攻打北漢，任命潘美為北路都招討使，率崔彥進、李漢瓊、劉遇、曹翰、米信、田重進等勇將分四路出兵，圍攻太原。這個潘美就是小說《楊家將》中潘仁美的原型，實際上並非像小說中描述的那麼壞。北漢國主劉繼元見宋軍來攻，急忙又向遼國求救。當初太祖為統一南方，遼國則忙於內部爭鬥，雙方都無暇他顧，曾簽有和約。遼見到宋出兵便遣使到宋，問宋為何伐漢，趙炅覺得自己與遼國的實力已今非昔比，態度傲慢，說：「河東（指北漢）逆命，應當問罪。若北朝不援，和約如故，否則惟有開戰。」遼使悻悻而歸。

趙炅親征，宋軍在太原城外築起壕塹，截斷城內一切物資供應。他知道遼國定會出兵，於是派邢州判官郭進佈兵太原石嶺關，阻截遼軍。遼派宰相耶律沙為都統出兵救漢，被郭進擊退於石嶺關外，遼將耶律德烈戰死。救兵不到，劉繼元急得抓耳撓腮，幸得建雄軍節度使劉繼業助戰，才使城池不失。雙方苦戰月餘，北漢眼看頂不住了，軍心大亂，指揮使郭萬超等出城降宋。趙炅給劉繼元下詔：「越王吳王，獻地歸朝，或授以大藩，或列於上將，臣僚子弟，皆享官封。繼元但速降，必保終始，

富貴安危兩途，爾宜自擇！」劉繼元算是「識相」，馬上遣使奉表請降，趙炅對其加官行賞，賜襲衣金帶，銀鞍勒馬，授檢校太師右衛將軍，封彭城郡公。名將劉繼業也一同歸宋，此人原姓楊，入漢後賜劉姓，趙炅讓其恢復楊姓，改名業，授右領軍衛大將軍，這就是《楊家將》中的楊老令公。宋滅北漢，得其十州、一軍、四十縣、三萬五千多戶，至此，五代十國割據時代全部結束。

這一仗讓趙炅自我感覺極好，他覺得領軍打仗不過如此，大宋王朝將在自己的統帥下所向披靡。於是，剛滅完北漢，他不顧將士疲憊、糧草將盡，甚至沒論功行賞，就要順道攻打下一個目標—— 遼國。對此，潘美等人認為「師勞餉匱，不宜再戰」，但有個叫崔翰的總侍衛說「機不可失，勢所當乘」，這人是揣摩到趙炅的心思，推波助瀾。

遼國是起於北疆的契丹族政權，早於宋半個多世紀由耶律阿保機建國，國號契丹，後改國號為遼。後唐清泰三年（936年），後唐河東節度使石敬瑭反唐自立，建後晉，為求得契丹扶助，不惜遭世人唾罵而甘願做小自己九歲的遼帝的兒子，割讓給契丹「燕雲十六州」，即今北京、天津以及山西、河北北部的一大片地界，使得契丹的勢力向南大為擴展，而中原則失去了防禦北方的天然屏障。太祖時曾想湊幾十萬贖金索回十六州，並想如果契丹不同意，就用贖金招募兵勇武力奪取，可惜太祖生前未能實現這一夙願。

征討十六州，對宋來說無疑是件好事，光復疆土，振奮國威，解救十六州的漢民，而且宋也具備這樣的實力，但是，必須把握好時機並做好充分的準備，但趙炅對敵我雙方的實力沒有正確估計。北漢是個居於雁北一隅的割據小國，外受宋統一大勢所迫，內為權力勾心鬥角，國家動盪，對外依附性強，宋滅北漢屬於順風順水，大勢所趨；可遼國就不一樣了，其發起於北疆大漠，精於騎射，性格慓悍，經耶律阿保機等幾代經營，汲取了中原文化的養份，雄踞於中國的北方，包括河北中東部的富庶地區，進可俯視中原，退可周旋於塞北；而宋基業初定，雖平息各方割據勢力，實現了中原的統一，政權屬於上升期，但尚需休整和積蓄實力，

趙炅
宋太宗

也就是說，如果把攻遼想像得像打北漢那麼容易，就大錯特錯了。

但趙炅沒有真正認識到這一點。這並不是說彼此雙方就是遼強宋弱，宋攻遼是以卵擊石，那樣趙炅的智商也就太低了，論實力宋應當還是很強。但是，宋所興的是一支疲憊、困頓之師，兵將們打北漢身心俱疲；趙炅雖為行伍出身，但並未獨立指揮過大的戰事，取勝北漢只是一場小的局部戰爭，而且靠的是太祖時期的一批老將，人常說「身經百戰」，不經過長期戰爭的磨礪，是難以獲得取勝之匙的。

再就是深層次、也是致命的問題，即宋代的作戰及領兵體制。太祖為防止軍將權力過大，擁兵自重，給中央集權帶來麻煩，實行「兵將分離」的體制，帶兵的不能指揮打仗，而指揮作戰的平時又不帶兵。可太祖當初還能給各級將領以很大的自主權，因為他畢竟是馬上天子，能「鎮」得住那幫武夫，征伐南唐時他任命曹彬統一節制五路兵馬，並賜予尚方寶劍。可到趙炅這兒就不同了，他沒有多少領兵的經驗，也沒有赫赫戰功。於是，他把軍將們管得非常死，出兵幾路，任命各自的統帥，但互不統領，作戰時要按照他制定的《御制平戎萬全陣圖》行事，稍有更改，都要經過他的批准。這就離譜了，打仗是需要審時度勢、隨機應變的事情，如果按照既定的戰法，軍將們沒有任何決斷和處置權力，其結果就可想而知了。

趙炅率大軍於太平興國四年（979 年）進抵易州、涿州，兩個州的遼官都是漢人，見宋軍開來，均開城投降。趙炅挺高興，又率兵抵達遼國的南京，即現在的北京，命宋偓、崔彥進、劉遇、孟玄哲分別率軍從四面攻城，遼守將耶律學古拚死抵抗。宋軍因連續作戰，兵士懈怠，南京久攻不下。這時有探卒來報，說遼國援兵來救，已行至高梁河。趙炅遂下令不再攻城，舉兵前往高梁河迎敵。宋軍趕到河邊，正遇遼軍越河而來，宋軍立即發動攻擊，遼軍敗退，趙炅甚是得意。不想遼軍稍作調整很快從兩翼殺來，領兵的分別是遼國名將耶律斜軫和耶律休哥，宋陣大亂。耶律休哥率部直衝宋軍指揮營地，趙炅大驚失色，慌忙撤退，護駕的兵將被衝得七零八落，趙炅幸得輔超、呼延贊等人護衛才退到了涿州。正

要入城，耶律休哥又率軍追來，趙炅與殘兵再逃，這次他跟隊伍走散，慌不擇路，天色黑暗，陷入了泥潭。在此危難之際，碰巧楊業從太原押運軍需路過，將趙炅救起，騰出輛轤車讓其乘坐，自己和兒子率兵迎擊遼兵，其他敗退的宋將受其鼓舞，一併反擊，殺退了遼兵，護送趙炅回到定州，又從范陽返回汴梁。

這次失敗對趙炅無論從心靈和肉體都是一次沉重的打擊。作為大宋的皇帝，本來躊躇滿志，想着弘揚霸業，炫耀皇威，沒想到卻被遼軍殺得丟盔棄甲，還差點兒丟了性命。據史料記載，趙炅正是在這次逃亡中腿上中了兩箭，此後始終沒有治癒，時常復發，最後正是箭傷斷送了他的性命。

高粱河之役後，宋遼互有攻伐，互有勝負，其中規模較大的有太平興國五年的親征。宋遼雙方漸成相峙不下之勢。雍熙三年（986 年），有朝臣上書，說：「契丹主年幼，國事決於其母，韓德讓寵倖用事，國人疾之，請乘其釁以取幽薊。」參知政事李至上言：「京師為天下之根本，皇上不離輦轂，而命將出征，可以顯得從容。」趙炅決定自己坐鎮京師，派曹彬、米信、田重、潘美、楊業等率三十萬大軍分東、中、西三路北上攻遼。諸將臨行前向趙炅陛辭，趙炅告誡：「潘美可先趨雲州，曹彬等率十萬人馬，聲稱進取幽州。行軍途中不可貪利爭進，應持重緩進。敵人聽說我軍到來，必然都去救范陽，無暇顧及山後，那時再行攻殺，可望成功。」眾將領命，分路並進，初戰進展順利，接連小勝。但遼太后及遼聖宗率大軍殺來，東路很快潰敗。趙炅聞得戰報，十分懊惱，召回東路的曹彬、米信，部署中、西兩路推進，結果這兩路也相繼失敗。西路的楊業父子在戰鬥中浴血奮戰，殺敵無數，但潘美及監軍王侁未能按照約定接應，結果楊業父子被遼軍包圍，身負重傷、寡不敵眾，被俘後不屈守節而死，表現出高尚的氣節。

治政傳嗣
處心積慮

對遼作戰接連失利，特別是雍熙北伐受挫，使趙炅在治政上漸漸把重點轉向內政。

趙炅說：「朕每讀《老子》至『兵者不祥之器，聖人不得已而用之』，未嘗不三復以為規誡。王者雖以武功克定，終須用文德致治。」此番話即為他治政定下了基本的調子。他將太祖做法進行修訂、完善，將其固定下來，成為宋朝統治的基礎。宋朝都將太祖所創立的制度法規稱之為「祖宗之法」，實際上其始創於太祖，成熟、完善卻是在趙炅，趙炅雖然武功不及兄長，但處理朝政絲毫不比兄長遜色。

首先是吏治，即官宦體制，這對於政權來講是最關鍵也是最致命的。五代時期政權更替頻仍，主要因為地方割據勢力握有很大的軍權及財權。太祖時限制了各方節度使的權力，到趙炅時則進一步削弱，讓節度使、防禦使、團練使、州刺史等都成為只領取俸祿的「虛銜」，實權則由朝廷派遣的知州、通判等命官執掌，這些命官基本上都是些不會領兵的文人。各州的軍隊全部隸屬中央，這就徹底消除了軍閥割據的隱患。這裡要特別說明，趙炅的法子與時下西方國家由文人領銜軍職的做法是截然不同的，西方的「文官」制度是為了讓軍隊保持「中立」，不參與黨派之爭，但並不影響或者說更能加強軍隊的作戰能力；而趙炅則完全是為了掌控權力，防止軍隊危及皇權，這樣勢必極大地削弱軍隊的戰鬥力，使宋代的「積弱」進一步加深。

對待武官是這樣，對付文臣也是如此。趙炅即位後在朝廷中設置了大批官職，包括自唐、五代沿襲下來的舊官位，還增設了大批新官職，一時間烏紗滿天飛。但趙炅讓這些官員頂上烏紗並非給其「實權」，絕大多數是有職無權，無所事事，三省、六曹（六部）、二十四司的官員除非領有聖旨，並不能管本部門的事務，所謂「事之所寄，十無二三」。此外，僕射、尚書、侍郎、郎中、員外等，當官不管事兒的十有七八，機構臃

腫、冗員充塞，在我國是一個歷史性的問題。趙炅將官制分為官、職和差遣三類，官、職並無實權，差遣才握有權力，這部份人都是由皇帝欽定。用這種辦法設置官位，官員的數量非常多，但擁有的權力卻非常小，這就難以形成強大的勢力，從而保證了皇權的穩固。但是，其造成官僚體制極度「暴脹」，政權活力嚴重不足，管理成本劇增，給社會帶來了沉重的負擔。

要大量安排官員，必須有一個暢通、合理的人才選拔渠道，趙炅在這方面又是個「大內高手」，他將自唐傳承下來的科舉制度進一步發揚光大。一是擴大取士的人數，即位後第一次科舉錄取的人數就比太祖時最多的一年增加了兩倍多；二是將科舉的權力收歸到朝廷，由皇帝主持，即「殿試」或「御考」，這與加強皇權的思路是一致的；同時實行「糊名考校法」，嚴格考試紀律，提高了科舉的規格和公正度。士子們通過御考而「金榜題名」，屬於「天子門生」，自然會對皇帝心存感激，全心全意地為皇帝效力，無形中又進一步鞏固了皇權的地位。

主持科考，必須有相當的文化修養，否則根本沒法去考別人，也沒法在文人中樹立威信，特別是像宋代這樣以文人治政的朝代。所以，趙炅特別重視讀書。剛即位就命翰林學士李昉、扈蒙、徐鉉、宋白等人收集歷代文史資料，編纂成《太平御覽》、《太平廣記》、《文苑英華》等大部頭叢書，其中《太平御覽》原名《太平總類》，共一千卷，編成後須每日呈送三卷供他閱讀，手下人認為這麼讀量太大了，上言道：「每天閱讀三卷，恐聖躬疲倦。」他答道：「開卷有益，朕不覺得疲倦。此書共千卷，朕欲一年讀完。」為此，編撰者將此書系更名為《太平御覽》。這三部巨製連同宋真宗時編纂的《冊府元龜》，被稱為「宋代四大書」，是後世研究中國古代歷史、文學的寶貴資料。

趙炅即位後，下令將原昭文館、史館、集賢院遷址重建，親自規劃，其建築精細，規模宏大，堪與皇宮媲美，建成後取名「崇文院」。院內收藏大量書籍，分為經、史、子、集四部，達到數萬卷之巨。趙炅經常到院內看書，有時還召集大臣們一同閱覽，他對臣下說：「人君當淡然無

慾，勿使嗜好形見於外，則奸佞無自入。朕無他好，但喜讀書，多見古今成敗，善者從之，不善者改之，如此而已。」

趙炅會作詩、通音律，還擅書法、喜歡對弈，屬於很有品位、講究情調的人，現存有他《逍遙詠》、《緣識》等體裁的詩五百六十餘首，內容多為闡發佛、道義理，倡導靜心、淡漠功名利祿之作；他喜好音樂，不但能演奏樂器，還能製作和改進樂器；他的書法本來就有功底，稱帝後仍堅持習字，能書寫多種字體，尤其擅長飛白書；他的棋下得也頗具功力。

趙炅好讀書、鍾情藝術，但並非不食人間煙火，見到漂亮女人也會好色，這一點跟他大哥一樣。當年太祖滅後蜀將孟昶的愛妃花蕊夫人納入後宮，趙炅則在征南唐後，常將李煜的愛姬小周后召入宮中。宋代有幅《熙陵幸小周后圖》，趙炅的陵墓是永熙陵，所以後世也會用熙陵代表趙炅，畫的即趙炅跟小周后交歡的情景，畫面中他體態健碩，面含微笑，極盡男人之事，而小周后則嬌小纖弱，眉心緊鎖，呈不勝之狀。讓一位帝王成為春宮圖的主角，真不知是怎麼畫出來並得以流傳的。

明代沈德符在《萬曆野獲編》中記載：「偶於友人處見宋人畫《熙陵幸小周后圖》……即野史所云：『每從諸夫人入禁中，輒留數日不出。出時必詈罵後主，後主宛轉避之。』即其事也。」沈德符的記載中，提到元人馮海粟在此畫上題詩：「江南剩得李花開，也被君王強折來，怪底金鳳沖地起，御園紅紫滿龍堆。」認為後來金兵南下，靖康之恥，都是趙炅惡行的報應。清代王士禛也題字說：「觀此，則青城之事不足憐也。」後人都把趙炅仗勢佔有李煜的愛姬小周后、毒死李煜視為惡行。

趙炅當政除契遼寇邊時常讓他感到鬱悶，總的來講還算順當。但有一件事是他的心病，那就是他繼位及身後傳嗣的事，這幾乎困擾他在位的整個過程，為此，他處心積慮，煞費苦心，甚至不惜暗動干戈。

人常說：「名不正則言不順，言不順則事不成」。趙炅的繼位「名」肯定不正，所以，他挖空心思地要為自己「正名」，於是炮製出「金匱之

盟」，他登基做了皇上。但此時問題也就出來了，你違背修改了封建的傳承之法，那麼，再到你傳位時該遵循哪一種法度呢？如果還按照《金匱之盟》中杜太后臨終「制定」的規矩，應當把皇位傳給弟弟廷美，但他似乎並不願意這麼做；那麼，還恢復中國承繼幾千年父傳子的做法，將皇位傳給自己的兒子，這麼做似乎又顯得太不「厚道」，裡裡外外都是你一張嘴說的了。可政治是不講情面也不講人格的，趙炅繼位時連對他恩重如山的兄長都敢下手，對別人又有什麼事情做不出來呢？更何況還有老謀深算的宰相趙普鼎力相助。

這裡得先說一下趙普，他是太祖時的重臣，才思出眾，謀略過人，曾以「半部《論語》治天下」聞名於世，太祖「黃袍加身」、「杯酒釋兵權」等重大事件全有他的策劃及組織。太祖死，趙炅繼位，按照「一朝天子一朝臣」的法則，趙普曾遭遇失落，但他很快經過斡旋又得到了趙炅的寵信，原因就在於他摸透了趙炅的心思。一天，趙炅與之談起傳嗣的事，趙普說：「自古帝王傳位乃是父傳子，當年太祖已誤，陛下今日還要再錯嗎？」這番話給趙炅說得打骨頭縫裡都覺得舒坦。

太祖身後有兩個兒子，德昭和德芳。德昭在趙炅繼位之初被封為節度使和郡王，首次征遼，隨征幽州，宋軍潰敗回京後，趙炅以北伐不利沒有行此前平定北漢之賞，將士們議論紛紛。德昭為將士請願，趙炅很不高興，說：「待你做了皇帝再賞賜也不遲。」這話事出有因，因高梁河一戰趙炅與將士走失，不知生死，凶多吉少，曾有臣僚要擁立德昭繼位，但趙炅歸朝，此事不了了之。

德昭是個心思極重的人，現在叔父卻這麼講話，不但語言尖刻，而且暗藏殺機，他知道叔父的為人，早晚會對他下手，思前想後，於是持刀自刎。趙炅得知後又驚又悔，趕來抱屍痛哭：「癡兒何至此耶！」於是下令厚葬，追封魏王，其終年二十九歲。實際上這又是起「疑案」。兩年後，德芳也不明不白地死去，年僅二十三歲。至此，太祖的兒子都死了，也就清除了要將皇位回傳給太祖一系的「隱患」。

趙炅
宋太宗

接下來就該輪到弟弟廷美了，廷美應當說是當時皇位法理上的繼承人。時過不久，趙炅當晉王時的舊僚「揭發」廷美預謀反叛，趙炅「將信將疑」，叫來趙普問詢。趙普自然知曉聖上的本意，如此這般的說了一番，答應下來進行調查。時間不長，趙普就「查」到了宰相盧多遜私遣堂吏交通廷美的事，於是馬上報告給了趙炅，說盧多遜期盼趙炅早日晏駕（駕崩），極力討好廷美，廷美曾送給其弓箭等物。趙炅大怒，借題發揮，嚴懲盧多遜及其同黨，削奪盧的官爵，同黨多被處死；廷美則被勒令歸還私第，兒女不再稱皇子皇女。

實際上趙普與盧多遜素來有隙，兩人一直是政敵，趙普的妹夫也間接死於盧多遜的設計，所以趙普極恨盧多遜。他借此打擊政敵，同時又討好趙炅，可謂「一箭雙鵰」。但他並沒有至此罷手，又進一步挑唆開封知府李符落井下石，上言說廷美不思改過，反多怨恨。於是，趙炅又將廷美降為涪陵縣公，安置到房州，命人嚴加監管。廷美氣憤難平，兩年後死在房州，年僅三十八歲。這裡得說一下，落井下石的李符並沒有因此得到好處，反倒是趙普怕洩露天機，找了個茬兒把其貶到邊地做了個小官，從此更能看出趙普的人品。

趙炅對廷美還不算完，其死後，趙炅居然對外宣稱廷美是其乳母陳國夫人耿氏的兒子，並非杜太后所生，意思是廷美絕非皇位繼承人。人見過兄弟間相互殘殺有下手狠的，比如曹丕對曹植，李世民對李建成、李元吉，但像趙炅這樣將弟弟殘害之後還要敗壞其名聲，甚至否認血緣關係，真是絕無僅有。

至此，趙炅要將皇位傳給自己一脈的障礙就全清除了，剩下來的就是要傳給誰？這問題看上去簡單，但真正實施起來也充滿曲折。傳嗣的首選自然是長子，趙炅的長子元佐自幼聰明機警，長得很像趙炅，也深得趙炅的喜愛。元佐武藝出眾，善於騎射，曾隨老爹出征太原、幽薊，表現得很不錯。但父親陷害廷美叔叔，元佐出於良心和正義，表現出不滿，全力營救，請免其罪，但沒有成功。叔父死於房州，元佐得知，受到很大刺激，竟然癲狂，周圍手下人若有小錯，他常以刀棒傷人。趙炅命太

醫為其診治，才稍有好轉。

雍熙二年（985年）重陽節，趙炅叫來幾個兒子在宮苑中設宴飲酒作樂，沒有叫元佐。宴散後，元佐的弟弟陳王元佑去看望他，元佐得知設宴一事，說：「汝等與至尊宴射，而我不預焉，是為君父所棄也。」他心情不快，一股勁兒地喝悶酒，時至半夜，居然在宮院中放了一把火，一時間，樓台亭閣，煙霧滾滾，火光沖天，趙炅見後知道肯定是元佐幹的，命人查問，元佐供認不諱。趙炅怒不可遏，將元佐廢為庶人。

元佐放火焚宮，其弟陳王元佑在其中起了很微妙的作用，他先是去元佐的府中用語言挑撥、刺激元佐，而後又到父皇面前說了不少元佐的壞話，推波助瀾。元佑與元佐相比有政治頭腦，在他看來正義和良心不能當飯吃，地位和利益才是實實在在的。雍熙三年（986年）七月，元佑改名元僖，受封開封尹兼侍中，成為準皇位繼承人。他用心結交趙普、呂蒙正等權臣，順着父親心思議論政事，越發博得老爹的好感。

但是，事不遂人願，淳化三年（992年）十一月，元僖早朝回府，突然暴猝而死。其死完全出於偶然，是其妾張氏下毒。元僖不喜正妻李氏，而寵愛這個張氏，張氏想獨得寵幸，欲下毒害死李夫人，沒想到卻毒死了元僖。趙炅得知後非常悲傷，罷朝五日，賜其皇太子，並寫下《思亡子詩》。後來瞭解到張氏恃寵驕橫，越制葬其父母，趙炅認為與元僖有關，便下詔停止對元僖的追贈，降低葬禮的規格。

元佐被廢，元僖暴死，立儲問題又沒了着落。這時有馮拯等人上疏請早立太子，趙炅對此正心煩意亂，將馮拯等人貶到嶺南。實際上從趙炅內心裡講，其位是誰也不想傳的，可又自知不可能總在那兒「挺」着，於是徵求後來任宰相的寇準等人的意見，欲立襄王元侃為太子。但問題又出來了，元侃被冊立為太子，秉開封府尹，其盡心政事，體恤百姓，發展農桑，深得百姓們的愛戴，京師居民見到元侃都高呼：「真社稷之主也！」趙炅得知後心裡很不是滋味，召來寇準說：「四海心屬太子，欲置我何地也？」寇準答：「陛下擇所以付神器者，顧得社稷之主，乃萬世之福也。」趙炅聽後覺得也是，請寇準喝酒，大醉方罷。

趙炅因身上的箭傷及長期秉政操勞，身體日漸虛弱。於至道三年（997年）三月駕鶴西去，廟號太宗，諡至仁應道神功聖德文武睿烈大明廣孝皇帝，葬於河南鞏縣的永熙陵。

承先啟後的趙恒

宋真宗

平　咸
德　平

景　德

大中祥符

天　禧

乾　興

997－1022

宋代經歷了太祖、太宗兩朝的初創期，進入了相對穩定的守成階段，雖北部還有契丹、黨項威脅，但形勢已趨平穩，特別是與遼簽訂「澶淵之盟」，贏得了相對安穩的和平環境。趙恒正是在這一過程中成長、繼位，既秉承有太祖、太宗那樣的雄心、志向和勤奮，割除弊政，發展經濟，形成了「咸平之治」的良好局面；又有在承平歲月形成的散漫、惰怠及享樂的習性，沉於酒色，耽溺於鬼神之事。

宋真宗赵恒像

低位「稱孤」
命運使然

趙恒原名德昌，生於太祖開寶元年（968年）十二月。母親姓李，是趙匡胤為還在做晉王的趙炅所聘的媳婦，為乾州防禦使李英的千金，當年被封為隴西郡君，太宗即位後，晉為夫人。趙恒是太宗的第三子。

趙恒從小聰明伶俐，深得太祖、太宗的喜愛。他似乎也天生有股「王者」之氣，跟弟兄們玩兒打仗，常以元帥自詡，發號施令，指揮作戰，還真像模像樣。據說一次他隨太祖進宮，爬上爺爺的御座，太祖開玩笑地問他：「這是皇帝的寶座，孫兒你願做皇帝嗎？」幼小的趙恒竟答：「天命有歸，孫兒亦不敢辭。」太祖很是吃驚。稍長，太宗讓他習練草書，他居然說：「草書之跡，誠然妙秘，但孩兒聽說王者事業，功侔日月。臨政處事，應毫無隱諱，一照之心，一覽無餘。若學草書，恐臨事有誤，謹願罷習。」一番話使太宗大為驚詫。

太平興國八年（983年），趙恒長到十六歲，與哥哥德崇、德明一起受封，授檢校太保，同中書門平章事。這是宰相一級的官位，封韓王，改名元休。雍熙三年（986年），父親賜其名元侃。端拱元年（988年），授封荊南、湖南節度使，改封襄王。這裡得提一句，宋朝不但愛改年號，皇室成員的名字也特別愛改，趙恒從小到大改了好幾次名字，他的兩個哥哥也分別改為元佐和元僖。

趙恒的父親太宗趙炅是以皇弟身份繼得皇位的，他為了不使皇權旁落，不惜痛下黑手，相繼殘害了太祖的兩個兒子和弟弟廷美，為傳位給自己一脈掃清了障礙。傳位與子，首選自然是長子，趙恒的大哥元佐聰慧機敏，相貌堂堂，長像酷似父親，深得鍾愛。但叔父遇害讓他受到刺激，導致精神失常。一次太宗召集諸子宴射苑中，沒有叫他，他知曉後竟放火燒了楚王蕃邸（元佐被封楚王），被廢為庶人。老二元僖性格沉穩，溫和孝順，頗有心計，也深得太宗喜愛，但命運不濟，於淳化三年（992年）突然猝死，年僅二十七歲。

兩個哥哥先後被廢、猝死，但這並非就等於趙恒成為法定皇位繼承人，因為傳嗣在封建社會是最充滿變數的事情。太宗受長子次子事情的打擊，心情沉悶，對傳嗣之事不願再提。但又不可能不面對，於是找來左諫議大夫寇準，說：「朕諸子中誰可以託付神器？」寇準答：「陛下為天下擇君，不能謀及婦人宦官，也不能謀及近臣，惟有陛下親擇所以負天下之望者。」太宗思慮良久，讓左右退下，再問寇準：「元侃可以嗎？」老寇說：「此非卑臣所知，惟願陛下早做決斷！」實際上寇準已表達了意思，太宗遂下決心，加元侃為檢校太傅、開封尹，封壽王；立為太子，兼判開封府，賜名恒。

趙恒受命開封尹，勤於政事，扶助農耕，頗得民心，百姓稱其為「真社稷之主」。這下兒又惹得太宗不高興了，召來寇準，說：「四海心屬太子，欲置我何地也？」寇準趕緊勸說：「陛下擇所以付神器者，顧得社稷之主，乃萬世之福也。」算是把事情敷衍了過去。

不久，太宗病重，臥床不起。這時朝中有股勢力在暗中活動，李皇后勾結宦官王繼恩、參知政事李昌齡、知制誥胡旦等人企圖廢掉趙恒，立元佐為帝。在此「生死攸關」之際，有個人物站了出來，即宰相呂端。至道三年（997 年）三月二十九日，呂端入宮問疾，見太宗危在旦夕，而侍奉其左右的只有李皇后、王繼恩等人，獨不見趙恒，他感到了問題的嚴重，急忙退至中書，密寫「大漸」二字，意皇帝病危，讓心腹趕快送往東宮，催趙恒趕快進宮。這時，太宗駕崩，王繼恩來到中書，說皇后一會兒要來與宰臣們商議帝嗣。老呂知道王是想糾纏住自己，急忙找借口抽身出來，將王反鎖於閣內，匆匆地來到宮中。李皇后見呂端突然來臨，神色驚慌，對呂端說：「皇帝已經宴駕。立嗣以長，合乎禮制，現在該怎麼辦？」呂端答道：「先帝立太子正為今日，怎能更有異議？」說話間趙恒走了進來，李皇后知道大勢已去。在呂端的輔佐下，趙恒在太宗的靈前即帝位。

這裡要說一下呂端，他出身官宦人家，祖籍幽州安次，即今河北廊坊人。後晉時以蔭補官，入宋歷任成都知府、開封府判官、樞密直學士，太宗

四三

時為相，有人說他為人糊塗，太宗反駁：「端小事糊塗，大事不糊塗。」從老呂處置趙恒繼位一事看，太宗沒看「走眼」。話說「文革」中，毛澤東借用呂端評價共產黨軍隊的領導人葉劍英，說：「諸葛一生唯謹慎，呂端大事不糊塗。」後來，葉劍英在毛澤東身後幫助華國鋒粉碎「四人幫」，跟老呂確有一比。

咸平善政
澶淵盟約

趙恒有驚無險地登基加冕，此時他已三十歲，在歷朝繼任者中算是歲數大的，心智已經相對成熟，身體也健康，再加上在繼位一事上「好事多磨」，立志要幹一番事業、對得起這頂皇冠。

果不其然，趙恒下詔：「先朝庶政，盡有成規，務在遵行，不敢失墜。然而纘圖伊始，懼德弗明，所宜拔茂異之才，開諫諍之路，惠復疲羸。庶幾延宗社之鴻休，召天地之和氣。」一番話講出了他銳意興革、立志圖強的志向。

趙恒上任不久即對官員進行調整，封宰相呂端為右僕射，他的兩位老師李至、李沆為參政知事，宿將曹彬為樞密使兼侍中，戶部侍郎向敏中、給事中夏侯嶠為樞密副使，共同處置軍政大事。尊李皇后為皇太后，追尊生母李氏為賢妃，進尊號為皇太后，追諡元德，附葬太宗的永熙陵；參知政事李昌齡、知制誥胡旦以及宦官王繼恩等人相繼貶黜，流放遠郡。這番論功行賞，依據自然是皇位更替的過程。

咸平元年（998年）十月，趙恒又進行了一次重大的人事調整，這次性質可就不同了。當時朝中有兩股勢力，一是以呂端、李至、李沆為代表的守舊派，主張「利不百，不變法」，提出「不用浮薄新進喜事之人，此最為先」；二是以戶部尚書張齊賢、直集賢院田錫、翰林學士王禹偁、

以及知代州柳楷等人為代表的革新派，主張興利除弊，提出：「若守舊規，斯未盡善，能立新法，乃顯神機。」趙恒傾向於後者，沒念舊情，罷了呂端、李至的相職，擢戶部尚書張齊賢與李沆並為相，罷參知政事溫仲舒為禮部尚書，提拔樞密副使向敏中為參加政事，翰林學士楊礪、宋湜為樞密副使，共事國政。

趙恒採納張齊賢的建議，確定外任官職田制度，規定職田數量以差遣為別，作為各級官員的俸給補貼，提倡廉政；精簡機構，取消鹽鐵、度支、戶部副使，並鹽鐵、度支、戶部為一使，並三司鹽鐵、度支、戶部勾院為一，提高三司的辦事效率；嚴格官吏的舉薦、任用、遷轉、考核制度，詔令各部、台、院舉薦升朝官任知州，規定被舉薦者三任而有政績才能獎賞，被舉者若貪贓枉法，舉薦者則要連坐；趙恒還命宰臣謄錄內外官員歷任功過進呈，以備委任官員時參考；咸平四年（1001 年）四月，趙恒在崇政殿親自考核京官，開創了宋代京朝官「磨勘引對」的先例，即考核詢問；為了廣泛選擇人才，趙恒把改革科舉和發展學校教育放在了重要位置，對宋初發展起來的大量書院予以扶持。

在實行政治改革的同時，趙恒積極尋求經濟富強之道，即位當年下詔：「國家大事，足食為先。」以國家未有九年之蓄為憂，令兩府大臣講求豐盈之術；他說：「經國之道，必以養民務稼為先。」詔三司每逢歲稔之年，要增廣市糴以實倉廩；重申轉運使的主要職責之一即勸課農桑。咸平二年（999 年），命度支郎中裴莊等官員分赴江南、兩浙等地，發官廩賑恤受災饑民，蠲除田賦；詔令有司減罷各種無名力役，暫緩土木營建，以休養民力；令陝西沿邊地區廣興屯田，把士卒戍邊和耕種結合起來，詔令全國，凡民戶有能力開荒，准許無田稅農戶請佃荒田墾種，五年後定納賦稅；為了鼓勵民戶生產，推廣衣部判官馬元方創製的「預買絹」法，即春季民力乏絕之時，官府借貸戶緡給農戶安排生產、生活，俟秋收後以絹輸官償債。

趙恒從政勤奮，每日清早即在前殿接見中書、樞密院、三司、開封府、審刑院各部門的請對官員，聽聞奏事，能決定的立即答覆；早飯後處理

各司奏事，批閱奏章，直至中午；下午讀書，安排各項例常活動；晚上則多召儒臣進講，詢訪為政得失、探討經史等。他以刑獄直接關係國治民安，恢復了廢置已久的各路提點刑獄官，又以京師獄訟繁雜，專門設立了「糾察在京刑獄司」機構；為防止刑獄偽濫，詔命諸州長官親決獄訟，疏理冤滯，各地縣尉司不得私置獄；又命給事中柴成務等人，編集《新定編敕》八百五十六條，鏤板頒行，與律令格式、刑統並行。

趙恒下詔嚴格約束皇親國戚以及宦官，姑母秦國長公主為子王世隆求官正刺史，趙恒婉辭拒絕，說：「正刺史系朝廷公議，不可。」妹妹魯國長公主為翰林醫官趙自化求升秩，也被拒絕；駙馬都尉石保吉家中發生家僕偷盜一事，石保吉面請趙恒，乞加重罪，欲在家中設刑問罪，趙恒以國有常法不允，命交有司處決。趙恒一番作為，全國人口由四百多萬戶增加到近八百萬戶，出現了「咸平之治」的中興局面。

宋北鄰的遼和西鄰的黨項自太祖以來一直對宋地構成威脅，特別是遼，太宗時大舉出兵，試圖收復五代石晉割讓給契丹的幽薊諸州，結果大敗而歸，此後宋對遼採取守勢。趙恒想在對遼方面有所作為，次年，接邊報說對遼兵將南侵，急命馬步軍都虞侯傅潛為將，率兵禦敵；同時在京城舉行大閱兵，以振軍威，採納樞密都承旨王繼英的建議，下詔親征。

建立遼國的契丹人是游牧民族，長於騎射，慣於搶掠，幾次侵宋得手，越發驕橫。景德元年（1004 年）閏九月，他們先下手為強，在蕭太后和遼國少主耶律隆緒的統領下，殺入宋境，圍攻定州，來勢洶洶。朝廷上下一片恐慌，趙恒感到了問題嚴重。此時有人主張遷都金陵或成都避難，他猶豫不決，但宰相寇準力主抗戰，提請趙恒北上前線，領兵親征。趙恒下定決心，當年十一月下旨御駕親征，於當年十二月到達澶州（今河南濮陽）。

澶州以黃河為界分為南、北兩城，趙恒到達南城後看到對岸硝煙瀰漫，畏縮不前，寇準說：「宋軍的主力都在北城，如果陛下不渡河，親征也就沒有意義了；現各路大軍已經抵達澶州，不會有什麼危險。」接着連

哄帶挾，讓衛兵護送趙恒到了北城。趙恒登上北城門樓，部隊見到城頭黃龍旗飄蕩，得知皇帝到來，歡聲雷動，備受鼓舞。宋軍先後集結達幾十萬人，將士們等待旨令，驅逐強敵，報仇雪恨，河北前線各地的軍民聽說趙恒親征，紛紛發動攻勢，打擊遼軍。

遼軍深入宋境，數戰受挫，給養困難，士氣低落。宋軍堅守城池，給遼軍以很大打擊，在澶州城下射死了遼將蕭撻凜，使遼軍士氣一落千丈。蕭太后見此擔心相持對己不利，採納宋降將王繼忠的建議，派人傳信給趙恒，提出罷戰議和。這正中趙恒下懷，趕緊派朝臣曹利用前去議和。

曹利用在出使前向趙恒詢問「底價」，趙恒說：「萬不得已，雖百萬亦可。」若每年送給遼國的絹銀所值不超過一百萬兩銀子就可以接受。寇準知道後找到曹，說：「不管皇上怎麼說，你跟遼談判若超過三十萬，我拿你是問。」結果曹跟遼以三十萬「成交」，兩國約定：宋每年給遼絹二十萬匹，銀十萬兩，雙方為兄弟之國。因盟約在澶州簽定，其西有澶淵湖，故稱「澶淵之盟」。

曹利用回到宋營，趙恒趕緊派宦官去問曹談了什麼價，當時宦官離曹挺遠，曹跟他伸了三根手指頭，宦官回去秉報：「曹伸出三個手指，估計是三百萬吧。」趙恒驚叫：「太多了吧！」可轉念一想：「哎，能了結此事，三百萬就三百萬吧。」等召見曹時知道實情，大喜過望。

「澶淵之盟」是宋在有利的形勢下屈辱求和，不僅燕雲十六州失地未能收回，還要輸金納絹以求遼國不再南侵；而遼在戰事不利的情況下佔得大便宜，即史上「宋真宗勝而不勝，蕭太后敗卻不敗」的特殊戰例。此後遼氣焰囂張，宋威風掃地，但是，「澶淵之盟」後，宋遼雙方持續了百餘年的和平，這對兩國間的經貿往來、社會安定又是有好處的。

東封西祀
荒唐透頂

如果趙恒能照此幹下去，應當說是一位不錯的君主，不說彪炳千秋，起碼也功名不俗。可在內憂外患暫緩之後，他從心理到行為都發生了很大的變化，信用阿諛奉承之臣，大行尊神弄鬼之道，偽造「天書」，泰山封禪，興建道觀，耗財無數。

戰後不久，趙恒即將主和派人物王欽若召回京城，委以資政殿學士的寵遇。此人在遼大軍壓境時主張南遷金陵，趙恒為何要召他重到身邊呢？原因很簡單，人用着好使，話聽着舒服。至於寇準性格耿直，說話強勢，趙恒當時起用他，主要是讓他幫助自己渡過難關。景德元年（1004 年），宰相畢士安提議讓寇準為相，趙恒不無憂慮：「朕聞寇準剛強好勝，愛動義氣，怎麼辦？」畢士安說：「今北方未服，非寇準者不宜用。」趙恒這才勉強同意。寇準為相後，遇事據理力爭，常讓趙恒很沒「面子」；而且常打破常規，提拔任用寒俊敢言之士論列朝政，讓趙恒很不自在。

而王欽若似乎是專為官場而生，最大特點是能揣摩上司的心思，而且特別精於「窩裡鬥」。入朝後不久便循着趙恒的心思「瞄準」了寇準，向趙恒進讒，說「澶淵之盟」是城下之盟，城下之盟古來為恥；寇準主張皇帝御駕親征，是拿皇上的生命作「賭注」，是聖上之大辱也，說得趙恒心生陰影，悶悶不樂。景德三年（1006 年）二月，趙恒以「過求虛譽，無大臣禮」為由，罷了寇準的相，出知陝州（今河南三門峽市），擢參知政事王旦為相，王欽若為知樞密院事，並加資政院大學士，位諸臣之首。

王欽若見趙恒聽了「城下之盟」的話後悶悶不樂，知道是刺激了其追求功名的自尊心，便迎合趙恒厭兵而又好功的心理，提出了「封禪泰山」的建議，說以此可以不動干戈而建立威震四海、誇示戎狄的「大功業」，趙恒聽了頗為動心。但趙恒知道，皇帝親赴泰山舉行封禪大典，自秦皇漢武以來很少有帝王為之，而且非達天下大治、昇平之世行此大典，會被世人所恥笑，所以不免猶豫。其實他還有自知之明。但王欽若進言：

「古來即有聖人以神道設教之說，天瑞雖非人力所為，但只要皇上深信而崇奉，以明示天下，則與天降祥瑞無異。」不久，又有殿中侍御史趙湘上疏請行封禪，遂堅定了趙恒的決心。但他擔心宰相王旦反對，便暗中賜其一壇珍珠，堵住了王旦的嘴。

在此之前，一些地方曾貢奉白鳥、鷹、出土文物金牌等，趙恒都明令退還而不受，並禁止各地進獻祥瑞之物。但自王欽若請封泰山以後，各地進獻祥瑞物品者紛至沓來。自此，一場聲勢浩大的「造神」運動拉開了帷幕。景德五年（1008 年）正月初三早朝，有人報說在宮城左承天門南角發現像書卷一樣的黃帛兩丈多長，上面隱約有字。趙恒對眾臣說：「去年十一月，我曾夢見神人，說今年正月當降《大中祥符》三篇，想必正是天書下降了。」於是，率領群臣到承天門，焚香望拜，取回「天書」。「天書」將趙恒大為稱頌一番，說其以至孝至德紹承先業，治理天下，今後更應清淨簡儉，善始善終，永保宋祚。趙恒把「天書」藏於金匱之中，然後大宴群臣，令改元為「大中祥符」，改「左承天門」為「左承天祥符門」，並遣使祭告天地、宗廟、社稷、京城祠廟及各地宮觀。隨之，直秘閣錢惟演進呈《祥符頌》，群臣紛紛上表稱賀。一群朝廷的「高層」竟能做出如此荒唐的事兒來，真是一種莫大的諷刺。但龍圖閣待制孫奭不以為然，上書說：「以愚臣所聞，天不會說話，豈能有書？」看來還不是沒有明白人，或者說只有他不明白，趙恒對此默不作聲，不置可否。

大中祥符元年（1008 年）三月，兗州知州邵曄率一千二百八十餘人家鄉父老赴京上表，稱天降祥符，天下大治，請趙恒「封禪泰山」，以報天地。四月，又有「天書」降於宮中功德閣，宰相王旦再率文武百官、外來使臣、僧道耆壽等兩萬四千多人伏闕上表，請行封禪。趙恒「迫於」廣大官民的「強烈呼聲」，宣佈於當年十月赴泰山舉行封禪大典。任命王旦為封禪大禮使，王欽若等為禮儀制置使，在泰山建造封祀台、壇，令諸州將貢獻的祀品於十月前送至泰山下。五月，趙恒對王欽若說：「我又夢見神人，說來月當賜書泰山。」他的夢還真夠勤的，而靠夢來安排和部署工作，算是一大創舉。六月初六，趙恒的夢「果然」應驗，王欽若上奏說，泰山下有醴泉湧出，泉旁有「天書」下降。群臣再次紛紛上

《岱廟啟蹕回鑾圖》（局部）

表稱賀，並乞加趙恒尊號「崇文廣武儀天尊寶應章感聖明仁孝皇帝」，趙恒欣然接受。

十月初四，趙恒在龐大儀衛的扈從下，以玉輅載「天書」先行，離京城開赴泰山。浩浩蕩蕩的人馬經澶州、鄆州（山東東平），歷十七天到達位於乾封縣（今山東泰安市）的泰山腳下，儀仗、士卒遍列山野，兩步一人，數步一旗，從山下一直排到山頂。十月二十三日清晨，趙恒頭戴通天冠，身穿絳紗袍，乘金輅，備法駕，在眾臣的簇擁下登上岱頂；次日，以隆重的儀式封祭昊天上帝及五方諸神，禮畢下山；接着再以同樣隆重的儀式在杜首山祭地祇神，最後登上朝覲壇，接受文武百官、四方使節及僧眾朝賀，大赦天下。封禪禮成，趙恒下詔改乾封縣為「奉符縣」，作《慶東封禮成詩》，令諸臣唱和，盛宴群臣。

十一月，趙恒經曲阜回到開封，詔定「天書」下降京城之日為「天慶節」，「天書」降於泰山日為「天貺節」，命人將其封禪泰山之行編成《大中祥符封禪記》一書，還命人專門製造了奉迎「天書」使用的「天書玉輅」。朝野群臣爭相上表，讚頌趙恒功德無量，舉國若狂。當然也有頭腦清醒的，進士孫籍、知制誥周起等少數人以勸為諫，上書要趙恒「謹於盈成，患於安逸」，可是，專意神仙之事的趙恒根本聽不進去，多次對侍臣說，天書殿屢降祥異，又以郊天而不祀地為失儀，暗囑還要西祀汾陰后土神，王欽若等人又暗中加緊準備。

大中祥符三年（1010年）六月，河中府（今山西永濟西）知府楊舉正上書，說本府父老僧道一千二百九十餘人狀請皇帝親祀后土，京城又有百官將校、耆老釋道三萬餘人伏闕相請。說來也「怪」，趙恒想幹什麼哪兒就會出現強烈的「呼聲」，稱得上是一「呼」百應，或者說是一「思」百應。但他還得裝模作樣，假惺惺地問今年年景如何？知樞密院事陳堯叟說：「秋苗茂盛，穀價低賤。」又問國家財政如何？三司使丁謂說：「府庫充牣，倉廩盈衍。」這下兒趙恒的顧慮都「打消」了，其實他心裡什麼都明白。下詔來年春幸汾陰祀后土，命陳堯叟為祀汾陰經度制置使，王旦為大禮使，王欽若為禮儀使，令修行宮、築道路、佈置西祀事宜。

趙恒在此問題上，絕對「用人得當」。

陳堯叟先赴汾陰，不顧連年水旱，民心動搖，屢屢謊報「祥瑞」，什麼「池鹽不種自生」、「仙書《靈寶真文》問世」、「黃河自清」，趙恒都「深信不疑」，真不知道他是裝糊塗還是真糊塗。於是作《奉天庇民述》，表示要不辜負皇天上帝之意，為民請命。還是那個孫奭，以連年水旱、京師近畿諸路穀價躥升上書：汾陰后土，事不見經。比年以來，水旱相繼，土木之功，累年未息，水旱洊沴，饑饉居多，今陛下始畢東封，更議西幸，勞民事神，務圖虛名，甚為不可。又京師民心未寧，江淮困於調發，陛下俯從奸佞，遠棄京師，不念民疲，不念邊患，禍起邊陲，力諫朝廷停止西祀。趙恒還是聽不進去，但有一點算是幸運，宋對待臣僚比較客氣，宋太祖留下遺訓：不准殺士大夫和上書言事人，要放在別的朝代，老孫恐怕早成刀下鬼了。

大中祥符四年（1011 年）正月二十三，趙恒又率眾啟程，經鄭州、西京（今河南洛陽）、陝州、渭河，抵達在山西寶鼎（山西萬榮西南）奉祇宮，歷時二十一天，以封禪泰山同樣的隆重禮儀，祭祀后土祇，遍祭諸神。祀禮畢，趙恒登朝觀壇受群臣朝賀，大赦天下，詔改寶鼎縣為慶成軍，奉祇宮為太寧宮，作《汾陰二聖配饗銘》、《河瀆贊》等，刻石立碑，直到四月初才回到京城。這趟「西祀」比「東封」耗費還大，後又遣官奉祀五嶽，加封五嶽帝號。

東封、西祀似乎讓趙恒「玩兒」上了癮，大中祥符五年（1012 年）十月二十四日，他夢又來了，跟群臣說他八天前夢見神人傳達玉皇之命，讓趙氏始祖趙玄朗降授天書，並要見他；昨天晚上趙玄朗果然降臨延恩殿，命他善撫蒼生，毋怠前志，說完便乘雲而去。這時朝廷整個變成一神道場了。一大群朝臣對趙恒所言竟沒有一個人提出疑議，齊聲稱篤。趙恒以「天尊」降臨詔告天下，遣使祭告天地、宗廟等，上聖祖尊號，定聖祖降臨日為「降聖節」。

趙恒所做所為荒唐至極，但卻給各級朝臣帶來了不少好處，有人統計，

趙恒時文武官員每年可休各類節假七十七天，而且增加了伏日的休務假，對官員節日之外的事假也比較靈活，將祭奠亡親的私忌假擴展到了所有官員，私忌日給假一天，並新創餞行假；節日還有饋贈，「並客省繼簽賜羊、酒、米、面；立春賜春盤；寒食神（食炎）、餳粥；端午糉子；伏日蜜沙冰；重陽糕，並有酒；三伏日，又五日一賜冰」等。

次年，舒州（今安徽潛山）奏報，說本州官吏、僧道、父老兩千二百餘人狀請皇上謁拜靈仙觀；接着亳州（安徽亳縣）派出由官吏、父老三千三百餘人的「請願團」浩浩蕩蕩開赴京城，請皇上幸謁亳州太清宮。「民意」難違，趙恒又詔告天下，第二年春親謁亳州太清宮，命宰相王旦為大禮使，參知政事丁謂為奉祀經度制置使，這些人估計一天什麼正經事不幹，或者說這就是他們的正經事。那位孫奭還是上書，還是不起作用。

大中祥符七年（1014年）正月十五日，趙恒又率眾南幸亳州，仍奉「天書」為先導，到太清宮拜謁老子。加號老子為「太上老君混元上德皇帝」，獻祭諸宮真人、天尊等，遍覽宮觀，祭禮告成，詔亳州為集慶軍，親撰《朝謁頌》、《先天太皇贊》、《老君像贊》等，刻石於觀內，然後起駕應天府（今河南商丘）回京。至此，東、西、南三面都封祀遍了，因為北面讓遼國人佔着，否則趙恒還得來夢。

大中祥符九年（1016年），不知是因為趙恒胡折騰所致還是老天對他胡折騰的報應，各地發生旱蝗。趙恒趕緊下詔滅蝗，並親赴道觀祈求上天保佑。可災情不但未減，反而繼續擴大，連京城上空都是遮天蔽日的飛蝗。趙恒見此憂鬱成疾，但還是不斷地拜神求佛，甚至服食丹藥，並不見效。

趙恒專意封祀，無心朝政，權力愈來愈被奸佞所控制。天禧元年（1017年）七月，王旦以疾為由，辭去相位，王欽若被擢為相。王欽若任相後驕橫霸道，大肆排除異己，引起朝野的不滿，有人揭露他家私藏禁書，被罷黜。趙恒聽人相勸又重啟老相寇準，擢丁謂為參知政事。丁謂為人奸詐，善於迎逢，老寇跟他非常不合。趙恒輕信丁謂，又罷去了寇準的

相位，擢參知政事李迪為相。丁謂與趙恒親信宦官周懷政發生矛盾，周與客省使楊崇勳密謀，欲殺掉丁謂，復相寇準，尊趙恒為太上皇，傳位太子，廢劉皇后。可密謀在事前敗露，周懷政等人被抓，寇準被貶道州（今湖南道縣）。丁謂專權，李迪被罷相，朝政完全被丁謂、曹利用等人所把持，史稱「朝中正人為之一空」。趙恒的病日漸危重，常喜怒無常，語言錯亂，非常健忘。寇準被貶一段時間，他竟還問左右：「為什麼久不見寇準？」左右懾於丁謂的權勢，都不敢應答。李迪罷相，趙恒欲復王欽若，但丁謂卻矯旨除王欽若使相、西京留守，出判河南府，趙恒只聽說王欽若已授新官，但任的什麼官卻沒再問。天禧四年（1021年）趙恒病情加重，不得不命皇太子監國，劉皇后與太子同蒞國政。

次年正月，改元乾興，趙恒抱病到東華門看燈，回來後便臥床不起，二月十九日在延慶殿病逝，享年五十五歲，廟號真宗，諡文明武定章聖元孝皇帝，葬於河南鞏縣東南蔡家莊之永定陵。

寬容溫和的趙禎

宋仁宗

天聖
明道
景祐｜元
寶｜康定
慶｜曆
皇祐｜至和
嘉祐

1022 - 1063

趙禎是宋代所有帝王中稱帝時間最長的，在位期間處於宋朝較好的發展時期，同時問題也不少，對西夏戰爭屢戰屢敗，簽訂「和約」，繼「澶淵之盟」後每年又賠出一筆數額不菲的「賜」金：頻繁更換宰相，雖支持范仲淹推行改革，但很快因保守勢力的阻撓而歸於流產，顯現出其性格「優柔寡斷」的一面。

宋仁宗趙禎像

「狸貓太子」
母子離散

關於趙禎的身世，有一則民間故事一直流傳，即「狸貓換太子」，家喻戶曉，婦孺皆知。清末成書的小說《七俠五義》稱劉氏、李氏在真宗晚年同時懷孕，為了爭當正宮娘娘，劉妃工於心計，將李氏所生之子換成了一隻剝了皮的狸貓，污衊李妃生下了妖孽。真宗大怒，將李妃打入冷宮，將劉妃立為皇后。誰知上天震怒，劉妃所生之子夭折，而李妃所生的男嬰歷經波折後被立為太子，並登上皇位，即趙禎。在包拯的幫助下，趙禎得知真相，與雙目失明的生母李妃相認，而已升為皇太后的劉氏畏罪自縊而死。

當然這些情節是文學上的編撰。事實上，真宗先後有三位皇后，首位妻子潘氏是名將潘美的女兒，在真宗即位之前去世，追封為皇后；郭氏是第二任妻子，真宗即位後封為皇后，景德三年（1006年）去世；第三位夫人劉氏，即「換太子」的劉皇后，祖籍四川成都，出身貧寒，從小喪父，跟隨外祖母家的親戚四處流浪，十幾歲跟從銀匠龔美到京城闖蕩，生意不旺，生活窘迫，但劉氏卻憑着演奏鼗的技藝，走紅京城。

真宗在做襄王時，幕僚張耆聽聞劉氏奏鼗的名聲，看其聰慧貌美，便將其帶入府中。真宗與劉氏一見傾心，便把她留下來作侍女，劉氏很能博真宗的歡心，兩人如膠似漆，形影不離。誰知父皇知道後勃然大怒，說你一個堂堂藩王怎能娶個沿街賣唱女為妻？勒令把劉氏逐出府去。父命難違，但真宗實在割捨不下這份兒感情，便偷偷地將其寄養在張耆家中。張耆安排家人悉心照料劉氏，為了避嫌，每天則睡在襄王府，以免招致不必要的麻煩。

真宗即位，將劉氏接入皇宮，兩人相親相愛。劉氏的地位不斷躥升，大中祥符五年（1012年）封為德妃。當時郭皇后去世，在後宮中有可能繼任皇后的一是劉氏，但她出身低微；二是比劉氏先嫁給真宗的楊氏，她是天武副指揮使的侄女；三是沈氏，她是宰相沈倫的孫女。其中劉氏

的地位最高，離皇后寶座只有一步之遙。劉氏不僅溫柔美麗，而且生性機敏，留心時事，旁覽經史，對朝政大事頗有見地，這得益於她在張耆家幾年的習讀。真宗批閱文件，劉氏常陪伴左右，凡有疑難，劉氏常能給些恰當的建議，深得真宗信任。郭皇后去世後，真宗有意立劉氏為后，但他知道劉氏的出身是最大的障礙。

真宗找來參知政事趙安仁商量，趙因劉氏出身卑微表示反對。真宗聽後悶悶不樂，又找來王欽若，將趙安仁的話予以相告。王欽若善於揣摩皇帝心思並藉機打擊異己，他說：「陛下不如問問趙安仁，他覺得該立誰為后？」真宗去問，趙說：「沈貴妃是前朝宰相沈倫的後人，可以做皇后。」真宗遂將此話轉告王欽若，王說：「陛下不說，我也知道他會這樣講，趙安仁過去曾經做過沈倫的門客！」真宗頓時「恍然大悟」，鬧了半天趙安仁是在徇私！立馬罷了趙的參知政事，並堅定了立劉氏為后的決心。實際上這事兒誰在徇私大家能看得非常清楚。

大中祥符五年（1012 年）十二月，劉氏被冊立為皇后。當然，劉氏由銀匠之妻而升為一國之后，絕非單純因為美貌和具有女人的「魅力」，因為此時她已年過四旬，早過了「吃青春飯」的年齡，真正吸引真宗的應當說是她的智慧和能力。劉氏把後宮事務打理得井井有條，在朝政方面能給真宗以切實的幫助，真宗十分信任她，甚至還有點兒依賴。當真宗的身體狀況惡化，劉氏順理成章地幫丈夫處理朝廷日常政務，裁定軍國大事。另外，龔美將劉氏讓給真宗之後，也留在真宗身邊為其效力，真宗即位後，龔美改姓劉，與劉氏以兄妹相稱。在真宗統治的晚期，劉氏權力日重，對當時的政局，包括對寇準、丁謂兩派間的鬥爭，都產生了很大影響。

劉氏雖受真宗寵愛，但自己卻沒生下一兒半女。她想了一個辦法，安排一個侍女李氏代自己生孩子，若產下兒子，就當作自己生的。李氏得寵倖，於大中祥符三年（1010 年）生下一個兒子，取名受益，即後來的趙禎。受益出生後，便發生了那件令世人議論不止的事情，劉氏將受益抱至自己宮中，當成自己的兒子餵養。而受益的生母李氏不敢說什麼。

不久，劉氏進位德妃，進而琢磨着當皇后，而李氏卻沒因生出皇子而顯貴，直到大中祥符九年（1016年）、受益七歲時，李氏才被立為才人，以後跟大多數嬪妃一樣，在寂寞的皇宮中度過了淒涼的一生，直至臨終生病，才被封為宸妃，享年僅四十六歲。

真宗因寵愛劉氏，對其抱養李氏之子一事採取了默許的態度。劉氏非常清楚這孩子對她的重要性，不管是否出於真心，對受益的撫育很用心、也很盡職，充當了一位合格母親的角色。小受益也非常喜愛自己的「母親」，母子感情融洽。受益從小管劉氏叫大娘娘，管一同撫養他的淑妃楊氏叫小娘娘，一直認為劉氏就是自己的親生母親。

真宗先後有五個兒子，都相繼夭折。受益降生，使中年得子的真宗喜出望外，對其疼愛有加。等受益年紀稍長，便悉心為其挑選老師，關注其學業，一心要將他培養成為皇位繼承人。受益不滿五歲，真宗就封爵進職，以繫人望，授左衛上將軍，封慶國公，月俸二百貫；七歲時授忠正軍節度使兼侍中，進封壽春郡王。天禧二年（1018年）中秋節，真宗以升州（治今南京市）為江寧府，設建康軍，作為受益的封地，授建康節度使，加官太保，封升王。

此時真宗年事已高，體弱多病。受益雖已封王，但並未明確為皇位繼承人。朝臣都感到應該早定此事，可無人敢提。但總有膽子大的，知梧州陳執中發議，以《演要》三篇上奏，請真宗早定天下根本。沒想到竟說動了真宗，真宗在崇政殿召見宰相向敏中等人，出示《演要》，決定要冊立皇太子。八月十五日下詔，立受益為皇太子，賜名禎，增月俸為兩千貫。同時任命張士遜、崔尊度等為東宮官吏，九月，舉行了冊封禮。這年趙禎九歲。

乾興元年（1022年）二月，真宗病危，不能言語，彌留之際，他放心不下年幼的太子，用手指胸，伸出五指，再展三指，以示前來問疾的諸臣。有人解釋，那是真宗擔心年幼的趙禎無法獨立處理國政，想讓自己的弟弟「八大王」元儼為攝政王。但早已干政的劉皇后對大臣說，皇帝

趙禎
宋仁宗

是說他三五日即可痊癒，並無他意。大臣們雖心裡明白，但無人敢言。涇王元儼聞知此事，恐召來殺身之禍，從此閉門謝客，裝瘋賣傻，直至趙禎親政。

真宗死，趙禎即位，奉遺詔尊劉皇后為皇太后，楊淑妃為皇太妃，由皇太后與趙禎一起共理朝政，實際上大權完全旁落於劉太后之手，這年趙禎十三歲。宰相丁謂揣摩劉太后的心思，提議第二年改元「天聖」，「天」字拆開即為「二人」，寓意二人共同執政，得太后的讚許。丁謂也因此博得劉太后歡心，在朝中飛揚跋扈。劉太后從此開始了長達十二年垂簾聽政的生涯。

對於這段歷史，史家貶斥頗多，原因無非是「后黨」擅政、佞臣亂權，在世人眼中是大逆不道的。其實劉太后專權，在「垂簾」不久便貶謫了丁謂，在宰相王曾等人的盡力匡輔下，政局相對平穩。劉太后在干政中顯示出較高的政治才幹，雖不乏政治野心，但總的來說還是比較收斂的。她曾問參知政事魯宗道：「唐武后是什麼樣的人？」魯宗道正色答道：「武氏幽斃嗣主，擅改國號，幾危社稷，是唐朝罪人。」劉氏聽後沉默不語；她御殿處政，最初打算穿帝服，參知政事夏竦上疏力諫，她也就沒敢再堅持；她為自己製作了「大安輦」的轎輿，定出入儀仗為八百人，有次出行竟將自己的轎輿排在趙禎的鑾駕之前，大臣們反對，她便改變了做法。所以，應當說劉氏處置政務還是能夠秉公辦事，她虛心納諫、任賢黜邪、抑制皇親國戚，為時人所稱道，所以，後人評價她：「有呂武之才，無呂武之惡」。

隨着日月的流逝，趙禎慢慢長大，逐漸有了自己的想法和主見。從乾興元年（1022 年）起，開始着手朝政，有了擺脫太后約束和管制的想法。十五歲時，劉氏做主為他立前勳戚郭崇的孫女郭氏為皇后，引得趙禎不滿，為疏遠郭氏，他將熱戀的張氏進為才人，又進為美人；因劉氏專權，朝政言路堵塞，趙禎借唐代設匭函的事兒，與參知政事商量，當然也得稟明劉氏，特詔設置了理檢使，由御史中丞兼任，負責上訴朝廷的冤獄及有關朝政得失的上書；並設諫院，官員由皇帝任命差遣，朝政闕失、

用人不當等均可上書諫正。

劉太后對此很快察覺，她採取措施，命侍臣加強對趙禎「孝道」的教誨，讓人選錄《孝經》、《論語》、唐太宗《帝範》等有關言辭，讓趙禎誦讀。但這時朝中請太后撤簾還政的呼聲日益增多，劉氏對此深惡痛絕。天聖七年（1029 年），秘閣校理范仲淹上書，請太后撤簾歸政，觸到了劉氏的痛處，被出判河中府（今山西永濟蒲州鎮）；次年，翰林學士兼侍讀學士宋綬上書，建議除軍國大事，皆由趙禎獨自處理，招得劉氏反感，被貶知應天府（今河南商丘南）；接着又有林獻可、劉渙等上書，請太后還政，引發劉氏不快，把他們遠貶嶺南。對此，趙禎雖未表態，但內心充斥了不滿。明道二年（1033 年）劉氏病卒，二人的矛盾不解自消。劉氏遺誥尊楊氏為皇太后，聽政如舊。這時眾臣們不願再沉默了，爭論四起，御史中丞蔡齊站出來，說皇帝已經成年，完全可以獨立理政，眾臣齊聲附和，最後宣佈劉氏遺誥時，刪去了「皇帝與太后裁處軍國大事」的話。至此，趙禎開始親政。

推行新政
舉步維艱

劉太后死，由參知政事晏殊奉命撰太后的志書，寫「生女一人，早卒，無子」，這下兒可把趙禎弄懵了，晏殊這話是什麼意思？自己即太后之子，怎麼能說「無子」呢？這時，那個閉門謝客十餘載的八叔元儼跑來，說陛下，您這麼多年一直被劉太后騙了，她根本就不是您親媽，您的親媽姓李，於是把趙禎的身世和盤托出，聽得他非常鬱悶。

此時李氏已於前一年去世，當時劉后要按照一般宮人的規格將其悄悄下葬，因為宰相呂夷簡等人力爭，才准許為其穿后服、用水銀棺、按一品禮，把李氏葬在了洪福院。趙禎知道了事情原委，慟心不已，下詔追尊生母為皇太后，諡莊懿，親自到洪福院祭告，改易梓棺，重新治喪，將

其靈柩移葬至先皇真宗的永定陵。

剛即位就碰上這麼一件事，趙禎的心情是可以想見的，恩怨情仇，五味雜陳。他心想我當皇帝，大事小事由你做主，但那時認為你是母親，沒什麼可說的，但現在知道你並不是我親媽，而且我親媽被你給「冤屈」了一輩子，是可忍而孰不可忍！這時朝臣自然明白他的心思，紛紛上疏指斥劉太后，知道這是討好聖上、速求進用的大好時機。

這時候就能看出作為一位政治家的心胸和氣度了。那位當年被劉氏貶黜後被趙禎召回、曾寫出《岳陽樓記》的右司諫范仲淹上疏：「太后受遺先命，保祐陛下十餘年，應該掩其小過而全其大德。」趙禎聽後頓覺醍醐灌頂，雜亂的心緒慢慢平靜下來，詔告群臣，對太后「垂簾」時的事，從此不要再妄加評議。

趙禎這事兒處理得應當說相當有水平。中國人好記仇，有些事一輩子甚至幾輩子都忘不了，總要尋機報復，更別說那些手握強權的帝王了，這不是個好習慣。而范仲淹不記恩怨上疏勸諫，趙禎深明大義認真採納，不計前嫌、顧全大局，實屬難得。

趙禎親政後，宰相呂夷簡上疏「八政」：正朝綱、塞邪徑、禁貨賂、辨佞壬、絕女謁、疏近習、罷力役、節冗費，為趙禎所採納。他開始人事調整，罷黜了內侍羅崇勳等人，將劉太后寵信的樞密使張耆、樞密副使夏竦、范雍、參知政事陳堯佐和晏殊等人全部貶為外官，宰相呂夷簡雖力助趙禎，但因被懷疑曾阿附太后，罷相出判陳州。重新啟用張士遜、李迪為相，任用翰林侍讀學士王隨、權三司使李諮共參國政；將勸太后撤簾歸政被貶的宋綬、孫祖德等人擢職重用。

因為長期在劉氏手下壓着，趙禎從小自主性、獨立性不強，做起事來有些瞻前顧後、優柔寡斷，而這在其人事安排上很明顯地表現出來。張士遜為相後，為鞏固地位排擠異己，極盡獻媚之能事，派人到各地遍選美女，大量增加皇室製作珠寶玉器的工匠，遭到朝臣的反感。侍御史龐籍

上書：要「以儉約為師，奢靡為戒，重惜國費」，不點名地指斥張相；端明殿學士宋綬針對張排除異己、信任親近的行徑，勸諫趙禎要防「朋黨之患」。趙禎雖對張士遜有特殊感情，畢竟是自己的老師，但顧及輿論，罷了張士遜的相，貶謫河南府，同時將依附其的樞密使楊崇勳等也一併免職，重新啟用呂夷簡為相，擢宋綬為參知政事。

呂夷簡也不是什麼正派人，復相後為鞏固地位，網絡親信，進用小人，堵塞言路，貶抑台諫，與次相李迪產生了不小的矛盾。他想方設法排擠、陷害李迪，而趙禎不分邪正，罷了李迪的相，復擢樞密使王曾為相，實際上是呂夷簡大權獨攬。歐陽修批評呂夷簡：「二十年間壞了天下。其在位之日，專奪國權，脅制中外，人皆畏之。」

上節說過，宋真宗時，宋與遼簽訂「澶淵之盟」，北疆贏得了較長時間的和平。可西鄰的黨項快速發展，其首領、西平王德明死，子元昊繼位，企圖擺脫宋朝的控制。對內強力推行傳統的禿髮，禁用漢人的結髮；廢除唐、宋所賜的李、趙姓氏，改用黨項「嵬名」；廢用宋朝紀年，自立年號；升興州為興慶府，即現在寧夏的銀川，擴建宮城殿宇；對外發動吐蕃、回鶻的戰爭，擴展疆土，「東盡黃河，西界玉門，南接蕭關，北控大漠」。景祐五年（1038 年）十月，元昊稱帝，改國號大夏，建元「天授禮法延祚」，史稱西夏。

元昊稱帝，使趙禎深感不安，趕緊應對，重新啟用前相王曾為樞密使，專典軍政，詔令陝西、河東整飭邊備，任命知延州范雍、知永興軍夏竦為西面最高軍事長官，斷絕與西夏的互市和榷場貿易，派人出使西方部落，從背後牽制西夏。寶元二年（1039 年）四月，元昊派人到宋，要求宋承認夏國，冊封帝號。趙禎與朝臣對此久議不決，直到六月才決定削去元昊官爵，準備對夏征討。而元昊卻先發制人，於十一月進攻保安軍（今陝西志丹縣），分三路圍攻承平寨（今陝西延安西北），並聲言要進攻延州（今陝西延安）。

延州是宋西部重鎮，抵禦西夏之要衝，但防禦很「稀鬆」。元昊是個頗有謀略的人，為了出其不意，派人到宋表示願改過歸命，與宋講和。趙

趙禎
宋仁宗

禎信以為真，重賞來使，減緩備戰。次年二月，元昊率十萬兵馬大舉攻宋，使宋軍措手不及，將領李氏彬等戰敗被俘，西夏軍攻陷安遠、塞門、永平，直抵延州城下。守將范雍急令屯駐慶州（今甘肅慶陽）的宋軍救援，在三川口（今延安西北西河口）與西夏軍決戰。戰中宋軍大敗，損失慘重，幸虧天降大雪，西夏軍撤退，延州城才得以保全。

延州之戰使趙禎憂心忡忡，召集大臣們商議對策，參知政事宋庠以陝西形勢危急，建議將重兵撤守潼關，以確保京城；知諫院富弼則反對棄陝西於不顧、消極防守。趙禎經過權衡，採納了宋庠的意見。元昊趁機繼續攻掠延州以北地區，各寨堡相繼淪陷。危難之際，趙禎啟用主戰的韓琦為陝西方面的統帥，韓琦舉薦范仲淹知延州，率兵攻打西夏，得以收復失地。

康定元年（1040 年）九月，元昊在延州遭創轉而攻打秦鳳路，在三川寨（今寧夏固原西北）與宋軍交戰，激戰三日，宋軍損失五千餘人，戰將楊保吉陣亡。面對西夏的攻勢，趙禎再派翰林學士晁宗慤去陝西，與夏竦、韓琦、范仲淹等人商議攻守之策。商討中主戰、主和兩派爭執不下，只能上報趙禎。趙禎最後決定採取攻策，命開封府、京東西、河東諸州準備軍需，定來年正月出師。但韓琦、夏竦、范仲淹等對出兵的日期有異議，幾經爭論，決定隨機應變；結果又有人對出兵幾路有不同意見，久爭不決。

正當宋廷對攻守之略久議不決之時，元昊再次傾兵入侵，以主力攻打涇原一路，韓琦急忙部署抵抗，命宋將任福領兵禦敵。雙方激戰於張家堡（今寧夏隆德縣境），傍晚，宋軍收兵屯駐於好水川。次日，西夏軍佯裝北撤，任福不知是計，領兵追擊，至六盤山下遭遇西夏伏兵，任福應戰，不奈宋軍已疲憊不堪，抵不住西夏軍的攻勢，大敗，任福等將領戰亡。

好水川之戰慘敗，趙禎以韓琦指揮有誤罷其陝西經略安撫使，貶知秦州（今甘肅天水）；以范仲淹擁兵不進，貶知耀州（今陝西耀縣）；陝西其餘的將領也逐一貶降。元昊則乘好水川之勝舉兵攻打麟州（今陝西神木以北），麟州城固，轉而攻打豐州（今陝西府谷西北），攻陷；之後

又派騎兵圍攻麟州、府州，兩州將士堅守，幾乎彈盡糧絕，有人主張放棄，趙禎視其重要的戰略地位，派兵救援，在琉璃堡（今陝西府谷西北）敗西夏軍，元昊撤退。

宋軍小勝，趙禎頗為得意，以為元昊害怕了，派人潛入西夏，挑動其自相殘殺。此舉惹惱了元昊，於慶曆二年（1042 年）九月再次大規模攻宋，趙禎命鎮戎軍守將葛懷敏抵禦，在定川寨（今寧夏固原西北）被西夏軍包圍，部隊大亂，死傷兵士近萬，戰馬六百餘匹，西夏軍乘勝攻下渭州（今甘肅平涼）。

定川一役，西夏軍愈強，宋軍益衰，趙禎不得不議和。他密詔知延州龐籍通告西夏：只要息戰稱臣，帝號、國號盡可保留。西夏多年征戰，元昊雖勝，但國力消耗巨大，便答應議和，但堅不稱臣。趙禎想退讓，韓琦、范仲淹、歐陽修等人極力反對，直到慶曆四年（1044 年），元昊迫於遼國的壓力，想與宋聯合抗遼，才答應與宋稱臣，同時提出巨額「歲賜」。對於趙禎來講，「面子」是最重要的，只要元昊稱臣，賠點兒錢財算不得什麼。十月，宋與西夏達成和約，夏對宋稱臣，宋冊封元昊為夏國主，年「賜」夏絹十三萬匹，銀五萬兩，茶兩萬斤，節日另加「賞賜」。

其次是「內政」。趙禎面臨最突出的問題是冗官冗吏。他親政後，倣法唐太宗「網天下英雄入我彀中」的做法，廣開士路，每屆科舉取士均在千人以上，「殿試不黜落」成為不成文的規矩。取士日多，恩蔭無節，加上內臣、外戚的眷顧，構成了龐大的官僚隊伍。這是歷朝歷代中國政權所存在的痼疾。宋對西夏的戰爭雖屢戰屢敗，但邊將卻不斷增多，康定元年（1040 年），鄜延鈐轄張亢上書：「祖宗舊制，各路部署、鈐轄、都監，各不過三兩員，今每路多至十四五員，少亦不減十員，權均勢敵，不相統制，凡有議論，互執不同。」其弊端顯而易見。可趙禎出於對軍將的提防，並不加裁抑；同時為防備遼夏，不斷擴充軍隊，使得軍員比真宗時增加了一倍多。

冗員造成了冗費劇增，財政日絀，加之社會矛盾日益尖銳，地主豪強大肆兼併土地，各色稅戶以「出家」為由逃避賦稅，河北、河東等地相繼發生民變。面對內憂外患，引發了朝野有識之士為國家前途和命運的擔憂，紛紛上書要求變革圖強，其中最突出的當數范仲淹。

范仲淹在趙禎親政後被擢為諫職，上疏力請裁抑冗濫，主張變法圖強。趙禎欣賞范仲淹的為人和膽識，遷其為天章閣待制、知開封府。景祐三年（1036 年），范仲淹針對呂夷簡任人唯親，上書《百官圖》，論用人之道，為呂夷簡所忌恨。之後，趙禎因畏懼契丹南侵，要修陪都以備不時之需，范仲淹則上疏力論洛陽為帝王之都，負關、河之固，可漸廣儲蓄，修繕宮室，拒險以固守中原。趙禎以此詢問呂夷簡，呂答：「范仲淹迂闊，務名無實。」范聽此後據理力爭，被呂指斥為越職言事，離間君臣，引用朋黨。趙禎對「朋黨」一事頗為敏感，於是不辨黑白，將范仲淹貶知饒州（今江西波陽縣）。

呂夷簡的專橫引發眾臣不滿，紛紛上疏趙禎，為范仲淹鳴不平、作辯護，這更使趙禎相信了呂夷簡的「朋黨」之說，結果集賢校理余靖、館閣校勘尹洙、歐陽修等都相繼遭貶。趙禎採納依附於呂夷簡的御史范鎮的提議，將被指為范仲淹朋黨的名單榜列朝堂，戒百官「越職言事」，弄得無人再敢議論朝政。

身居次相的王曾對呂夷簡的擅權不滿，兩人論政不和，王抓住呂的把柄向趙禎奏本，兩人大吵於朝堂，趙禎一怒之下將二人同時罷相、貶為外官，參知政事宋綬、蔡齊也因黨附二人被貶。趙禎遂任命樞密院事王隨、知鄭州陳堯佐為相，樞密院事韓億、龍圖閣學士石中立、吏部侍郎程琳為參知政事，共參國政。

這次人事變動倉促、失當，用非所才，幾個人平庸無能、相互拆台，結果很快歸於解體。趙禎重新啟用張士遜為相，樞密院事章得像、開封知府李若谷為次相和參知政事。這時正值西夏不斷進攻宋境，諫官彈劾張

庸碌無為，不能為國消除外辱，而張又正好因騎馬墜地受傷，乞求致仕，即退休回家。無奈之下，趙禎第三次啟用呂夷簡為相，呂復相後更加專橫，慶曆二年（1042年）再被罷，趙禎又啟用章得像、晏殊為相。

高端人事的頻繁調整將趙禎搞得心力交瘁，所提拔的人總讓他失望，換來換去總擺脫不了墨守成規、結黨營私的怪圈兒，這便使他想起了主張變法革新的范仲淹、歐陽修、余靖等人。慶曆三年（1043年），他選拔歐陽修、余靖、王素等人供職諫院，擢被貶外官的范仲淹、韓琦為樞密副使，又遷范仲淹為參知政事，翰林侍讀富弼為樞密副使，賜范仲淹等人手詔，讓他們條奏當世急務，並在天章閣召見范仲淹、富弼等人，令他們疏奏革新政事。

不久，范仲淹上《答手詔條陳十事》的奏疏，提出了十項改革主張：一曰明黜陟，改變文官三年一遷的磨勘法，功高才溢的可破格任用，老弱愚昧的可另行安排，有過失甚至犯罪的要予以處罰；二曰抑僥倖，改變貴族官員子弟「恩蔭」做官的舊法，嚴加限制此類人的入仕額，以減冗濫；三曰精貢舉，改變專以詩賦墨義取士的舊制，着重策論和經學，大力發展學校教育；四曰擇官長，嚴加選擇轉運使、提點刑獄及各州縣地方長官，任用其才；五曰均公田，各級官員按等級給予不等的職田；六曰厚農桑，提倡秋後各地開河渠、修坡塘、築堤堰，發展農業生產；七曰修武備，京師招募禁兵五萬人，保衛朝廷；八曰減徭役，裁併州縣建制，使地方徭役負擔減輕；九曰覃恩信，朝廷每有敕令，各地必須認真執行；十曰重命令，各地的法令、政策，由朝廷統一，嚴禁各行其是。與此同時，富弼、歐陽修、余靖、韓琦等人也相繼提出一些改革建議，趙禎基本上都予以採納，幾次頒發詔令，進行推廣和施行，史稱「慶曆新政」。

范仲淹的改革可以說與中國歷史上歷次改革的性質和命運大體相同。都是從改革吏治入手，選拔人才，裁減冗濫，發展生產，減輕徭役，政令統一，着眼點都放在官員入仕的公正以及社會的公平上，這是庶族知識分子所必然要抒發的情懷和主張。但是，由於階級和時代的局限，他們

宋仁宗
趙禎

不可能去涉及制度層面的問題，而制度不改變如果僅僅依靠幾個「能人」和「正直人」是難於改變朝政和社會基本狀況的。更何況大多數庶族官員一旦成長為貴族，態度和立場往往會改變，這就是中國改革始終難以取得成果的原因。庶族官宦在骨子裡與其說是要改變社會不如說是想改變自己。

儘管如此，范仲淹等人的改革還是觸動了朝廷中那些保守勢力的利益，在王素、歐陽修等人上疏條陳興利除弊時，翰林學士蘇紳就指斥其「虛嘩潰亂」、「謀而僭上者」。因為當時趙禎在推行「新政」的興頭上，將蘇紳貶為外官。但「新政」的推行步履艱難，出台的幾項政令有的很快廢置，有的實施起來根本就無法兌現。而且改革派與保守派的鬥爭與朋黨、派系之間的爭鬥以及社會矛盾錯綜複雜地交織在一起，讓人虛實難辨，真假難分。改革就在這種情勢下很快敗下陣來。

在重重壓力之下，趙禎於慶曆四年（1044 年）六月以陝西備邊為借口，命范仲淹出任陝西、河東宣撫使，緊接着，富弼、歐陽修、晏殊、余靖等人都相繼被貶為外官，有人為這些人辯護，也都遭貶。各項實施的新政，趙禎先後下詔罷行。這場由范仲淹發起、前後僅實行一年的「新政」，因措施失當、守舊官僚反對以及趙禎的動搖而失敗。皇祐四年（1052 年）五月，范仲淹在由青州改官穎州途中病卒，趙禎還算不錯，詔贈范為兵部尚書，諡文政，親筆書其碑額「褒賢之碑」。

性情寬厚
不事奢華

趙禎的猶疑、反覆無常凸顯了他性格上的弱點，同時也反映出他性格中的另一面，即寬厚、仁慈以及善良。在他的骨子裡並不像有些君王那樣冷酷和殘暴，而是保持着對臣屬相對寬容；對老百姓比較體諒，盡力減少賦役；對文化及文人比較尊重，即使有些出格的舉動也能遷就。於是

就出現了對呂夷簡、張士遜的幾用幾棄，對范仲淹、富弼等改革派的貶而復信，應當說這與他人生的某些經歷有關係。

趙禎在位期間，出現了一批名臣。其中民間最家喻戶曉的是包拯，這位黑臉老先生剛直不阿，鐵面無私，在擔任監察御史和諫官期間，經常犯顏直諫。勸趙禎不可隨意授予官職，要論功行賞；不能隨意赦免犯罪之人，要嚴格進行審查，在朝堂上老先生說到動情之處，唾沫星子亂飛，經常濺到趙禎的臉上，趙禎得不時地用袖子擦，即使這樣還能耐着性子聽。一次，包拯提出應撤換三司使張堯佐，此人為趙禎寵妃張氏的伯父，撤換理由是才智平庸，頗具貪心。老包把奏章遞上去，趙禎感到挺為難，就想了個變通的辦法，讓張堯佐去當節度使。沒想到老包不肯罷休，依然諫諍不輟。趙禎這回可有點兒生氣了，說：「豈欲論張堯佐乎？節度使是粗官，何用爭？」老包據理力爭：「節度使，太祖、太宗皆曾為之，恐非粗官！」結果張堯佐還真就沒當成節度使。張貴妃不滿，跑到趙禎跟前哭訴，趙禎說了句意味深長的話：「汝只知要宣徽使（趙禎情急之下把節度使說成了宣徽使），汝豈知包拯為御史乎？」一位皇帝竟然「懼怕」一位大臣，可見其寬容的程度。

這裡想就這一問題多說上幾句。其實中國皇權在歷史上對待臣屬是相當寬容的，尤其是宋代做得非常好，自太祖以來，「祖宗家法」明確規定不准以言治罪，不能誅殺士大夫及上書言事者等。但往後就不行了，明代從朱元璋開始對臣屬隨意殺戮；清更是大興「文字獄」，搞得人人自危。在這樣的情況下誰還敢說話呢？敢說話的又有誰還能位居臣相呢？以致官府中只剩下了那些圓滑世故、唯唯諾諾、阿諛奉承的人，朝堂上基本上聽不到不同的聲音，歌功頌德、粉飾太平，這是中國政治的悲哀！

從此意義上講，趙禎絕對能成為歷朝帝王的表率。一次，四川有個秀才屢試不中，獻詩給成都太守：「把斷劍門燒棧閣，成都別是一乾坤。」這分明是在煽動造反。成都太守趕忙將其縛送京城，交給皇帝進行懲治。趙禎得知後說：「這是老秀才自覺懷才不遇，急於想做官，寫首詩洩洩憤，怎能治罪呢？不如給他個官兒做做。」結果授其為司戶參軍。還有一次，

使者報告說高麗國的貢物愈來愈少了，請求出兵征討，趙禎說：這是其國王的罪過，現在要出兵，國王不一定能被殺，可是要殺死無數無辜的百姓，最終沒有同意。

趙禎作為一世帝王，對自己要求很嚴。一天，他處理事務忙到深夜，又累又餓，很想吃碗熱羊肉湯，但忍着愣沒有說出來。結果第二天皇后知道了此事，勸他說：「陛下日夜操勞，千萬要保重身體，想吃羊肉湯，隨時吩咐御廚就好了，怎能忍飢使陛下龍體受虧呢？」趙禎對皇后說：「宮中一時隨便索取，會讓外面看成慣例。我昨夜若吃了羊肉湯，廚下以後就會夜夜宰殺，一年下來，就要數百隻。若形成定例，日後宰殺之數更不堪算計。為我一碗飲食，創此惡例，且又傷生害物，於心實在不忍，因此我甘願忍一時之飢。」趙禎所為真值得時下那些動輒一餐千金萬金的官宦好好學學。還有一次，時值初秋，地方官員獻上蛤蜊，趙禎問是從哪裡弄來的，臣下說是從很遠的地方運來的；趙禎又問要多少錢，答說二十八緡。古代一緡為一千錢。趙禎說：「我常常告誡你們要節省，現在吃幾隻蛤蜊竟要花費兩萬八千錢，我吃不下！」他沒有吃。

一次，諫官王素勸趙禎不要貪戀女色，趙禎答曰：「近日，王德用確有美女進獻於我，現在宮中，我很中意，你就讓我留下她吧。」王素說：「臣今日進諫，正是恐怕陛下為女色所惑。」趙禎聽後雖很不情願，但還是命令手下：「王德用送來的女子，每人各贈錢三百緡，馬上送她們離宮，辦好後速來報告。」講完他淚水漣漣。王素見此說道：「陛下認為臣的奏言是對的，也不必如此匆忙辦理。女子既然已經進了宮，還是過一段時間再打發她們走為妥。」趙禎說：「朕雖為帝王，但也和平民一樣重感情。將她們留久了，會因情深而不忍送她們走的。」

還有一次，趙禎退朝回到寢宮，因為頭癢，他沒脫皇袍便喚來太監給他梳頭，太監梳頭時見趙禎懷中有一份奏折，便問道：「陛下收到的是什麼奏折？」趙禎說是諫官建議減少宮中侍女和侍從的，太監說：「大臣家裡尚且都有歌伎舞女，一旦陛官，還要增置。陛下用幾個侍從他們卻建議要削減，豈不太過份了！」趙禎沒接口。太監又問：「他們的建議，

陛下準備採納嗎？」趙禎答：「諫官的建議，朕當然要採納。」這個太監自恃為皇上的寵信，不滿地說：「如果採納，請以奴才為削減的第一人。」趙禎聽罷，馬上招來主管太監，查閱名冊，將二十九個宮人及這個梳頭太監削減出宮。事後皇后問道：「梳頭太監是陛下多年的親信，又不是多餘的人，為何將他也削減？」趙禎說：「他勸我拒絕諫官的忠言，我怎能將這種人留在身邊！」

趙禎在位四十二年，國家太平，經濟繁榮，文化發達，人民生活富足。他在民眾中享有很高的威望，以致他去世的消息傳出，「京師罷市巷哭，數日不絕，雖乞丐與小兒，皆焚紙錢哭於大內之前」；他的死訊傳到洛陽，市民們停市哀悼，焚燒紙錢的煙霧飄滿了洛陽城的上空，致使「天日無光」；據說當訃告送達遼國，竟然「燕境之人無遠近皆哭」，遼帝耶律洪基握着使者的手號啕痛哭，說：「四十二年不識兵革矣。」遂將趙禎送予的御衣「葬為衣冠塚」，歲歲祭奠。在宋人眼裡，「仁宗盛治」要勝過「貞觀之治」和「開元盛世」。趙禎死後諡神文聖武明孝皇帝，廟號仁宗，葬於河南鞏縣的永昭陵。

趙禎
宋仁宗

內心脆弱的趙曙

宋英宗
治平

1063-1067

趙曙並不是前朝皇帝仁宗的兒子，而是侄子，仁宗無子，他陰差陽錯地做了皇上。似乎總感覺這皇位不該是他的，內心充滿焦炙、惶恐不安：他很固執，即位後與太后鬧「彆扭」和為自己生父爭「名分」，搞得身心疲憊，結果影響到身心健康，在位不到四年便一命嗚呼。

宋英宗趙曙像

天賜機緣
心懷憂慮

趙曙於仁宗皇帝明道元年（1032 年）出生在京城汴梁的宣平坊第。父親叫允讓，是太宗第四子、商王元份的兒子，也就是說趙曙是太宗的重孫。趙曙的父親先後做過汝州防禦使、寧江軍節度使、大宗正司大宗正事，慶曆年間封汝南郡王。

仁宗不知道是因為忙於政務，還是荒於酒色，身體弱，稱帝一段時間了還沒有子嗣。景祐初年，保慶皇太后、即真宗的楊淑妃勸他選個宗子養在宮中，即先「抱」個兄弟家的孩子養起來，以備不時之需。允讓他們家孩子多，這傢伙不注意計劃生育，就從他們家選一個！這樣，剛出生不久的十三子便被選入了宮中，讓皇后養着。十三子進宮，他生父、母似乎並沒有怎麼特別難受，估計是孩子多，而且選進宮也不是什麼壞事兒，所以，並沒出現像仁宗當年被「奪親」的場景。

十三子進皇宮後，賜名叫宗實，授官左監門率府副率，次年晉為右內率府率、左千牛衛大將軍、左領軍衛將軍。這就是皇室，孩子剛生下來還穿着開襠褲就有官兒當。宮中的生活條件很優越，仁宗的曹皇后、苗美人等盡心撫養，仁宗也很疼惜，可年幼的宗實卻時常思念自己的生身父母，時不常地吵着要回家。

仁宗的曹皇后因未生育，她將自己姐姐家的小女兒滔滔也領養在宮中，並跟仁宗說好等滔滔長大後婚配給宗實。但此後仁宗因寵愛張貴妃而疏遠曹皇后，滔滔和宗實先後被送出宮，宗實就這樣又回到了自己生父母身邊。但畢竟在身邊生活了一段時間，仁宗在宗實走後挺想念這孩子，時不常地給他封官、賞賜，宗實在諸宗室中享有着一種很特殊的待遇。嘉祐四年（1059 年），宗實的父親允讓死，仁宗親臨祭奠，罷朝五日，追賜其太尉、中書令，封濮王，謚安懿。

允讓在臨終前，把一生積存的財產分給自己的孩子們，宗實把自己分得

宋英宗　趙曙

的一份全都轉送給了濮王府中的侍人，自己只留了一條價值三十多萬錢的犀帶。他託人將之代賣，結果那條犀帶在輾轉之中不知怎麼給弄丟了，他所託的人挺緊張，心想這下肯定得重重挨罰，沒想到宗實表現得很大度，並沒有過多地責怪，加之他平時謙恭好學，禮遇世人，在濮府內外贏得了很好的口碑。這年宗實二十七歲。他居高而不傲，得志而不狂，淡漠財利，充溢心胸，作為一個宗室成員是非常難得的。可在這之中也蘊含了矛盾，政治是一件很險惡或者說很醜惡的事情，如果僅僅仰仗或者堅守高尚的情操恐怕是難以應對或操縱的，在這一點上，宗實勢必會出現困惑。

嘉祐六年（1061 年），知諫院司馬光、殿中侍御史行陳洙、知江州呂誨等人相繼上書仁宗，請求早定皇嗣，尤其是司馬光、呂誨連篇累牘，言詞懇切。仁宗一直沒有子嗣，不免有些心灰意懶。於是召見宰相韓琦等人，說出立宗實為嗣的事，韓琦等贊成。但韓琦知道有人會對此有異議，對仁宗說：「此事至大，陛下今夜再好好琢磨一下，臣等來日取旨。」第二天仁宗召見，說：「昨議之事，朕已決定無疑了。卿等可為宗實議授官職。」結果將宗實由右衛大將軍、岳州團練使擢為泰州防禦使、知宗正寺。在老百姓眼裡當官兒是件挺神聖、很艱難的事兒，可在皇帝那兒簡直就像從兜裡掏點兒零錢。

這時宗實正在為父親服喪，古人講父喪要守孝三年，可接受官職便要「奪情」，即不能再在家為父親守靈。宗實從小接收傳統文化的教育，對孝道堅行篤守，接到仁宗的詔命，他連上四書，乞求服完父親的喪期。仁宗心裡有些不快，心想這孩子真不識好歹，便問韓琦，韓琦說：「陛下即知其賢而擇選之，今宗實固辭不拜，正是器識遠大，所以為賢，依臣愚見，不如令其終喪為是。」仁宗答應了宗實的請求。

這時圍繞皇嗣的人選，皇室內部的各種勢力也在蠢蠢欲動。允讓的胞兄允寧之子宗譚以本宮之長進封沂州防禦使、虢國公；太祖的重孫、右衛大將軍、蘄州防禦使、安國公從古因仁宗數稱其賢，被任命為同判大宗正事；宗實的胞兄宗祐也被眾推有賢行。這些人連同身後的后妃、士宦

相互攀附，不時傳有各種流言。嘉祐七年（1062年）秋，宗實守喪期滿，他對所授官職仍固辭不就，數次繳還泰州防禦使、知宗正寺的告敕，從內心講是想避開「風頭」。

對此，右正言王陶面奏仁宗，提出知宗正寺只是一般官職，不足以安宗實的疑慮之心，平朝廷內外奸雄的非份之念；韓琦等人也主張：「宗實知宗正寺之命既已發佈，則外人皆知其必為皇子了，今不若即正其名。」仁宗對生育嫡子已喪失了希望，於是便面諭樞密使張昪，發佈詔命，正式立宗實為皇子，詔告宗室，遣官祭告天地、宗廟與諸陵。

詔告之下，宗實仍連上數表，堅不入宮。他的心腹謀士周孟陽詢問緣由，宗實答：「非敢邀福，實為避禍。」這就反映出宗實的性格了，退縮。周孟陽說：「事既已如此，若固辭不拜，萬一有人在皇帝面前撥弄是非，難道還能儼然無恙嗎？」宗實一聽也是，一骨碌從床上坐起來，說：「幸虧周記室指教，我沒考慮到此。」八月二十七日，仁宗命從古、宗諤等人，攜皇子襲衣、金帶、銀絹等，諭召宗實進宮，並囑咐說如果宗實還稱病，就是把他抬也得抬進宮來。這次宗實沒敢再抗拒，帶了僕人和幾箱子書隨來人一起進了宮，拜見仁宗。臨行前他跟家人說：「謹守我舍，待皇上有嫡嗣，我就馬上回來。」他辦事真是謹慎。

宗實入宮後，進階齊州防禦使，封鉅鹿公。仁宗想到第一次見宗實，是與曹皇后在後苑的「迎曙亭」，賜名「曙」。至此，趙曙表現得仍很低調，每日除上朝外，還是悶頭擺弄他的經史子集，研究他的古今之學，以此來平靜自己的心情，也展現出了他的定力。

嘉祐八年（1063年），仁宗病重，三月二十九日夜駕崩於福寧殿。曹皇后表現得很鎮定，命緊閉宮門，禁止任何人出入。時至黎明，急派人傳兩府大臣入殿，遂召趙曙繼皇帝位。這下可把趙曙給嚇壞了，雖說有思想準備，但事到臨頭總還是感到突然，他連聲說：「我不敢為，我不敢為！」說完轉身便往殿外頭跑。但是，政治往往是嚴酷的，它一旦選擇了你，你就是想擺脫、想不擔當大任都難。這不禁讓人想到有人想當官削尖了腦袋卻當不上，而有人怕當官兒想推卻推不成，嗚呼哀哉！韓

琦等人忙上前挽留，連拉帶拽地給趙曙更衣戴冠，召百官到殿前聽旨，命翰林學士王珪起草遺制。當日下午，趙曙正式即皇帝位。

帝后失和
濮議之爭

就像家庭中的婆媳一樣，朝廷中的帝后是一對天生的矛盾。這裡說的「后」並不是指皇后，而是皇太后，即前任帝王的皇后，也是現任皇帝的媽，當然這個媽不一定是親媽。在中國的朝政當中，女人大都處於從屬地位，除唐代的武則天，帝王全是男人。但后妃們身居後宮，不少人並不甘於寂寞，常常對朝政施加影響，有的乾脆取代丈夫而成為權力的主宰者，比如漢朝的呂后、竇后及清朝的慈禧等。丈夫死後，這些女人仍不願退出政治舞台，還要對朝政說三道四、指手畫腳。新繼位的帝王自然不願意處於這樣一種境況，二者必然會發生矛盾。

趙曙登基自然也要面臨這樣的矛盾，而且他的情況又很特殊，太后並不是他媽（不管是親媽還是名義上的媽），而是他嬸母。在這種情況下發生矛盾的機會會更多。嘉祐八年（1063年），趙曙登基後由於思想壓力太大，結果大病了一場。開始昏迷不醒，繼而語言錯亂，行為乖張。別人當皇帝是一種享受，可換了他簡直是在受罪。韓琦趕快召來御醫給他診治，曹太后見他病重不能決政，遂決定垂簾聽政。

曹太后出身貴勳，祖父曹彬是宋初的大臣，屬於大家閨秀。從小接受教育，知書達理，文靜賢惠，寫得一手絕妙的帛書。於仁宗明道初年入宮，被立為皇后。趙曙四歲進宮，曹后曾悉心照料，「母子」二人有着不錯的感情基礎。良好的家庭背景及穩健的處事風格使曹后在朝廷中威望頗高。她「垂簾」秉公行政，幹練穩妥，又得到韓琦等人輔佐，政事平穩。

趙曙患病後舉止怪異，喜怒無常，對身邊的人稍不如意便以斥責，甚至

杖撻相加，搞得人人自危。有的受虐不平，便到曹太后面前訴告；而有的人則乘此離間二人之間的關係。宮中有個太監叫任守忠，久居宮內，頗有些能量，仁宗在世時就挑撥是非，勾結反對勢力阻撓擁立趙曙，致使仁宗長時間對皇嗣人選遲疑不決；趙曙被立為太子後他又藉趙曙生病之機在曹太后面前行離間之說。

曹太后為人明達，但禁不住耳邊風言日多；趙曙言詞舉止錯亂，對她多有忤逆；再加上翰林學士王珪面奏趙曙，乞罷太后「垂簾」，使得曹太后心生不滿。嘉祐八年（1063年）十一月，韓琦在永昭陵主持仁宗的葬事，曹太后派心腹送去一信，列舉了趙曙近來在宮中的反常之事，韓琦見信後即刻返回京城，與歐陽修等人面見太后，太后竟在幾位大臣面前痛哭流涕，訴說趙曙的種種不是，表示簡直無法容忍。韓琦等好言相勸，陳以利害，太后的怨氣才稍稍得以化解。

趙曙病情稍有好轉，即感覺到了曹太后對自己的不滿，反過來也對曹的垂簾聽政產生怨念，經常為一些小事兒不高興。他病後不願意吃藥，韓琦和太后經常進宮相勸，一次，他揮手碰翻了藥碗，藥湯撒了韓琦一身，曹太后見後趕快令人找來衣服讓韓琦換，韓琦推辭，趙曙認為這是太后在收買人心，以對付自己。所以，他病情好轉大臣們請他臨朝聽政，他仍然堅執不出，後來勉強上朝，對大臣們所奏沉默不語，還是讓曹太后裁決。

為了平息帝后之間的不和，知諫院司馬光、呂誨等人數次上書曹太后和趙曙，開陳大義，言辭懇切；翰林侍講學士劉敞借進講之機，以古喻今，開導趙曙；韓琦更是以「孝道」相勸，使趙曙漸有感悟。

為徹底消除趙曙的疑忌之心，韓琦從維護皇權出發，欲請曹太后撤簾還政。他選取了十餘件軍國要事奏請趙曙，趙曙伏案揮筆，很快處理完畢；韓琦拿去再讓曹太后覆閱，太后對處置大加讚賞。奏事完畢，韓琦向太后提出想告老求退之意，太后說：「當今朝政，不可一日缺相公，相公怎麼能求退呢？吾已年老，理應閒居深宮，卻每日在此，等老身先退了再說吧。」趁此，韓琦列舉了一些賢聖母后的事兒，然後話鋒一轉：「今

太后若能撤簾還政，諸賢後所不及。」又說：「台諫前日也有章疏乞求太后還政，不知太后何日撤簾？」太后聽後不由得站了起來，韓琦乘機高聲對左右說：「太后已令撤簾，還不趕快遵行。」

其實，趙曙與曹后之間真沒有什麼大不了的矛盾，都是些雞毛蒜皮，而且應當說主要責任在趙曙，守着這麼個神經兮兮的人，曹后能不被逼瘋，已經算很不容易了，讓人理解和同情。在兩人周圍有韓琦這樣一群深明大義、敢做敢為的朝臣，維護大局，化解矛盾，懲處了撥弄是非的太監任守忠等人，真算是幸運。

趙曙繼位後所要面臨的另一件事是該給他的生父確立什麼「名份」，這要是放在別的帝王身上並不是問題，子繼父位，稱故去的老爹為先帝或皇考，「考」在文言中指已經死去的父親，皇考則是在位皇帝對先帝的尊稱。可到趙曙這兒就成問題了，他繼承的是叔父的皇位，叔父肯定還得稱先帝或皇考，這不能有異議，不能說侄子繼了皇位，先帝就不能叫皇考而得叫皇叔。可問題是該稱自己的父親叫什麼呢？朝間給出答覆，先帝仁宗稱皇考，趙曙的父親比仁宗年長，應當稱皇伯。這讓趙曙聽了非常不是滋味，別人當皇帝都是光宗耀祖，到我這皇帝當的卻把父親當成了大伯，這算什麼道理呀？自此，趙曙展開了為父親「正」名份的爭執，因為他父親生前受封濮王，史稱這場爭論為「濮議之爭」。

當時朝中對趙曙父親的稱謂意見不一，因為這是個很特殊的情況，遵照禮法似乎應該稱皇伯，因為他是當朝皇帝他爸，但並不是皇帝，「皇考」自古以來都蘊含有既是皇帝也是考的意思；但從維護當朝皇帝尊嚴的角度又該稱皇考，因為濮王確實是皇帝他爸。實際上這在很大程度上不是個是非問題而是個態度問題，其中隱含的意義不言自明。朝中以此而分為了兩派，一是以王珪為首，認為該稱皇伯；另一則是以韓琦、歐陽修為首，主張該稱皇考，雙方爭執不休，莫衷一是。

這兩撥人各有各的心思，拋開政治立場和道德品質不言，似乎跟他們的職業性質有關。王珪官居內制，主要負責起草詔書、管理文書檔案等，他們看重的是朝政的慣例及禮法上的依據，照老百姓的說法比較「教

條」；而韓琦等身為宰執，他們考慮的是利益上的權衡，想的是維護皇帝的權威及朝政的穩定，做事比較「現實」。

趙曙堅持要給他父親「正名」，可他又不想表現得很專斷，於是決定把這事交給朝臣們討論，在他及韓琦等人看來，大多數臣屬會迎合他們的意圖。但情況卻恰恰相反，百官對此反應激烈，大都贊同王珪等人的提案，曹太后聽後也下詔指責韓琦等人，表示稱濮王為皇考不當。

此事經一段時間的爭議，尚無定論。趙曙仍鍥而不捨，他及韓琦等人意識到，要想達到目的，曹太后的態度是關鍵。治平三年（1066年），中書大臣議事於垂拱殿，商議濮王稱皇考一事，由歐陽修起草了兩份詔書，交給皇帝、太后各一份，中午時份，太后派人將一份封好的文書送至中書，韓琦、歐陽修等人看後相視而笑，那正是起草的詔書，上面有太后的簽押。太后對此事態度來了個一百八十度的大轉彎，實在令人費解，有人說是酒後誤簽，有人則說是韓琦、歐陽修等人通過太監做了大量工作。但不管怎麼樣，「濮議之爭」最終達到了趙曙預想的結果，他隨即下詔停止討論，歷時十八個月的爭論塵埃落定。

小有作為
扶植文化

趙曙雖然有點兒小脾氣，但人還算正派，對臣屬也仁慈。「濮議之爭」結束，趙曙把韓琦等宰執們召來，商量如何平息百官情緒，穩定時局。韓琦、歐陽修等人自然有些自恃有功，韓琦說：「臣等是奸是邪，陛下自然知道。」歐陽修則說，御史在此事上與臣等對立，陛下若認為臣等有罪，即當留御史；若以為臣等無罪，則取聖旨。趙曙猶豫再三，同意了歐陽修關於將呂誨等三名御史貶出京師的意見，但他知道這三人屬於無過受罰，心裡很過意不去，對左右人講：「不宜責之太重。」

趙曙
宋英宗

趙曙繼位後，留用了仁宗時的改革派人物韓琦、歐陽修、富弼等人，面對日漸衰弱的國勢，試圖進行一些改革。一次，趙曙問歐陽修，近日屢有天災，言事者多稱是因為朝廷不能進賢任能，不知這是為何？歐陽修答道：近年進賢之路的確太窄，他也常與韓琦討論此事。趙曙忙問，此話怎講？中書推薦的人，我不是大都加意任用了嗎？歐陽修說：自陛下親政以來，我和韓琦、富弼有感皇恩，精心挑選內外官員，而陛下也用人不疑，這是過去所不能比的。但是，所選之人多為擅長於錢糧刑名的強幹之才，並非文學之士。趙曙聽後有所感悟，決定廣泛招攬人才，韓琦、歐陽修等人奉詔舉薦了二十人以應館閣之職，趙曙令均予召試。韓琦等人感覺選人太多，趙曙說：「我既然要你們舉薦，為的就是從中選賢，豈能嫌多？」

趙曙說話不多，平時常「慎靜恭默」，靜坐無語；私生活比較檢點，史料說他「內無嬪御」，對待侍從從不濫賞橫賜，以致有些跟隨他多年的舊人也「貧不能辦儀物」；他家教頗為嚴格，以前，公主們下嫁對公婆從不行禮，他加以約束，要女兒們恭敬公婆「不得以富貴驕人」；他頗有心於朝政的革新，仁宗時，王安石曾上「萬言書」建議進行改革，引發朝野響應，但仁宗並未採納，王抱恨辭官回金陵家居；趙曙即位後不久，即派專使前往金陵要王安石「趣如赴闕，至於再三」，準備重用。

趙曙很重視文化的收集和整理。治平元年（1064 年），司馬光寫成《歷年圖》進呈給趙曙，趙曙大加讚賞。治平三年（1066 年），司馬光參照《史記》寫成了《通志》八卷，實際上即後來《資治通鑒》的前八卷，趙曙很讚許，鼓勵司馬光繼續編寫下去，等書成之後再頒賜書名。他同意司馬光關於選聘助手組織編寫歷代君臣事蹟的請求，諭示將書局設在崇文院內，特許其可借調龍圖閣、天章閣、昭文館、史館、集賢院、秘閣的書籍。崇文院相當於北宋的國家圖書館，下設秘閣與三館，三館即昭文館、史館、集賢院，是皇家藏書的處所；秘閣所藏均為精品，即從三館中挑選出的萬卷珍本書以及皇帝收藏的古玩和墨蹟；龍圖閣和天章閣則是太宗、真宗的紀念館，所藏除二人的真蹟、文集外，還有圖書、

司馬光像

典籍等重要文物。趙曙調撥專款，並抽調宦官進行服務。趙曙為司馬光編修史書提供如此的條件，為史學巨著《資治通鑒》的最終問世創立了前提。

趙曙身體孱弱，年紀輕輕便疾病纏身。治平三年（1066 年），趙曙又再次病倒，雖經多方調治，但病情卻一日重似一日。十二月，趙曙自感來日無多，召大臣張方平等人入見。張趕至寢宮，見趙曙頭戴白角冠，身着黃色便服，斜靠在小几上，喘息着說：「久不見學士了，我病中時有想念。」臉上露出一絲悽慘的笑容，接着，只見他嘴唇歙動，但聽不

清在說什麼，張方平將紙筆遞上，趙曙顫抖地寫下了「明日降詔立皇太子」幾個歪歪斜斜的字。張不知要立何人，高聲說道：「太子之事，臣意必立穎王，穎王是嫡長子，又有賢名，若陛下正是此意，請將其名字書寫紙上，以便老臣宣告中外。」趙曙點了點頭，靠在桌几上幾欲提筆，但手已無力，費了好大的勁才艱難寫出，但模糊難辨，張方平再請重寫，趙曙用盡力氣寫了「大大王」（趙頊在宮中的稱呼）三字，寫畢，隨即倒在榻上，昏昏睡去。治平四年（1067年）正月，趙曙病逝，享年三十六歲，謐體乾應歷隆功盛德憲文肅武睿聖宣孝皇帝，廟號英宗，葬於河南鞏縣的永厚陵。

年少氣盛的趙頊

宋神宗
熙寧
元豐

1067-1085

趙頊二十歲即位，血氣方剛，躊躇滿志，從小看過不少法家的著述，見到國家自爺爺、父親稱帝以來積貧積弱的狀況，萌生變革圖強的想法。重用王安石實施變法，威勢之猛、綱領之當、時間持續之長，在中國歷史上非常著名。

宋神宗趙頊像

仰慕法術
敬待賢人

趙頊於仁宗皇帝慶曆八年（1048 年）四月生於濮王府，也就是他親爺爺家。趙頊在四個月時仁宗給他取名仲鍼，授率府副率；仁宗嘉祐八年（1063 年），他隨着父親入居慶寧宮，父親當上皇帝後，授其安州觀察使，封安國公；之後又加忠武軍節度使、同中書門下平章事，封淮陽郡王，改名趙頊；治平元年（1064 年），進封穎王。這裡想說一句，趙頊先後用的兩個名字都挺生僻，這當初是基於皇家「萬人不避我，我避萬人」的考慮，結果使後人讀起史來很費勁，再加上那時的機構、官職在現在看來很陌生，經常令人一頭霧水，這可能是有好多人讀不進史去的原因，當然也顯出有些人有學問。說這些是想揭示一個問題，我國的歷史和現實採用了兩種完全不同表述體系，兩種體系互不銜接、相互割裂，以致造成了傳承上的困難和阻力。在這一點上我們似乎不如日本等國家做得好。

趙頊作為皇室成員以及之後的皇子，從小受到良好的教育，而且在心理上不像他父親那樣總為自己的身份忐忑不安，而是表現得踏實、坦然，特別是父親做了帝王，他作為皇長子，更顯現出了自信和篤定。趙頊自幼喜好讀書，「好學請問，至日晏忘食」，即表現得很癡迷，有時簡直到了廢寢忘食的地步，以致父親曾多次指派內侍去勸阻他。趙頊在熟讀師傅規定的經、史典籍外，對治政有着一種天生的愛好，對法家的著述尤感興趣，喜歡讀《韓非子》，對「富國強兵」之術很推崇。

隨着年齡的增長，趙頊逐漸看到了自己國家的衰弱不振，對遼國和西夏的退讓妥協，心中很是不痛快，又有誰不希望自己的國家強大呢？更何況是一位血氣方剛的皇家子弟。一次，趙頊披掛盔甲去見仁宗的曹太后，說：「娘娘，我穿這身盔甲好不好？」展現了其內心的志向。治平三年（1066 年）十二月，英宗病重，趙頊被立為太子。一個月後，英宗去世，趙頊正式接班。

趙頊·宋神宗

趙頊從父親和爺爺手中接過的是個很令人感到麻煩的攤子。宋代自開國已有百餘年，似乎到了一定的週期，盡顯頹勢。尤其是有冗官、冗兵和冗費三大弊病，其實這在宋初就已經埋下了伏筆，那是太祖所設制度的一種必然體現，而到了仁宗、英宗兩朝，則愈演愈烈。國家財政困難，儘管稅收逐年增加，仍無力支付巨額的開支；軍隊到仁宗慶曆年間激增至一百二十五萬多人，戰鬥力雖然不強，但軍備開支卻愈來愈大；政府財政在仁宗前期還年年有餘，到後期則出現了巨額赤字；仁宗的喪葬花費巨大，又賞賜各級官員，國庫幾乎被掃蕩一空；各州、軍官庫缺錢，便強借民款行賞，搞得民怨沸騰。宋初制定的一系列措施，即「祖宗之法」已出現了諸多的不適應，必須進行調整，在政治、財政、軍事等多方面進行改革，才能維持國家機器的正常運轉。在這一點上，仁宗、英宗都已看到，並有所行動，仁宗推行「慶曆新政」，但很快流產，主創人范仲淹被貶出京城；英宗也有變革想法，但因體格不濟、在位僅四年而未及實施。當時，各種社會矛盾尖銳複雜，嘉祐四年（1059年）刑部上報，由於民困物乏，一年之中竟發生大小劫盜上千次。趙頊即位，面對如此的窘境，立志一定要改變現狀，有所作為，「思除歷世之弊，務振非常之功」，於是下詔求言，廣泛聽取意見，尋求敢言善行之才。在此種情況下，一位著名的人物脫穎而出，那就是王安石。

王安石祖籍臨川（今江西撫州），父輩為官，生於真宗天禧年間，比趙頊年長二十六歲。自幼就頗有才氣，能文善賦，多才多藝；十七歲時，隨父到江寧，感到光陰易逝，功業難成，決意發奮讀書，研究治國恤民之道；要以天下為己任，成就一番功業。王安石讀書涉獵寬泛，「自百家諸子之書，至於《難經》、《素問》、《本草》、諸小說，無所不讀。」二十二歲中進士，名列二甲第一，分配到揚州官署長官幕下為僚，五年後任鄞縣知縣。在任期間興修水利、發展農耕，春天青黃不接時將糧庫的糧食借給農民，規定較低的利息，秋後歸還。此舉既可使農民免受高利貸主的盤剝，促進農業生產，還可使國庫中的糧食新舊更替，一舉兩得。當時王安石在遠近已小有名氣，宰相文彥博提出省兵，王安石不贊成，說「省兵非所先」，即靠節省點兒軍費開支是解決不了大問題的，

得「開源」；仁宗皇祐六年（1054 年），王安石調任舒州通判，看到社會上貧富懸殊，大地主、富商盤剝農民，形成了誅抑兼併的思想；嘉祐三年（1058 年），調任江南東路提點刑獄，此地原來實行「榷茶法」，茶葉禁止私運，實行官賣，而官商的茶葉質量低劣，民飲仍來自私茶，王安石改革物流，將官賣改由商人運銷，官府抽稅，既增加了稅收，也使茶商有了收益。

王安石多年任地方官，熟悉和掌握社會的基本情況，摸索出了一些解決問題的辦法，加之他擁有雄厚的文學功底，被譽為「唐宋八大家」之一，這可是比什麼官職都難得的頭銜。地方官的經歷使得他務實、幹練，而文人的風骨又使得他很執着。他調任開封三司度支判官後，給仁宗寫了洋洋萬言的《上仁宗皇帝言事書》，說天下財力困窮，在於吏治敗壞，不知法度；文臣不懂武事，而把邊防重任交給「奸悍無賴」之人；恩蔭制度下的官吏，既不學習知識，又不考問才能，只憑家族關係做官，對於治道一竅不通；主張改革官吏選拔制度，任用真正有才之人治理國家；提出了理財的方案，「因天下之力，以生天下之財；取天下之財，以供天下之費。」主張用「開源」的辦法解決財政困難；警告當今若不趕快改弦更張，國家前途堪憂，要大膽改革。

當時王安石的上書並沒有得到仁宗的重視，不久，他被任命為知制誥，負責為皇帝起草詔命，隨着地位日顯，其改革的主張才逐漸引起朝野的關注。英宗即位，有意改革，可王安石因喪母回原籍金陵守喪。趙頊在繼位前就看過王安石的上書，很贊同。濮王府有個叫韓維的與王安石私交不錯，經常跟趙頊提及他並薦其為官，趙頊很想見識見識這位仁兄，但王安石服喪在家，每次都婉言謝絕。王安石在家並沒閒着，收徒講學，所授學生龔原、陸佃、李定、蔡卞等後來都成為了他變法時的人馬。趙頊登基，原打算立即起用王安石，當時其任工部郎中、知制誥，且母親喪期已滿，趙頊詔命其進京，可不知他是對朝中複雜的人際關係有所顧慮，還是想矜持一番，稱病未赴。趙頊並未計較，先頒詔任命他為江寧知府，其赴任後又召其入京，任翰林學士，兼侍講。

趙頊
宋神宗

力排眾議
推行變法

趙頊任用王安石，並非眾望所歸。宰相曾公亮極力推薦王安石，目的是想排擠韓琦。韓琦是位老臣，侍奉過仁宗、英宗以至趙頊三朝，權重位尊，遇事難免專斷。曾公亮與韓共理朝政，經常受壓抑，心中早有不滿，而趙頊也對韓的做法有些看不慣。韓琦涉世頗深，屬於「老江湖」，自然能察覺到趙頊的態度，主動請求外任。趙頊挽留不住，便授韓司徒兼侍中，任武勝軍節度使，兼判相州。韓琦赴任前向趙頊辭行，趙頊問：「卿去誰可屬國者？王安石何如？」韓琦說：「安石為翰林學士則有餘，處輔弼之地則不可。」意思是王安石當個翰林學士發表些意見還行，當宰相就不合適；老臣富弼去相時，推薦文彥博，也未舉王安石；其他如參知政事吳奎、御史中丞呂誨、參知政事唐介、侍讀孫固等都以王安石「護前自用」（剛愎自用）、「論議迂闊」（觀點大而無當）、「狷狹少容」（心胸狹窄、刻薄）等為由，反對其為相。但趙頊似乎並沒有被這些意見所左右，力排眾議，於熙寧二年（1069 年）二月，拜王安石為參知政事，委以重任。

趙頊有志於改革，想做唐太宗那樣有作為的君主。首次召見王安石，問治國之要？王答：「選擇正確的策略。」趙頊說：「唐太宗何如？」王答：「陛下當以堯舜為榜樣，幹嘛要拿唐太宗作標準呢？堯舜之道，簡明而不繁瑣，很容易做到。但現在的學者卻不知其中的道理，認為高不可攀。」趙頊覺得此觀點挺新鮮，王安石這番話也確實頗為獨到，他講要秉堯舜而不法後王，實際是講做做一定要做到「根」也即本質上，別執著於後代已經走樣或者被搞複雜了的東西；而堯舜所處是一個虛幻的時代，在很大程度是靠人們的想像和憧憬，並不是一種真實的存在，仿照這樣的模式，可以擺脫不少條條和框框。

趙頊又問：「祖宗守天下，能百年間沒有大的動盪，使天下太平，用的是什麼治道呢？」意思是說老祖宗百年來沒改革不也挺太平嗎？王安石

上奏《本朝百年無事箚子》道：太祖知人善任，對外禦夷狄，對內平諸侯，去除苛政酷刑，廢除強橫的藩鎮，以簡明為天下先，政令全以利民為目的；太宗承之以聰武，真宗守之以謙仁，以至仁宗、英宗無有逸德，所以享有百年天下無事。如今歷代積累下來諸多弊端，君臣關係已不如前；君主朝夕相處的都是些宦官與女流，理政不過是處置些具體事務，不像古代君王那樣與士大夫縱論、治理天下；君主身邊不是沒有賢人，但小人也混跡其間；不是沒有正確的理論，但異端邪說時而被採用；科舉以詩賦記誦取士，全無學校培養的辦法；以科名資歷來區分朝中的職位，而缺乏考課的制度；監察機構缺少稱職之官，防守邊境並非精選之將；官吏上下都在偷懶，雖有能者在職，也同庸人沒有差別；農民受差役之苦，可朝廷並沒有去幫助他們脫貧致富；由於治理無方，雖儉約但民不富，雖勤政而國不強；幸虧時下夷狄不強，又無大的水旱災害，所以天下百年來無事，這是上天相助。但天助不是永遠能倚仗的，應當盡人事，有大作為於當世。趙頊一邊看一邊覺得很有道理！

在趙頊的支持下，經過一番周折，王安石終於推出了他的變法措施，大概分為三個部份：即富國之法、強兵之法和取士之法。富國之法包括青苗、募役、方田均稅、農田水利、市易和均輸法。「青苗法」是仁宗時陝西百姓缺糧，轉運使李參讓其估價穀、麥年產，先向官府借錢，穀熟後還，稱「青苗錢」，王安石據此立法，規定將以往為備荒所設的常平倉、廣惠倉的錢穀為本，每年分兩期以自願的原則由農民向政府借貸錢物，收成後加息隨夏秋兩稅納官，相當於現在農村的低息貸款；「募役法」又稱免役法，廢除按戶徵收差役的辦法，改由州縣官府出錢僱人應役，僱役所需經費由民戶按戶等高下分攤，上三等戶分八等交納役錢，稱免役錢，原不負擔差役的官戶、女戶、寺觀要按同等戶的半數交納，稱助役錢；「方田均稅法」分為「方田」與「均稅」兩部份，「方田」即每年九月由縣令負責丈量土地，按肥瘠定為五等，「均稅」即以「方田」為依據均定稅數；「農田水利法」是獎勵各地開墾荒田，興修水利，由受益人按戶等高下出資興修，如果其財力不足，可向官府借貸「青苗錢」，同時對有功的官吏給予獎勵；「市易法」即在東京設置市易務，出錢收購滯銷貨物，市場短缺時再賣出；「均輸法」即要求發運使弄清

趙頊
宋神宗

各地生產及宮廷的需求，依照「徙貴就賤，用近易遠」的原則，在路程較近的生產地採購，節省貨款和轉運費，同時賦予發運使一定的權力，根據具體情況採取相應的措施。

強兵之法包括保甲、將兵、保馬和設軍器監。「保甲法」即鄉村住戶不論主客，每十家組成一保，五保為一大保，十大保為一都保，凡家有兩丁以上的出一保丁，以有財力和才能的人擔任各級保職，同保人戶互相監察，農閒時集中訓練武藝，夜間輪差巡查維持治安；「將兵法」即在北方各路陸續分設一百多將，每將置正副將各一人，選派有武藝且有戰鬥經驗的軍官擔任，負責軍隊的訓練，州縣不得干預軍政；「保馬法」規定百姓可自願申請養馬，每戶一匹，富戶兩匹，由政府撥給官馬或給錢自購，養馬戶可減免部份賦稅；軍器監負責監督製造兵器，嚴格管理，提高武器質量。

取士之法主要是改革科舉制度。主張以經義取士，應試者不再考詩賦、帖經、墨義之類，而以《詩》、《書》、《易》、《周禮》、《禮記》為本經，以《論語》、《孟子》為兼經，改變那種「閉門學作詩賦及其入官，世事皆所不習」的狀況；同時整頓太學，重視對中下級官員的提拔和任用。

王安石制定的變法措施及之前所闡述的變法理論，看到了國家的羸弱、百姓的貧困和朝政的弊端，採取相應的措施，對症下藥，頗有針對性；而且是在國家相對平穩的情勢下，看到了社會的危機和隱患，有強烈的責任心和使命感，有前瞻意識，令人敬佩。這對於中國人是非常難得的。在我們的社會、特別是各級官僚體系當中，絕大部份官員由於沒有生存上的壓力或者說為了維護個人的既有利益，很難有進取心和改革意識，對國家的前途和百姓的利益漠不關心，麻木不仁，這是一種很可怕的現象。王安石心繫國家和民眾，不管他提出的改革是否完全合理，能否取得預期成效，都應當肯定其所擁有的積極精神和進取態度。

猶豫動搖
時勢艱難

熙寧二年（1069年），新法逐漸出台。新法剛一出台，便招來朝野間一片指責，不僅從內容和效益上對新法進行非難，而且在思想、道德上指責，說王安石「變祖宗法度」，「以富國強兵之術，啟迪上心，欲求近功，忘其舊學」，「尚法令則稱商鞅，言財利則背孟軻，鄙老成為因循，棄公論為流俗」。

在朝議紛紛面前，王安石不為所動，說了「天變不足懼，人言不足恤，祖宗之法不足守」這樣的話，趙頊對王安石表示支持，說：「人臣但能言道德，而不以功名之實，亦無補於事。」主張道德與功名並重，反對守舊反對派空言道德、在政治上無所作為的做法。在兩派爭議當中，趙頊先後罷退了一批反對變法的官員：如御史中丞呂公著「以請罷新法出潁州」；「御史劉述、劉琦、錢顗、孫昌齡、王子韶、程顥、張戩、陳襄、陳薦、謝景溫、楊繪、劉摯，諫官范純仁、李常、孫覺、楊宗愈皆不得言，相繼去」；「翰林學士范鎮三疏言青苗，奪職致仕」；歐陽修乞致仕，「乃聽之」；「富弼以格青苗解使相」；文彥博言市易與下爭利，「出彥博守魏」。熙寧三年（1070年），擢王安石為同中書門下平章事，位同宰相，讓其有了更大的權力，於是農田、水利、青苗、均輸、保甲、免役、市易、保馬、方田等新法先後頒行天下。

為了及時有效地制定和推行新法，趙頊特命設置了「制置三司條例司」，即制定戶部、度支、鹽鐵三司條例的專門機構，由王安石和知樞密院事陳升之主持；在這個機構中，趙頊聽從王安石的舉薦，起用了呂惠卿、章惇、蔡確、曾布、呂嘉問、沈括、薛向等一批新人。

新法雖得到趙頊的鼎力支持，但實行起來舉步維艱。熙寧七年（1074年）春，天大旱，久不雨，反對派以「天變」為徵兆，又一次反對變法。此次反對得到了仁宗曹后、英宗高后和趙頊向后等人的支持，給趙頊造成了巨大的壓力，也使其在思想上出現了某種變化。因為他與父親英宗

宋神宗 趙頊

並非仁宗的嫡嗣，父親繼位有曹后的協助之恩，老太太對趙頊父子有相當的威懾力。趙頊開始動搖，反思是不是有點兒太聽信王安石的一家之言？所以，這回沒有再聽王安石對所謂「天變」的反駁，認為「天變」不是小事，是因人事不修所致，「今取免行錢太重，人情咨怨，至出不遜語。自近臣以至後族，無不言其害。兩宮泣下憂京師亂起，以為天旱更失人心。」四月，趙頊終於禁不住曹后、高后等人關於「安石亂天下」的陳詞，罷了王安石的相位，改知江寧府。

王安石卸任時向趙頊辭行，推薦韓絳為相，呂惠卿為參知政事。宋朝不用誰並非一棒子打死，還往往聽取其對後任的意見。趙頊任用二人，繼續推行新法。呂惠卿得王安石薦舉，上任後即推行「以田募役」，這是王安石在任時所不贊成的，呂是想就此打上自己輔政的烙印，結果弄得「民不勝其困」，「天下之人，復思荊公（王安石）」；加之呂惠卿跟宰相韓絳的關係弄得挺緊張，韓絳向趙頊建議恢復王安石宰相的職務。熙寧八年（1075年），趙頊遣使到江寧府將王安石召回，恢復其相位。

王安石再度入相後，奏請趙頊重新啟用被呂惠卿排斥的呂嘉問等人，廢除了「以田募役」，繼續推行新法。呂惠卿經此變故從以前的變法派轉而攻擊王安石，趙頊看出他不地道，將其趕出朝廷。但趙頊這時候對王安石已不像過去那樣言聽計從了，以至王安石感歎：「天下事像煮湯，下一把火，接著又潑一勺水，哪還有燒開的時候呢？」熙寧九年（1076年）春，王安石因病請退，六月份，他的兒子因病年紀輕輕病故，他悲痛欲絕，精神受到極大刺激，無法集中精力過問政事，趙頊只好讓其辭去相位，出判江寧府。次年王安石連江寧府的職位也辭了，直到逝世就再也沒回到朝廷。

王安石兩次罷相，趙頊雖進行了不小的妥協，以守舊派人物吳充為相，重新起用被罷退降職的呂公著、馮京、孫固等人，以平衡新、舊兩派之間的力量，可並沒有放棄變法。他繞開了容易引發爭論的理財問題，把注意力放在了整頓冗官和強化軍兵保甲問題上。冗官冗費是宋代政治的頑疾，建國之初為了加強皇權，廣授官職以分化宰相及省、部、寺、監

的權力；授官制度很複雜，有官、職、差遣之分，造成機構重疊，冗官冗費充斥。趙頊撤銷只掛空名的官職，將原作為虛職的省、部、寺、監各官皆為實任；採用一定的名稱編成官階，作為官員俸祿及升降的品階標準。元豐五年（1082年），以《唐六典》為藍本，頒行三省、樞密、六部新官制，在一定程度上改變了宋初以來混亂的官制體系，奠定了北宋後期和南宋中央官制的基本構架。

變法期間，西夏國惠宗在位，他繼位時僅七歲，所以母黨梁氏專權，西夏國問題重重。趙頊任用王韶為秦鳳路沿邊安撫使，出兵征討西夏，在慶州（今甘肅慶陽）大破夏軍，佔領西夏土地二千餘里。元豐四年（1081年），西夏皇室內亂，趙頊又派兵五路進攻，圍靈州城（今寧夏青銅峽東），但久攻不下，宋軍因糧草不濟，凍餒死傷者眾多，無功而返；元豐五年（1082年），趙頊聽從給事中徐禧的建議，築永樂城，準備進攻西夏橫山地區，結果西夏集結三十萬大軍將永樂城攻陷，徐禧等戰死。兩次戰爭使宋損失兵將、民夫及助戰的羌兵達數十萬人之多。趙頊聽到永樂城陷，在朝廷上當眾痛哭失聲，「早朝，對輔臣慟哭」。從此一病不起，於同年三月病逝，諡體元顯道法古立憲帝德王功英文烈武欽仁聖孝皇帝，廟號神宗，葬河南鞏義的永裕陵。

宋神宗
趙頊

性格偏執的趙煦

宋哲宗
元祐
紹聖
元符

1085-1100

趙煦在宋代帝王中知名度不算高，尤其跟他的前後兩任比，神宗推行變法，決意革新圖強，實現帝國的中興；徽宗少問朝政，專心書畫藝術，導致王朝風雨飄搖。他處於二者之間，起到了一種微妙的銜接和過渡作用。他十歲繼位，因少不更事，由高太后垂簾聽政，太后處事跋扈，不把他這個幼帝當回事兒，他心懷不滿，以至親政後大肆報復，使得朝政混亂，黨爭紛起，王朝日漸衰落。

宋哲宗趙煦像

少年稱帝
飽受冷落

趙煦生於熙寧九年（1076年），是神宗的第六個兒子，他原名「傭」，因為神宗的前五個孩子先後夭折，神宗祈盼着這孩子別再出事，能像老百姓的孩子一樣好撫養，於是起名叫「傭」。授檢校太尉、天平軍節度使，封均國公；元豐五年（1082年）又遷開府儀同三司、彰武軍節度使，進封延安郡王。

趙傭算是沒有辜負父親的良苦用心，不但健康成長，而且天資聰穎，從小喜歡讀書，以致八九歲時老師還沒有專門教習，就能背誦七卷《論語》，字寫得工整清秀。神宗很喜歡他，治政之餘經常逗他玩兒，非常關心其學習。元豐七年（1084年）三月，神宗在集英殿宴請群臣，將九歲的他帶到席間，鄭重其事地介紹給文武群臣，趙傭雖是頭一次經歷這樣的場面，但表現得大方、得體。

時隔不久，神宗因對西夏戰爭失利而一病不起，這時趙傭十歲，按照常規將無可爭議地繼承皇位。可神宗有兩個胞弟，即趙煦的兩個叔叔，雍王趙顥和曹王趙頵，兩人都三十幾歲，正值壯年，對皇位也在覬覦。年齡上他們佔有優勢，而且當年有太宗以弟弟身份繼得皇位的先例。見皇兄病重，這兩個弟弟經常去皇宮探視，看過後，還不時去高太后那兒，試圖打探或談論點兒什麼。神宗在病重之中似乎察覺到了弟弟們的意圖，但體質虛弱只能「怒目視之」。在神宗彌留之際，趙顥甚至還請求留在老哥身邊伺候，高太后看出了其叵測居心，以防萬一，命人關閉宮門，禁止他們出入神宗的寢宮，意在打消其念頭。同時，加快立趙傭為儲的步伐，暗中叫人秘密趕製一件十歲孩童穿的黃袍，以備不時之需。

雍王和曹王覬覦皇位的事得到朝中某些大臣的支持，次相蔡確和員外郎邢恕為了攫取權力，打擊異己，有意冊立二王，想通過高太后的侄子高公繪和高公紀挑起事端，邢恕以賞花為名將二人請到府中，說明來意，高公繪聽後大驚，說你這不是要害我們全家嗎？趕忙同高公紀離開了邢

府。蔡、邢見圖謀不成，又趕快聲稱要擁立趙傭，以奪冊立之功，並想趁機除掉政敵王珪。蔡確約王珪一同去探望神宗，暗中派開封知府蔡京率殺手埋伏在暗處，當着神宗的面問王珪對立儲之事的看法，想王珪一旦稍有異議，便將其處死。王珪是位老臣，謹小慎微，處事圓滑，是有名的「三旨宰相」，即上殿奏事稱「取聖旨」，皇帝裁決後稱「領聖旨」，傳達旨意是「已得聖旨」。可這次老爺子態度決絕，慢吞吞地回答：「皇上有子。」言下之意當然要立趙傭。蔡確見沒達到目的，便四處宣揚是他們冊立了趙傭，並誣告高太后和王珪有廢立趙傭之意。

這年三月，在大臣們前來覲見時，高太后當着眾臣誇讚趙傭性格穩重，聰明伶俐，自神宗病後便一直手抄佛經，為父皇祈福，頗有孝心，並將趙傭所抄傳給眾臣們看，眾臣齊聲稱讚。高太后趁此趕快命人抱出了趙傭，宣讀神宗詔書，立趙傭為皇太子，改名煦，皇儲之爭算是宣告平息。幾天之後，神宗去世，皇太子趙煦即位，改元元祐。

神宗病重期間，由於不能處理朝政，由高太后暫時聽政，神宗表示同意。高太后出身尊貴，曾祖是宋初名將高瓊，母親為開國元勳曹彬的孫女，姨母則是仁宗曹皇后。她小名叫滔滔，當時仁宗無子，英宗作為仁宗的侄子、滔滔作為曹皇后的外甥女都被養育宮中，兩人青梅竹馬，曹皇后對其像親生女兒。後來，由仁宗和曹皇后親自主婚，讓兩人成了親，當時有「天子娶兒媳，皇后嫁閨女」的說法。高氏從小接受良好教育，又受家庭及皇室環境的薰陶，氣質和教養頗佳。英宗即位，她進封皇后，英宗死神宗即位，她進為皇太后；她先後經歷了仁、英、神三朝中所發生的仁宗立儲、英宗濮議風波和神宗熙豐變法等事件，具有相當的政治經驗和韜略，在確保趙煦繼位一事上表現得很突出。

趙煦登基，只有十歲，由高太后垂簾聽政，這時老太太實際上已是太皇太后。她長期身居高位，對變法一事自然有一種天然的反感。當年神宗執意變法，她極力阻撓。但當時她還左右不了形勢，此番垂簾，她立刻以恢復祖宗法度為名，廢止了神宗時頒布的新法，啟用了當年反對變法的司馬光為相，又先後任用文彥博、呂公著、范純仁和呂大防等人，罷

黜了變法人物呂惠卿、章惇和蔡確等，史稱「元祐更化」。

高太后一再表示她性本好靜，對權力並無多大興趣，垂簾聽政完全出於無奈，實際上她對權力很在意、也很享受，把持得很緊。在她垂簾時期，凡軍國大事都要由她來處理，年少的趙煦幾乎沒有發言權。大臣們也以趙煦年幼為由，凡事都去請示高太后。在朝堂上，趙煦的御座與高太后的座位相對，大臣們奏事都面向太后，背朝着趙煦，以致趙煦親政後談及，說他當時只能看朝臣們的脊背和屁股。趙煦十七歲，高太后本應還政，但老太太仍攬着權力不放，對臨朝秉政樂此不疲。大臣們也依然事事奏請太后，沒有人像當年的宰相韓琦那樣勸說太后撤簾。對此，趙煦感到很不平，而且隨着年齡的增長此種情緒日漸加劇，慢慢地轉化為怨恨，這就成為他親政後大力貶謫元祐大臣的一個原因。

雖然高太后在朝堂上不把趙煦當回事，可對他的教育特別在意，說到底還是把他當成個孩子。讓呂公著、范純仁、蘇軾、范祖禹等人擔任侍讀大臣，規定教材，設置課程，想把趙煦培養成為一個恪守祖宗法度、通曉經義的君主，而且要讓他尊崇仁宗，而不是傚傚神宗，因為在老太太及元祐大臣們看來，仁宗創立的才是清平盛世。

此外，高太后在生活上對趙煦也管教極嚴，為避免趙煦年紀輕輕地就耽於女色，派了二十多個四五十歲的宮嬪照顧趙煦起居，並令趙煦晚上睡在自己榻前的閣樓中，以便進行監視。趙煦實在感到不自在，元祐四年（1089 年）十二月，他想找一個年輕的女子陪伴，可又不敢跟高太后直說，派人外出秘密查訪，說是宮中要找一個乳婢。這件事兒不知怎麼在民間傳開了，大臣劉安世得知後深感不安，這時趙煦才十四歲，他呈上奏章，告誡趙煦要自重；大臣范祖禹乾脆直接上疏高太后，言辭頗為激烈。高太后忙對外解釋，說是神宗的幾個小公主年幼需要乳母照顧，但私下卻將趙煦身邊的宮女一一喚去，審問是誰走漏了風聲。趙煦深感壓抑，其實這是像他這麼大孩子共有的一種情感，老太太也是為他好，但無形中增強了他的逆反心理。

趙煦
宋哲宗

發洩怨恨
重施變法

讓趙煦更難以接受的是，高太后對自己的生母朱德妃很不友善，很苛刻。可能高太后存有憂慮，怕趙煦母子聯合起來威脅到她的地位。朱德妃出身寒微，從小遭遇坎坷，生父早逝，隨母親改嫁，繼父待她不好，只得在親戚家裡長大。入宮後初為神宗的侍女，先後生下了趙煦、蔡王趙似和徐國長公主，直到元豐七年（1084 年）才被封為德妃。她溫柔恭順，對高太后和神宗向皇后畢恭畢敬。元豐八年（1085 年）十一月，她護送神宗的靈柩前往永裕陵，途經永安，大臣韓絳時任河南知府，在永安迎候，朱德妃走在後面，韓絳趕到她跟前問安。一次，朱德妃跟高太后偶然說起此事，太后聽後非常生氣，說：「韓某乃先朝大臣，你怎能受他的大禮？」嚇得朱德妃流着眼淚謝罪。趙煦即位後，向皇后被尊為皇太后，朱德妃卻不能母以子貴，只被尊為太妃，還不能享受到應有的待遇。在對待朱德妃問題上，朝中眾臣態度各異：有人貶低她，目的是拍高太后的馬屁，以凸顯高太后的地位；而有人則極力尊崇她，主要考慮將來終究是趙煦掌權，以顯示天子的孝道。這些人實際上都在為自己着想。直到元祐三年（1088 年）秋天，高太后才允許朱太妃的輿蓋、儀衛、服冠等可與皇后相同。在這一問題上，趙煦又長期壓抑着不滿，以致到他親政後，立刻下令讓生母的待遇完全與向太后相同。拋開這件事兒的是非曲直不說，趙煦對生母的一片孝心還是值得讚許的。

年少的趙煦面對高太后及眾臣的忽視和慢待，時常表現出不滿甚至抗爭。他即位後，遼國派使者前來參加神宗的弔唁活動，宰相蔡確因兩國人的長相、穿着不同，怕年幼的趙煦害怕，反覆講契丹人的衣着禮儀。趙煦先是沉默不語，等蔡確絮叨完，忽然正色道：「遼朝使者是人嗎？」蔡確一愣：「當然是人，但是夷狄。」趙煦說：「既是人，怕他做甚？」一下子把蔡確弄得特尷尬，趕忙退下。

在朝堂上，每當大臣們奏報，趙煦總不吭氣，有次高太后問他為什麼不說說自己的想法，趙煦答道：「娘娘已處分，還要我說什麼？」言下之

意什麼事兒你都全部決定了，何必假惺惺地問我。趙煦常使用一張桌子，高太后看有點兒舊了，便令人給換了一張，趙煦很快派人將那張舊的又搬了回來。高太后問為什麼？趙煦答：「是爹爹（神宗）用過的。」高太后聽後隱隱感到，這是趙煦對她否定神宗的朝綱不滿。一次，大臣劉摯上疏，讓高太后教導趙煦如何分辨忠佞。高太后說：「我常與孫子說這些，但他並不以為然。」高太后年事已高久不還政，在很大程度上是怕趙煦耍性子，幹出反叛的事兒來，而這種擔心後來確實應驗了。

元祐八年（1093 年）九月，高太后去世，舉朝哀悼，趙煦內心卻有着幾分得意，頭頂上的陰霾終於撥開。

可問題這時候也就出來了，趙煦擺脫了高太后的束縛，開始獨立行政，這年他只有十七歲。讓這樣一個少年去決定朝政以至國家的大事，而且是個長期蒙受壓抑的人，前景就很有些令人堪憂了。在趙煦這樣的年齡，心智往往不夠成熟，也不可能提出什麼成型的政治主張，如果讓他去處理朝政，極有可能是「凡是敵人支持的我就要反對，凡是敵人反對的我就要支持」，其結果也確實如此。趙煦主政後，立即決定第二年改元紹聖，首先從年號上與高太后劃清界線；然後正式打出繼承神宗基業的大旗，改弦更張，重施變法，恢復了神宗在世時推行的保甲法、免役法、青苗法等，把高太后扭轉的事又全部翻了回來。

有人講趙煦力壓保守，光復革新，實際上是過譽了，他並沒有那麼高的境界和清晰的思路。當然他對神宗變法有着一種推崇和認可，但其所為主要是針對高太后的勢力去的，對那些在他繼位後輕慢他的人。

再說那些朝臣，也就是古人所說的「士」，這些人本應當有風骨、講氣節、也有品位，但由於以「人」或以「權」劃線，也就講不得那麼多高雅和高尚了，「士為知己者用」變為了「士為權力者所用」，「士」成為了權力的御用或擁有者。這種狀況在宋代應當說還算好的，到明清以後則愈發嚴重，成為中國朝政的一大痼疾。

但這還不是問題的全部，由此還引發出更為嚴重的問題，那就是排斥異

己。人常說「一朝天子一朝臣」，無論誰稱帝都喜歡用自己的人，忠誠可靠，還能體驗到主宰別人命運的快感，這在帝王看來似乎是天經地義，也無可厚非。但如此勢必要傷害到原來朝中的人，一般的傷害也就罷了，可要傷害得很嚴重，甚至置於死地，剝奪其尊嚴以至生命，就有點兒太過份了。

性格偏執、心胸狹窄的君主往往容易做出這樣的事來。朝官們為了生存和爭寵勾心鬥角、投機鑽營，將朝政搞得烏煙瘴氣、醜惡多多，而這正是趙煦當政時期的一種寫照。

拾掇異己
廢立皇后

高太后死，趙煦親政。臨終前老太太對趙煦說：「先帝後悔變法，甚至流出了眼淚，此事官家（皇帝）應當深知。我死後，必有很多人挑撥官家，千萬不要聽信。」這話可能不說還好，說出來更會讓趙煦做出一種行為上的選擇。

當時，朝野都在靜觀局勢的變化，翰林學士范祖禹連上奏章，要求守元祐之政，當堅如金石，重如山嶽。對此，趙煦未予理睬，倒是下了道詔令，恢復內侍樂士宣等人的職務，把先前伺候他的宦官梁從政、劉惟簡提拔為內省押班。朝臣們有些看不慣了，大文豪、翰林學士、禮部貢舉蘇軾上言：「陛下剛剛親政，中外賢良士大夫未曾進用一人，卻首先推恩於內侍，外面議論起來都覺得不當。」趙煦很不耐煩，說：「只因宮中缺人，想找幾個使喚一下罷了，豈是要委以重任？」這時禮部侍郎楊畏上疏：「神宗更法立制以垂萬世，希望能研究新法以成繼述之道。」這番話則對趙煦的心思，召見楊畏，問先朝舊臣誰可任用？楊畏推舉章惇、安燾、呂惠卿、鄧潤甫、李清臣等，各加褒獎，並薦章惇為相。趙煦當下就任命章惇為資政殿學士，呂惠卿為中大夫、李清臣為中書侍郎、

鄧潤甫為尚書右丞。這些任命都是由他自己簽發，根本沒有經過吏部。

元祐九年（1094年）三月，朝廷在集英殿舉行了三年一度的進士考試，由李清臣出題，問元祐更化之舉為何產生種種弊端？實際上這是命題作文，答案是既定的。蘇軾又看不慣了，諫曰：「臣見策題極力詆毀近年來的政事，有恢復熙寧、元豐的意思。臣以為先帝法度中那些百世不可改的內容，元祐以來上下奉行，未嘗放棄。至於失當之處，何時沒有？父作於前，子救於後，前後相濟，這才是聖人所說的孝。漢武帝外攘四夷，內興宮室，財用匱竭，就行鹽鐵、榷酤、均輸之政，搞得民不堪命，幾乎釀成大亂。漢昭帝委任霍光，罷去煩苛，漢室才安定下來。陛下若輕易改變九年已行之事，擢任累年不用之人，懷私忿而以紹述先帝為借口，恐怕大勢將去了！」趙煦聽了很不高興：「你怎麼能拿先帝和漢武帝相比呢？」大臣范純仁接過來說：「武帝雄才大略，史無貶詞，蘇軾拿他和先帝相比，不是謗訕。陛下親政之始，進退大臣不應當像呵斥奴僕一樣。」鄧潤甫忙出面擋駕：「先帝法度被司馬光、蘇轍壞盡！」范純仁反駁：「不然。法本無弊，弊則當改。」趙煦說：「人們歷來把秦皇、漢武歸為一類。」范純仁說：「蘇軾論的只是事與時罷了，不是指人品。」。

蘇軾隨即被貶往汝州（今河南臨汝），中書舍人吳安詩起草調令，稱蘇軾「風節天下所聞」，「原誠終是愛君」，趙煦不悅，令改撰別詞，結果吳也被貶為起居舍人。另外，原考官列為上等、支持元祐政治的考生全被降為下等，把主張重施熙寧、元豐之政的被擢為前列。

在十幾天的時間裡，當年主張變法的人陸續回到了朝中，章惇被任命為宰相，曾布、蔡卞等分任要職，褒崇王安石，追復蔡確官職，恢復元豐法度；而元祐大臣無論死活全被剝奪或追奪，以文彥博為首的三十餘人被列為司馬光黨羽逐出朝廷，呂大防、劉摯、劉安世等被謫至最荒僻的地區，范純仁、蘇軾、程頤等均受到嚴厲的責罰，高太后的親信宦官梁惟簡、張士良、陳衍等被編配到了遠惡的軍州。

於是趙煦把積鬱在胸中八九年的怨氣終於釋放了出來，感到了極大的快感。但似乎他還覺得不夠「解氣」，章惇把《新修敕令式》讀給他聽，其中有元豐所缺而用《元祐敕令》補充的內容，趙煦說：「元祐亦有可取之處嗎？」可見其思想的偏激。元祐初年因倡議「三年不改父道」而被貶的張商英被召回朝廷，更是火上澆油：「願陛下勿忘元祐時，章惇勿忘汝州時，安燾勿忘許昌時，李清臣、曾布勿忘河陽時。」

一日，趙煦與輔臣談起程頤，說：「程頤妄自尊大，甚至想在延和殿講書，令太母（高太后）亦來聽；在經筵上也很是驕傲不遜，雖已放歸田里，仍得加以編管。」於是下令將程頤編管於涪州（今四川涪陵）。司馬光、呂公著等人被追奪謚號後，章惇又提議將二人的墳墓挖開碎棺暴屍，只因大臣以「發人之墓，非盛德事」相諫，趙煦才沒動手。

紹聖四年（1097年），清算元祐大臣的活動再起波瀾。蔡確的兒子上奏，說他叔叔蔡碩曾在邢恕處見過文彥博的兒子文及甫寫的信，有私下陰謀串通的內容，其實完全是捕風捉影。趙煦命翰林學士蔡京、吏部侍郎安惇追查，蔡京、安惇脅迫，文及甫冤打屈招，說劉摯、王巖叟、梁燾等人曾陰謀廢黜趙煦，連趙煦都弄得有些將信將疑：「元祐之人果真如此嗎？」蔡京、安惇回答：「確有此心，只是謀反未遂罷了。」此時劉摯、梁燾已死在貶地，趙煦便令將其子孫禁於嶺南，免去王巖叟、朱光庭諸子的官職。

接着，章惇、蔡卞等人又誣告司馬光、劉摯、梁燾、呂大防等人勾結高太后的親信宦官陳衍陰謀廢立，逮捕了內侍張士良，仍由蔡京、安惇審訊。蔡京擺出刑具，威脅說：「你說有就恢復你的官職，說沒有就用刑！」誰想張士良還挺硬，寧死不認，蔡京、安惇只得上奏：「陳衍離間皇上和高太后的關係，排擠隨龍內侍，以剪除皇上的腹心羽翼，罪在不赦，當正國法。」結果，趙煦命將陳衍處死，張士良流放羈管。章惇、蔡卞還不肯作罷，又起草詔書，請求廢高太后為庶人，趙煦正在猶豫，向太后看不過了，連夜趕來找趙煦，說：「我每天都侍候宣仁太后，老天在上，

哪裡來的這種話？假若皇上執意這樣做，日後還有我嗎？」趙煦也覺得太過份，當即燒了詔書。第二天章惇、蔡卞來找，趙煦怒道：「你們不想讓朕入英宗廟了嗎？」這件事才算完結。

元祐七年（1092 年）趙煦十七歲時，由高太后和向太后做主，給他選了端莊嫻雅的孟氏為皇后，趙煦不知是出於逆反還是受到別的誘惑，不喜歡孟后而專寵一個姓劉的御侍宮女。劉氏容貌俏麗，能詩善文，才藝出眾，整日膩在趙煦身邊，關心備至，含情脈脈，弄得趙煦神魂顛倒。她的地位一路躥升，由美人升為婕好。趙煦不但跟她在宮中如膠似漆，形影不離，就連外出也常帶在身邊。紹聖二年（1095 年），趙煦祭祀明堂，即帝王宣明政教、舉行大典的地方，由劉氏侍奉，結束後又帶她到大相國寺遊玩，引得汴京百姓爭相觀看。劉氏如此得寵，蔡京等趨炎附勢者極力討好，劉氏恃寵成驕，不把皇后放在眼裡。

紹聖三年（1096 年），孟后率眾嬪妃朝拜景靈宮，禮畢孟后就坐，眾嬪妃恭立於周圍，劉氏則離大家遠遠地背身站在一邊，皇后的侍女看不過了，喊她：「轉過來！」劉氏不予理睬，大家很生氣；此年冬至，孟后又率眾到隆祐宮謁見向太后，當時太后未到，大家坐着等候。座位是分等次的，皇后的椅子高檔，其他人的一般，劉氏心有不快，讓手下搬來一把與皇后相同的椅子，惹得大家很不高興。這時不知誰喊：「皇太后駕到！」人們趕快往起站，其實太后並沒來，人們又相繼坐下，這時不知是誰趁機悄悄將劉氏的椅子撤掉，只聽「撲通」一聲，劉氏重重地摔在地上，非常狼狽。劉氏惱羞成怒，哭着跑到趙煦跟前告狀，她的心腹太監郝隨安慰：「娘娘不必悲傷，只要早給官家生個兒子，那座位還愁不是娘娘的。」郝隨所以這麼講，是因為趙煦除和孟后生有一個女兒，一直還沒兒子。

恰巧孟后的福慶公主生病，孟后的姐姐懂些醫道，前來醫治，給公主用了幾副藥不見療效，便到一道觀求來符水欲給公主除邪。孟后見狀趕忙制止，說宮中嚴禁此事。一天，趙煦來看女兒，孟后主動將此事告知，趙煦並沒在意，說：「此乃人之常情，不必大驚小怪。」孟后當着趙煦

的面兒把道符燒掉，覺得這事兒也就過去了。誰知劉氏卻抓住不放，添油加醋、大做文章，說孟后搞符咒厭魅，幾天後又因為點兒別的事兒告皇后搬神弄鬼。趙煦聽後派內侍押班梁從政等人審查，這幾個人興師動眾，逮捕了宦官、宮女三十餘人，經嚴刑拷打、偽造供詞，呈奏給趙煦，趙煦據此以皇后「旁惑邪言，陰挾媚道」廢居瑤華宮，號「華陽教主，玉清妙靜仙師，法名沖真」。這就太過份了，根源還在於孟后當年是由高太后選的，章惇等人則起了推波助瀾的作用。

劉氏整垮了孟后，志得意滿，琢磨着想取而代之，章惇等人也暗中幫忙。但趙煦可能認為此事辦得欠妥，並未應允，將皇后位子虛着，只將劉氏進為賢妃。元符二年（1099年），劉氏給趙煦生了個兒子，取名「茂」，寓「人丁盛茂」的意思。趙煦大喜過望，心想現在立劉氏為皇后該順理成章了，準備冊立。沒想到眾臣仍意見多多，右正言鄒浩從歷朝先例、劉氏的品行及天象演變而力述立劉氏為后不當。趙煦召來鄒浩，說：「此事祖宗時即有先例，並非只有朕這麼做。」鄒浩說：「祖宗大德甚多，陛下不去遵行，卻單單倣法壞處，只怕少不了要遭後世譴責。」趙煦頓時變了臉，但又不好發火，次日章惇朝見，指責鄒浩狂妄自大，趙煦下令將其羈管新州；尚書右丞黃履只因說了句：「鄒浩犯顏納忠，不應發配死地」，也被罷職貶謫亳州（今安徽亳縣）。趙煦不顧朝臣的反對，將劉氏冊封為皇后。

既得皇子又將心愛之人冊為皇后，趙煦心滿意足，大肆慶賀。然而世事難料，趙茂出生僅兩個月便不幸夭折，趙煦悲痛萬分，竟一病不起，經多方醫治，均無效果。元符三年（1100年），趙煦駕崩於福寧殿，終年二十五歲，諡號憲元繼道顯德定功欽文睿武齊聖昭孝皇帝，廟號哲宗，葬於河南鞏縣的永泰陵。

作繭自縛的趙佶

宋徽宗

建中靖國

崇寧

大觀

政和

重和

宣和

1100-1126

人說「男怕入錯行，女怕嫁錯郎」，趙佶算是個入錯了行的男人。哲宗死，身後無嗣，他以藩王的身份即位，結果把國家搞得一塌糊塗，朝政混亂，經濟凋敝，被金人攻入京師，北宋滅亡，自己也被羈押到遙遠的北疆做了十幾年的囚徒，客死他鄉；但他在書畫創作上造詣頗深，藝術的感覺極好，創立了令世人稱道的「瘦金體」，繪畫水準在中國美術史上堪稱高峰，流傳至今的書畫作品全部價值連城。

宋徽宗趙佶像

《深林防事圖》（局部）

此畫展示的是，農民們為了方便宋軍對抗入侵中原的金兵，正在清理林中場地並堆積木材。

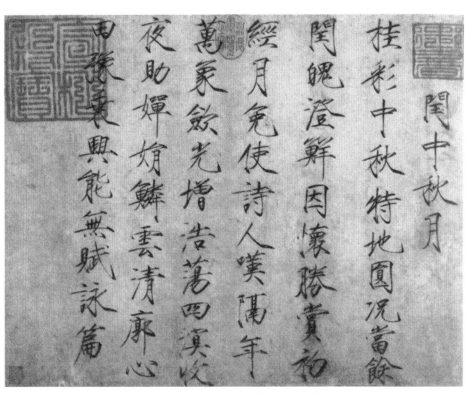

閏中秋月

桂彩中秋特地圓況當餘

閏魄澄霽因懷勝賞祐

經月兔使詩人嘆隔年

萬象斂光增皓蕩四溟凄

夜助嬋娟鱗雲清廓心

田猴美興能無賦詠篇

楷書《閏中秋月》詩帖，趙佶手書，可見其「瘦金體」風格。

吟徵調商竟不桐
松間疑有入松風
仰窺低審含情客
以聽無絃一弄中
　　　　　　臣京謹題

聽琴圖

趙佶所繪《聽琴圖》，圖中撫琴者為趙佶自己，聽琴
者為蔡京。此畫題辭者亦為蔡京。

太后力挺
玩主登基

元符三年（1100 年）正月，年僅二十五歲的哲宗駕崩。哲宗可能淨顧了跟別人「慪氣」，沒有留下一個兒子，按照封建的宗法制度皇帝只能從其兄弟中遴選。哲宗共有十三個兄弟，活下來的有五人，其中包括趙佶。這五個人分別受封藩王，趙佶為端王，他雖具備候選的條件，但非嫡非長，似乎並無多大登頂皇權的機會。

哲宗去世的當天，向太后垂簾，哭着對執政大臣們說：「國家不幸，哲宗皇帝無子，天下事須早定。」宰相章惇當即提出，按照嫡庶禮法，當立哲宗的同母胞弟簡王趙似。向太后不同意，說：「我也無親生兒子，諸王都是神宗皇帝的庶子，不能這樣分別。」章惇馬上改口，那麼若論長幼，當立年長的申王趙佖。老太太還是不同意，說：「申王眼有毛病，不便為君。」那麼該立誰呢？老太太語出決絕：「還是立端王佶好。」章惇甚為吃驚，提高了嗓門：「端王輕佻，不可以君天下！」樞密院士曾布見此忙接過話茬：「章惇未嘗與臣等商議，怎能如此獨斷！皇太后的聖諭極是允當。」尚書左丞蔡卞、中書門下侍郎許將等也跟着附和：「合依聖旨！」向太后正言：「先帝曾經說過端王有福壽，且很是仁孝，不同於其他諸王，我立他，也是秉承先帝遺願。」就這樣，在向太后執意堅持、朝臣們明爭暗鬥的情勢下，趙佶被召入宮，即位於哲宗的靈柩前，做了大宋的第八位天子。這說來挺偶然，其實有某種必然性，趙家人傳嗣似乎歷來都不太遵守法度，或者說相當隨意，幾次嗣位竟都是由皇太后「做主」，當年杜太后「決議」讓太祖將皇位傳給弟弟光義，英宗高太后特別強勢，這回向太后更是一手遮天。

那麼，趙佶非嫡非長，並非向太后所生（向氏自己沒兒子），而且章惇所言，絕非誣陷，他是個十足的浪蕩公子，向太后為什麼就對他情有獨鍾呢？這還從他出生前說起。趙佶生於神宗元豐五年（1082 年），據說在他出生前父親神宗曾到秘書省翻看書畫，看到收藏的南唐後主李煜的畫像，「見其人物儼雅，再三歎訝」，隨即趙佶呱呱墜地，神宗「生

時夢李主來謁，所以文采風流，過李主百倍」。這應是後人的杜撰，所謂轉世託生絕無任何科學依據，但趙佶確實與李煜如出一轍，其興趣愛好、人生軌跡相似，命運又驚人的一致，人世間的萬事萬物真有說不清道不明的地方。

趙佶出生後神宗賜名佶，即健壯的意思。他的生母姓陳，開封人，平民出身，十幾歲入宮，在神宗身邊做侍女，開始並沒有什麼位號，生了趙佶後進為美人。陳氏對神宗的感情很深，神宗去世，她不久也病死，當時趙佶只有四歲。從小沒了父母，趙佶失於管教，以致在行為上很放任；而他生母平民的家庭背景，又使他遺傳有很濃的市民習氣。

時光荏苒，趙佶慢慢長大，他聰明伶俐，英俊瀟灑，興趣廣泛，對筆墨丹青有天生的喜好和悟性，喜歡狩獵、蹴鞠，即能踢一腳漂亮的足球，此外還喜歡飼養禽獸、侍弄花草等。不但愛玩兒，而且會玩兒，花樣翻新，精力充沛。而這種人往往感情特別豐富，他生性風流，或者說「好色」。

像他這種人勢必會結交一些秉性相同的朋友，其中最要好的是駙馬王詵。王娶了英宗女兒魏國大長公主，封為都尉，此人生性放蕩，行為極不檢點，公主溫柔賢淑，盡心侍奉公婆，他卻寵愛小妾，小妾竟敢依仗他頂撞公主。這在皇權至上的時代是難以想像的。神宗為此曾兩次將其貶官，可他不思悔改，甚至在公主生病時，當着其面與小妾尋歡作樂。他是趙佶的座上賓，兩人氣味相投，常光顧京城內有名的妓館——擷芳樓。王詵不知是受趙佶的影響還是本身就喜好，中意收藏，藏有名畫《蜀葵圖》，但只有其中的半幅，他在趙佶面前常說起，感到很遺憾。趙佶派人四處尋找，終於覓到了另外那半幅，把王詵手中的半幅也要了去，進行裝裱。王詵以為趙佶要將這幅畫作據為己有，誰知裝裱後趙佶竟將畫軸送給了他。

王詵也投桃報李。一次，趙佶在宮中遇到王詵，因為忘了帶篦子，便借王詵的梳頭。王詵把篦子遞給他，趙佶見做工精美，反覆擺弄，不時地誇獎。王詵忙說：「我近日做了兩副，有一副尚未用過，過會兒我派人

給您送去。」當天，王詵遣府中小吏高俅去送篦子。高俅到達端府，正遇趙佶與人蹴鞠，便在一邊等候。高俅是多年蹴鞠的高手，正巧鞠朝他飛來，他玩了個腳法，將球踢了回去。趙佶甚為驚訝，忙招呼高俅對踢，高俅使出渾身解數，讓人看得眼花繚亂，趙佶與之切磋，玩兒得十分盡興。事畢，趙佶吩咐僕人給王詵傳話，說篦子和送篦子人都「笑納」了。從此，高俅受到趙佶寵倖，經常得賞。一些僕人有些「不平」，趙佶說：「你們有他那樣的腳嗎？」

趙佶雖生性放浪，但經常不忘討向太后的歡心。在玩樂之餘，趙佶始終堅持每日到太后那裡去問安，說些典籍文墨及老太太愛聽的話，向太后對他印象極佳，至於傳到耳中的流言，老太太便不去理會。這也就成為哲宗死後向太后力排眾議、力挺趙佶的原因。

趙佶十七歲成婚，娶的是德州刺史王藻之女，他即位後，王氏被冊封為皇后。王氏相貌平平，性格內向，不大會取悅於人，趙佶不喜歡她，而寵倖鄭、王兩位貴妃，這兩人原都是太后宮中的侍女，趙佶常去請安，便結識了二人，即位後經向太后同意將二人要到手。據說鄭氏「自入宮，好觀書，章奏能自製，帝愛其才」，王皇后去世，鄭氏被冊封為皇后。

時間一長，趙佶又開始寵愛劉妃，此人出身寒微，但相貌出眾，入宮後極得趙佶寵愛，由才人連升七級至貴妃。一次，劉氏在庭院中種了幾株芭蕉，種時說了句「等這些芭蕉長大，恐怕我也看不到了」的話，結果竟然應驗，不久突生重病，等趙佶前去探視，已撒手人寰。趙佶痛心不已，賜諡「明達懿文」，將其生平寫成詩文，令樂府譜曲奏唱。

趙佶還沉浸在悲痛之中，內侍楊戩向他誇耀另一劉氏，說其有傾國傾城之貌，趙佶將其召來，果然姿色不凡。此劉氏為酒家之女，出身卑微，但長得光艷風流，將趙佶迷得魂不守舍，隨即忘卻了喪妃之痛，與劉氏形影不離。劉氏天資聰穎，善於打扮，經常縫製款式新穎的衣服，穿起來美若天仙，不但趙佶喜歡，就連京城內外的婦家也競相做傚。道士林靈素見趙佶寵愛，便曲意奉承，稱劉氏為「九華玉真安妃」。可時間一久，趙佶又感到了厭倦。

趙佶
宋徽宗

宮中的粉黛已令他感到乏味，要出宮去尋找刺激，這時他結識了京城名妓李師師。李氏本姓王，工匠之女，四歲喪父，遂入娼籍李家，成為名噪一時的風月場中的頭牌。她色藝雙全，性格豪爽，號稱「飛將軍」，趙佶被迷得神魂顛倒，不能自已，經常乘着小轎，帶着幾名侍從趕去與之相會，沒有盡興，便在那裡過夜。為了尋歡作樂，趙佶專門設立行幸局負責出行，特別荒唐的是，行幸局的官員竟幫助趙佶撒謊，如不上朝，就說在宮中有宴飲；次日未歸，就說身體欠佳。趙佶不惜九五之尊，整天混跡於風月場，開始也知道不體面，偷偷摸摸；其實朝臣們都心知肚明，只是不敢聲張，結果趙佶變得有恃無恐。秘書省正字曹輔曾上疏規諫趙佶應愛惜龍體，以免貽笑於後人，他聽後勃然大怒，命王黼等人查辦。王黼等人知道趙佶的心思，以誣衊天子罪論處，曹輔當即發配郴州。

任用奸佞
搜刮民財

宋代自神宗始，政治路線出現過多次反覆：神宗推行變法，任用王安石等一批「新黨」；臨終前由高太后聽政，廢止了變法，啟用司馬光等人，史稱「元祐更化」；高太后死，哲宗親政，重拾變法，打擊司馬光等「舊黨」；哲宗死，趙佶繼位，向太后聽政，又扳倒「新黨」，提拔韓琦的兒子韓忠彥為宰相，追復文彥博、司馬光等三十餘人的官職，復哲宗廢掉的孟皇后為元祐皇后，陳瓘、鄒浩等反對派幹將相繼進入朝廷，章惇、蔡卞等陸續遭貶，只有曾布轉得快而留為右相，史稱「小元祐」。

趙佶即位僥幸，勢力單薄，需要的是穩定，聚集和拓展自己的實力。他改元建中靖國，意為「中和立政」、「調一天下」，以調和朝中自神宗朝開始的「元豐」「元祐」兩派之間的關係；同時有意地改變自己輕佻浮浪的形象。六個月後，向太后還政，趙佶親政。

從史書看，趙佶即位初期，朝政也有過一段清明向上的氣象，但隨着他

聽信宦官和奸佞的話，政治又漸漸變得昏暗。蔡京於王安石推行變法時踏入官場，憑藉作為王安石女婿之弟蔡卞的關係與變法派、即史書所記的「元豐黨人」掛上了鈎。可到元祐更化期間，他搖身一變，又投向「元祐黨人」，司馬光廢除免役、復差役等法，要求五天內完成，別人犯難，他如期完成，跑到司馬光跟前表功，司馬光拍着他的肩膀說：「使人人奉法如君，何不可行之有？」紹聖年間，他又轉而巴結章惇，再次成為「元豐黨人」。這種人實際上沒有任何行為上的底線和立場，見風使舵、左右逢源。

趙佶繼位之初，蔡京因與曾布爭權而遭到諫官的彈劾，貶至杭州。不久，趙佶的親信宦官童貫來到杭州，這個人本來是神宗時大宦官李憲的家奴，後被閹入宮，曲意奉迎，遂被趙佶引為心腹，他此行的目的是為趙佶尋訪珍玩字畫。蔡京意識到這是個改變命運的機會，對童貫熱情款待，百般奉承，二人結為密友。附帶一提，蔡京並不是只會投機鑽營、不學無術的人，他文化素養很高，喜好書畫，水準頗佳，書法字勢遒勁，細明體即從他的字發展而來。趙佶早就對其作品看重，作藩王時曾以兩萬錢買過他為別人寫的兩把團扇，即位後又藏入宮中。所以，趙佶重用蔡京也有文化上的淵源。此後，蔡京不時地通過童貫送給趙佶條幅屏扇，當然少不了夾帶童貫的美言；其黨羽太學博士范致虛、左階道錄徐知常等又常在劉皇后那裡說他的好話，時間不長，他在趙佶那兒留下了很好的印象，此時正遇曾布與韓忠彥爭權，趙佶把蔡京召入宮中。

蔡京一入朝，建議重修神宗朝的歷史，為變法張目，恢復哲宗紹聖年間追究元祐黨人罪狀的元豐黨人安惇、蹇序辰等人的名譽，為紹聖翻案。此正中趙佶下懷，得到讚賞。於是，一場「紹述」之舉在醞釀。「紹述」即指哲宗親政後對神宗變法的繼承。這時蔡京的好友起居郎鄧洵武乘機對趙佶說：「陛下乃神宗之子，現任宰相韓忠彥是韓琦的兒子。神宗行新法利民，韓琦反對，而今韓忠彥變更神宗法度，他作為臣子尚能紹述其父之志，而陛下貴為天子反倒不能紹述了。陛下真想繼承父志，非用蔡京不可。」他做了幅《愛莫助之圖》獻上，圖分左右，左邊是元豐黨人的名字，右邊是元祐黨人的名字，以蔡京領銜元豐黨人只有五六人，

其他五六十人滿朝文武都成了元祐黨人。暗示朝中元祐黨勢大，並引起皇帝對元祐黨人的疑忌。

第二年，趙佶改元崇寧，即崇尚熙寧的意思，熙寧即神宗的年號，正式打出了紹述的旗幟。不久，韓忠彥被罷相，曾布被排擠出宮，蔡京正式被任命為宰相。任命的當天，趙佶召蔡京賜坐於延和殿，說：「神宗創法立制，先帝繼之，兩遭變更，國是未定，朕欲繼承父兄之志，卿有何見教？」蔡京捶胸頓足：「敢不盡死？」一個回合下來，蔡京大獲全勝。

趙佶、蔡京大興紹述絕非真要繼承神宗遺志，而是以之打擊元祐黨人。他們將司馬光、呂公著等元祐黨人一百二十人稱為奸黨，趙佶親書刻碑立於端禮門；趙佶下詔，追查各級官員在哲宗元符末年對熙寧、紹聖的言論，由中書省甄別為正、邪兩等，「正等」擢升，「邪等」解職；之後又接二連三頒佈詔令，禁止元祐黨人子弟、「邪等」人到京師；元祐黨人聚眾講學者必罰無赦；元祐黨人的著作，如范祖禹的《唐鑒》、蘇洵、蘇軾、蘇轍、黃庭堅、秦觀等人的文集毀版焚燒，禁止流傳；禁止皇室與元祐黨人子孫及其親屬聯姻；元祐孟皇后再次貶居瑤華宮。

元祐黨人在紹述之舉中遭到貶謫在情理之中，而有些朝臣，因反對過趙佶即位、諷諫過其過失、揭露過蔡京等人醜行的也一律按照「元祐黨籍」治罪，如章惇、曾布等人全部被打入「奸黨」行列，戶部尚書劉拯因看不慣此舉說了兩句，被罷職出朝。由此可見，趙佶絕對不容許別人對他有些許的不恭敬，而蔡京心領神會，推波助瀾。

蔡京提出過一個口號逢迎趙佶，叫「豐亨豫大」，即形容富足隆盛的太平安樂景象和排場。趙佶認為要豐亨豫大，必須得把朝廷、宮室及各種場面都搞得富麗堂皇。宋代前世的帝王都比較簡樸，特別是太祖，所建宮室大都比較低矮、狹窄。趙佶一反前世，說這怎麼能體現豐亨豫大的氣象呢？於是在大內北拱宸門外大興土木，修建新延福宮，分別由宦官童貫、楊戩、賈祥、何忻、藍從熙五人負責。這五人都是趙佶的親信，得此重任，認為是表現自己的機會，極盡心力，各顯其能，務求奢麗豪

華，至於花銷那不在話下，只要趙佶滿意，再昂貴、奢靡也在所不惜。政和四年（1114年），新延福宮竣工，因為是由五個風格各異的區域組成，故稱「延福五位」。其東西長，南北短，東至景龍門，西抵天波門，其間殿閣亭台錯落相望，鶴莊鹿苑掩映其中，鑿池為湖，壘土為山，小橋流水，鳥禽吟唱，竹木搖曳，清幽馨香。趙佶置身其中，心曠神怡，好不快哉，親自撰文，以記其美。他住膩了蕭穆靜謐的宮宇，命人在新延福宮內廣置村居野店，酒肆歌樓；每年冬至後，張燈結綵，夜不宵禁，豪飲博賭，狎妓尋歡，一任自由，直開放至上元節，即元宵節，謂之「先賞」。不久，又跨越舊城修築了一條河道，稱「延福第六位」，引水架橋，舟楫相向，沿岸遍植奇花異木，殿宇對峙，鳥語花香，名曰「景龍江」。

擴建宮苑，要舉天下之力，聚天下之奇。早在崇寧元年（1102年）春，趙佶就派童貫在蘇杭設置造作局，召集數千工匠，製作象牙、犀角、金銀、玉器、籐竹、織繡等物，供其賞玩。崇寧四年（1105年），他又派朱勔在蘇州設應奉局，採運「花石綱」。朱勔是蘇州富商之子，父親因鬻蔡京在寺院中建藏經樓而成為其親信，蔡京得勢，將朱勔引薦給趙佶，並授意獻上三株黃楊樹，趙佶很高興。朱勔乘機進言：「這些東西在江南甚多，陛下如需要，臣可前去蒐求以獻。」趙佶大喜，遂命朱勔主管此事。朱勔回到蘇州，以供奉御前為名，大肆搜刮民財。聽說哪家人有奇石異木，便派人闖入家中貼上黃標以示充公；還不隨即取走，讓原主人看護，稍有破損，便扣上「大不恭」的帽子嚴加治罪；運走時，拆牆破院，大開其道。一時間將江浙一帶搞得雞犬不寧，民怨鼎沸。朱勔將搜刮的木石經汴河運往京師，十艘船編為一綱，故稱「花石綱」。當時汴河上花石綱船首尾相接，異常繁忙，船不夠用，就強徵運糧船和商船，所到之地，要有士兵押護、官員相迎。運一根竹子就要花費五十貫錢。朱勔曾掠到一塊巨大的太湖石，高達四丈，載在專門製造的大船上，光縴夫就用了幾千人，歷經數月才運抵京師。一路上拆水門、毀橋樑、破城牆，不知花費了多少錢財。趙佶賜此石名「神運昭功石」，封磐固侯，朱勔因此加官進爵。

朱勔在江浙開了惡例，其他地方也競相傚仿，一時間福建的荔枝、龍眼，

海南的椰子，登萊的石頭，湘湖的文竹，四川的果木，越江跨海，紛至沓來。除花石外，前代的書法、繪畫、禮器、墨硯等，只要能找到，趙佶都派人想盡一切辦法不惜重金搞到，在宮中專門設置了一個御前書畫所，由書法大家米芾等人掌管，收藏了數以千萬計的珍品。書法有晉代二王的《破羌帖》、《洛神帖》以及唐代顏、歐、虞、褚、薛、李白、白居易等人墨蹟，丹青有三國時曹不興的《元女授黃帝兵府圖》、曹髦的《卞莊子刺虎圖》等，不勝枚舉。

趙佶收集有一萬餘件鐘鼎禮器，全都是商周秦漢時代的器物。為了存放，專門修建了保和殿，有屋七十五間，上飾純綠，下塗朱漆，四周牆壁全用淺墨勾勒，分稽古、博古、尚古等閣。由於趙佶尋寶，導致古玩文物價格暴漲，最貴的高達數百萬貫，以致掀起了一股掘墳盜墓之風。趙佶擅長書畫，對墨硯十分看重，在他收藏文房四寶的大觀庫中，光端硯就有三千餘方，著名墨工張滋製作的墨塊不下十萬斤。

政和七年（1117 年），趙佶下令在京城東北部仿照杭州鳳凰山築山。調集了上萬工匠、士兵，累石積土，日夜不停，宣和四年（1122 年）築成，前後歷時六年。初名萬歲山，後因地處汴京的艮位而稱「艮嶽」。方圓十餘里，高達八九十步，峰巒巍峨，疊石四立，有泗濱、淋灕、靈璧、芙蓉諸峰，有洞庭、湖口、慈溪、仇池之淵。趙佶為了能看到雲霧繚繞的情景，下令有司製作許多油絹囊，用水浸濕，清晨懸掛於峰巒之間，把霧氣收入，待趙佶臨幸觀賞，將卷囊打開，雲霧徐徐而出，名曰「貢雲」，給人騰雲駕霧的感覺。山巒中放養着許多各地奉獻來的珍奇鳥類，有個靠耍猴、遛鳥為生的老人自薦馴化，每天端着盛滿肉塊、粱米的托盤引導着皇家侍衛舉着華蓋行走，不時發出口令，招引鳥群，時間一長，鳥群便形成了條件反射。趙佶巡遊，便能觀賞到「百鳥朝鳳」的奇特景象。

多行不義
客死他鄉

趙佶早在做藩王時就對道教非常感興趣，一日，夢見被道士引導至一巍峨的宮殿，太上老君坐於其上，其威儀供奉如同帝王。老君開口說道：「你宿命所定，當興我教。」他連聲應承。第二天醒來，覺得好奇，將夢記錄下來。此後接連發生了幾件事兒，先是道士郭天信說他將來當有天下，果然不久後他即位；即位之初他子嗣不旺，道士劉混康說，京城東北地勢太低，如墊高便可興子，他照做，時間不長竟連得數子。從此他對道教愈加篤信，下令道士、女冠居於和尚、尼姑之上，在出生的福寧殿旁修建玉清和陽宮，供奉道教祖師。

趙佶崇道，眾多道士便應運而至，一個比一個「神通廣大」。最先出現的是王老志，自稱服了鍾離先生給的仙丹，脫離塵世，居於草棚，給人指點禍福。經人引薦，趙佶賜號「妙觀明真洞微先生」。王老志獻上一「乾坤鑒」，說趙佶及皇后將來會遇有災難，請經常坐於鑒下，三思消災的辦法。看來王老志還真有預見性。趙佶沒有耐心，但內心忐忑，於是自編自導了一場鬧劇。政和三年（1113 年）十一月，趙佶照例赴南郊圜丘祭天，剛出南熏門，他忽然說：「奇怪，玉律園以東似有樓台重疊，那是什麼地方？」隨行的蔡攸（蔡京之子）連忙跑到高處眺望，稟報：「不得了，臣見雲彩中有樓台殿閣，隱隱數重，離地數十丈！」趙佶問：「有人嗎？」蔡攸答：「有，好像是道流童子，手裡都舉着幡幢節蓋，不斷地在雲間出沒，衣服和眉眼都能看得清楚。」趙佶大喜，第二天將此消息詔告百官，在雲氣所現的地方建造道宮，取名「迎真」。刻石立碑，詔令天下搜求道教仙經，創置道流官階，共二十六等。在景龍門和晨暉門之間，修建上清寶籙宮，大行齋醮，京城周圍的道觀也建得華侈靡麗，足以跟宮禁相媲美。

王老志之後有嵩山道士王仔昔，自稱遇見晉朝的許遜真君，授他《大洞隱書》，能知人禍福，趙佶賜號「沖隱處士」。他用「道術」治癒了趙佶寵妃的眼疾，再封「通妙先生」，到上清寶籙宮居住。他小人得志，

對眾道士乃至宮中宦官都不放在眼裡，引發眾怒。正巧有做過宮女的女冠也居於上清寶籙宮中，他竟與之通姦，事發後下獄死。

最後是林靈素粉墨登場，此人溫州永嘉人，少時跟和尚學禪，因不堪打罵，跑去做了道士。不知從哪裡學了妖幻之術，到處招搖撞騙。經人引見趙佶，趙佶竟覺得面熟。他順坡下驢，信口雌黃：「天有九霄，以神霄最高，其治所稱府。神霄玉清王乃上帝長子，主管南方，號稱長生大帝君，降生人世，便是陛下；其弟青華帝君，主管東方。另有仙官八百餘，如蔡京本是左元仙伯，王黼乃文華使，蔡攸是園苑寶華使，童貫等人也是仙官的成員。我本為仙卿褚慧，和眾仙官一道降臨，輔佐陛下求治，所以陛下看了眼熟。」趙佶聽後大喜，原本他對神道頂禮膜拜，沒想到自己就是神仙，自己寵愛的劉貴妃是九華玉真安妃下凡！遂封林靈素為「通真達靈先生」，加官賞賜，將林的老家溫州改為應道軍。

政和六年（1116年），趙佶給玉帝上尊號「太上開天執符御歷含真體道昊天玉皇上帝」，大赦天下，令各地遍修宮觀，塑玉帝像，鑄神霄九鼎，安放於上清寶籙宮神霄殿。政和七年（1117年），他與林靈素編造清華帝君顯靈於宣和殿、火龍神降臨於內宮的「神話」，詔示百官，刻石立碑；糾集兩千名道士在上清寶籙宮聽林靈素講帝君顯靈過程，舉辦齋醮活動，稱「千道會」；他下密詔自稱「教主道君皇帝」。宣和三年（1121年），汴京連遭暴雨，積水成災，他命林靈素前往作法祛邪，不想林到受災現場，憤怒的防汛民伕舉着鍬鎬追砸他，結果倉皇而逃。趙佶見此知道不得人心，正巧太子趙桓告林橫行無禮，一氣之下將其趕回了老家，崇道之事有所收斂。

趙佶這些所做所為很快將熙寧、元豐年間國庫積攢下來的資財揮霍一空。他即位不幾年，財政就出現了嚴重赤字，全年賦稅的總收入僅夠應付八九個月的支出。但就這樣，他仍不思節省，繼續大肆揮霍，且不准人說。他發佈諭令，說在豐亨豫大極盛之時，朝臣不得提什麼裁損開支的意見，否則重罰不貸！淮南轉運使張根只說了句「花石綱」重費民力、希望節約的話，便指「輕躁妄言」，革職去官；相反蔡京讓人將榷貨務

公款數百萬緡進獻於趙佶，他高興得逢人便講：「這是蔡太師給朕的俸祿」；蔡京的親家胡師文將收購漕糧的數百萬貫錢進貢給他，轉眼就當上了戶部侍郎；河北都轉運使梁子美花三百萬公款從遼地買來女真人的北珠進奉於他，很快就當上了戶部尚書，不久又做了尚書右丞。

為了滿足大肆揮霍的需要，趙佶挖空心思地尋找生財之道，多次鑄造大面值錢幣，將茶稅定額提高了好幾倍，把原來由政府出錢徵購的絹帛、穀物等改為無償搾取。他將原王安石變法的一些措施變為攫取的手段，如方田均稅法，本意是平均賦稅，但到趙佶手裡，因賄賂公行，高下失實，地主豪強的土地愈量愈少，農民的賦稅則愈均愈多。河南鞏州（今河南鞏縣）元豐年間通常只納免役稅四百貫，此時竟達到了兩萬九千餘貫，增長了七十多倍。即使這樣，趙佶還嫌賦稅太少，專門設置了「西城括田所」，以收回荒蕪無主和死絕逃亡戶土地為名，搶佔大量良田以供御前使用。

國家被糟蹋成如此地步，趙佶竟還要粉飾太平，要讓人們看到「四方同奏昇平曲，天下都無歎息聲」的盛世景象。他聽信年逾九旬的「知音之士」魏漢津的話，仿照古人創製禮樂，鑄造鐘鼎，均弦裁管，制一代之樂，定萬世之音。賜鑄成的帝鼎、景鐘名為「大晟樂」，謂之雅樂，頒行天下；倣法大禹重鑄九鼎，修建古帝王宣明政教的明堂；為恢復所謂先王之制，修改官名等，搞得雜亂不堪；同時，在京師建立所謂「居養所」，贍養鰥寡孤獨，各州縣設置「安濟坊」、「漏澤園」等，撫養貧病、收埋無以為葬之人。

趙佶得意忘形，他自恃強大，竟要對外用武，威播四夷，讓周邊也從化「聖政」。崇寧二年（1103年），在蔡京的提議下，趙佶派童貫發動了一連串對西夏的戰爭，攻佔了不少地盤，宣和元年六月，西夏派使臣納款歸順。宋自從對西夏交兵以來少有勝績，趙佶因此得意萬分，於是在宋夏邊地戰火剛剛平息，便又打起了遼國的主意。政和元年（1111年），派童貫使遼，一為炫耀戰敗西夏的戰果，二是打探遼國的虛實。童貫帶回了燕京人馬植，此人是遼國大族，官至光祿卿，因淫亂名聲甚臭，但

童貫卻很賞識，他自稱有滅遼之策，童貫為他改名為李良嗣，推薦給趙佶，趙佶賜姓趙。此時女真人崛起於東北，趙良嗣獻策：「女真人與遼向來不和，遼天祚帝又荒淫無道，宋如果從登萊（今山東蓬萊、掖縣一帶）渡海結好女真，相約攻遼，勢必成功。」趙佶召見，他說：「遼國必亡，陛下念燕雲故土生靈塗炭，恢復中國（即中原王朝）原有的疆域，乃替天行道，以治伐亂。只要王師一出，北方人民一定會簞食壺漿前來歡迎，萬一讓女真得志，先發制人，恐怕就要坐失良機了。」趙佶甚覺有理，不禁做起美夢，與金聯合，南北夾遼，不但能收復燕雲十六州，而且能擴展勢力。於是，宣和三年（1118年）先後派趙良嗣、登州防禦使馬政等人出使金國，商談夾攻遼國的具體事宜。

此議朝中有很多人甚覺不妥，中書舍人宇文虛中說這不異為財主與強盜合謀，得手後想過高枕無憂的日子可就難了。高麗國王知道後也表示：「聽說天子將聯合女真滅遼，恐非良策。若存契丹尚足以為中國捍衛邊疆，女真乃虎狼之人，不可交往，還是預防為好。」趙佶則根本聽不進去，一意孤行。宣和二年（1120年），與金幾經商議，「敲定」夾攻之約，金取遼的中京大定府，宋取遼的燕京析津府，滅遼後，宋將過去給遼的歲幣轉給金，此即宋金「海上盟約」。

但這時方臘在建德軍造反，驚斷了趙佶的計劃，他命原主持盟約的童貫率準備攻遼的軍隊前去鎮壓。這時趙佶聽說遼已知道了盟約之事，害怕其乘機報復，便想撕毀盟約。宣和三年（1121年）二月，金使者來宋催促宋如約進兵，趙佶有意拖延，直至八月才寫了封「國書」讓金使帶回。宣和四年（1122年），金兵接連攻下遼中京大定府（今內蒙古赤峰南）、西京（今山西大同），遼國天祚帝逃往夾山（今內蒙五原西北），留守燕京的耶律淳自立為帝，遼敗亡已成定局。趙佶認為這是漁翁得利的良機，遂倉促命童貫為河北、河東路宣撫使，在邊境屯兵響應，並對幽州燕州發出招論，趙佶授童貫三條錦囊妙計：「如燕人聞風而降，收復故土，為上策；如耶律淳納款稱藩，願作大宋藩屬，乃中策；倘若遼軍抵抗，就按兵巡邊，全師而還，乃下策。」

童貫在軍中立「弔民伐罪」的大旗，四處張貼皇榜，說誰能獻俘燕京封節度使；為宣示朝廷「恩德」，禁止擅殺遼兵，絲毫不做戰鬥準備，專等遼人來降。並命擔任都統制老將的西北將領種師道等分道進兵。種師道見童貫如此兒戲，說：「此番用兵，好似強盜闖入鄰家，咱不去救助，卻想與盜分贓，怕不行吧？」童貫不理，依然進發。遼兵不但未降，反而來攻，幾路宋軍都被擊敗。趙佶在汴京靜候捷報，等來的卻是敗訊，大驚失色，於是連忙下令班師。

不久，耶律淳死，妻子蕭氏即位，趙佶再命出兵。這時遼涿州（今保定涿州）留守郭藥師率部降宋，打開了通往燕京的通道，戰局對宋非常有利。但郭藥師攻燕京，接應的宋軍未能按時趕到，統兵官劉延慶又誤信假情報，以為遼兵來攻，嚇得燒營逃跑，百餘里路上躺滿了自相踐踏的宋兵屍體，以致熙寧、元豐以來北部邊境貯存的軍需糧草損失殆盡。偷雞不成反蝕米，趙佶的伐遼之戰以慘敗告終。

宋廷的腐敗無能被金人看得一清二楚。十二月，金佔領燕京後，不再承認雙方議定的條件，幾經交涉，才讓宋朝收回燕京及附近的六個州，但條件是宋不但要把給遼的五十萬兩匹歲幣轉付給金，還得每年加納一百萬貫的「燕京代稅錢」。而金兵撤出燕京城時，把人口、財富洗劫一空，趙佶付出巨大代價得到的只是一座空城。

做了這麼丟人現眼的事，趙佶居然還要慶祝！他說當年太宗涿州兵敗，身中箭矢狼狽而歸；真宗簽「澶淵之盟」，被遼人勒索去高額歲幣；仁宗又增加「歲幣」二十萬兩匹；神宗受遼人威脅，割地數百里，全都使大宋朝顏面掃盡。而如今遼朝滅亡，自周世宗時起一直被中原帝王視為心腹大患的燕雲十六州問題被我妙手治癒，難道不是了不起的功勳嗎？他宣佈大赦天下，作《復燕雲碑》，加官王黼、蔡攸等人，童貫因神宗說過「能收復燕雲之境者封王」，而封廣陽郡王，降將郭藥師也封官，賜甲第、姬妾等。趙佶跑到王黼家中喝酒，大醉。

正當趙佶陶醉於「勝利」之時，金兵分兩路大舉南侵。宣和七年（1125

年）十月，西路以粘罕為主將由大同進攻太原，東路主將斡離不由平州攻燕山，兩路軍計劃於汴京會師。趙佶自從「光復燕雲」後，滿以為可以高枕無憂，根本沒考慮防範金人的事。汴京從黃河向北，基本上是一馬平川，當年宋與遼接觸，引導遼使者都故意迂迴繞行，招待也不用奢華的物品，怕引起遼的貪心；而與金交涉根本不設防，經常限金使者從燕京七天趕到汴京，在使者面前故意「炫富」，致使金對宋垂涎欲滴。

其實早在九月燕山府方面就報告金人即將有軍事行動，當時朝廷正籌備郊祀大典，大臣怕邊報會影響大典，竟將邊報壓了下來。金兵推進迅速，十月，東路軍攻下檀州（今北京密雲）、薊州（今河北薊縣）；十二月，郭藥師叛變，金兵不戰而進入燕山；金兵命郭藥師為先鋒，大舉南下，西路軍連克朔州（今山西朔縣）、武州（今山西神池）、代州（今山西代縣）等地，到達太原城下。

失陷的軍報如雪片一樣飛入京師，趙佶被嚇得魂飛魄散。金使來到汴京，趙佶不敢見，讓蔡攸等人出面。金使盛氣凌人，說：「我朝皇帝命國相（粘罕）和太子郎君（斡離不）弔民伐罪來了，兩路大軍馬上就到！」蔡攸、白時中、李邦彥等人嚇得面如土色，低三下四地問：「請問怎樣才能讓貴國緩師呢？」金使態度蠻橫：「割地稱臣！」這幾個不敢再多問一句，趕快派李鄴到金軍求和。

此時中山府（今保定定州）連來三道急報，說金兵已越過中山南下，估計離汴京只有十來天的路程，趙佶駭得六神無主，宇文虛中說：「現在應趕快降罪己詔，更革弊端，收取人心，挽回天意，將帥才能擔當守禦之事。」趙佶忙命他草詔。宇文虛中在罪己詔中寫道：「今諫諍之路壅塞，聽到的只是阿諛之言；恩幸之人掌權，貪奸之徒得志。縉紳賢能之士拘於黨籍，政事興廢之舉連年不斷；搜刮賦稅竭取生民之財，窮兵黷武困乏軍伍之力。大興徒勞無益之事，侈靡成風，民力已困，仍誅求不已；士兵衣食都供應不上，貪官污吏卻坐享富貴。蒼天連降警告而朕不知，百姓怨聲載道而朕不聞。追思罪愆，悔之何及！」詔中共有求極言直諫、令郡縣率師勤王、罷西城括田所將土地還給百姓、裁減宮廷用度等數十

件革除弊端之事，趙佶看罷，說：「件件都可施會，朕今日不吝改過了。」可轉念一想，這不等於認罪嗎？於是又讓進行修改而不想公佈，幾經拖延，直至李邦彥將金朝的討伐檄文呈給他看，他才勉強同意頒佈。

面子保不住了，就保命吧，此時的趙佶早被金軍嚇得丟了魂，哪有膽量去進行抵抗？他想逃跑。於是，任命皇太子趙桓為開封牧，委以監國，傳旨要「巡幸」江浙，派戶部尚書李梲赴建康（今南京）替他前去準備。此舉遭到朝臣的激烈反對，給事中直學士院吳敏說：「陛下要出外巡幸，萬一留守之人守不住，那麼你想跑也跑不掉。」趙佶哭喪着臉說：「這正是朕擔心的。」吳敏說：「陛下只有讓留守之人威福自專，京城才能守住，陛下才能走得脫。」這意思是讓趙佶禪位。太常少卿李綱也刺破胳膊，以血上疏：「皇太子監國，本是典禮之常規，但如今大敵入侵，安危存亡在於呼吸之間，怎能仍舊拘泥常規呢？名份不正而當大權，又何以號令天下，指望成功呢？只有讓皇太子即位，叫他替陛下守宗社，收人心，以死捍敵，天下才能保住！」

趙佶經過一番思量，皇位與命相比，還是命重要，沒了命皇位還有什麼意義呢？至於責任、風骨、氣節等，那不是他所擁有和追求的。但禪位總得有個理由，他絞盡腦汁，十二月二十三日傍晚，在玉華閣召見宰執大臣，先傳令提拔吳敏為門下侍郎，輔佐太子；之後拉着蔡攸的手說：「我平日性格剛強，沒想到金人居然敢做出這種事來。」正說着突然兩眼發直，氣塞暈厥，一個跟頭從御榻上跌了下來，頓時不省人事。大臣們一陣慌亂，七手八腳地將其攙扶到了保和殿東閣，灌了幾服湯藥，好一陣兒才慢慢甦醒過來。只見他喘了幾口氣，欠起身，示意要來紙筆，顫巍巍地用左手寫下：「朕已癱了半邊身子，如何了得大事？」見群臣都不說話，又寫：「諸公為何不說話？」群臣真不知該說什麼好，面面相覷，他接着寫：「皇太子可即皇帝位，我以教主道君的名義退居龍德宮，可呼吳敏來做詔。」不一會，吳敏從宮外拿來了草擬好的禪位詔書，趙佶在結尾處寫道：「依此，很令我滿意。」

第二天，皇太子趙桓經過一番辭讓後即位，尊趙佶為「教主道君太上皇

趙佶
宋徽宗

帝」，居龍德宮；尊鄭皇后為「道君太上皇后」，居擷景西園。

欽宗靖康元年（1126 年）正月初二夜，幾個人影護衛一乘小轎慌慌張張地出了通津門，登上一艘小船，順汴河向東南方駛去，為首的便是趙佶，還有蔡攸及幾名內侍。自從趙佶退位，整天就想着南逃，正月初一剛應付了趙桓率百官給他拜年朝賀，就提出初四要去亳州（今安徽亳縣）太清宮燒香，理由是感謝太清聖仙保佑他治好因「操勞過度」引發的偏癱病。沒想到形勢急劇惡化，初三下午金兵就攻陷了浚州（今河南滑縣東北），他等不及了，於是連夜出逃。此時汴河正值枯水期，船行很慢，趙佶心焦，決定棄船上岸，改乘小轎。因為走得匆忙，他凍餓難耐，找了戶農家胡亂吃了幾口，脫下靴子烤凍僵的腳趾，接着趕路。走了一陣兒，他覺得太慢，見河邊停靠着一隻小船，帶頭爬了上去，這是只運磚瓦的船，破陋不堪，他已顧不得許多，夜行了數百里，天明時趕到了應天府（今河南商丘），讓手下人弄了些衣服、被褥，披在身上抵禦風寒，買了幾匹驢騾騎上繼續向南逃。什麼叫「狼狽不堪」，趙佶算是詮釋得太充分了。到了符離（今安徽宿縣），他才乘上了官船，一直逃到泗州（今安徽盱眙）。這時童貫、高俅等率幾千人馬護衛太上皇后趕到，趙佶這才算有了「扈從」。他即命童貫率三千「勝捷軍」護衛自己過淮河前往揚州，高俅帶三千禁衛軍留在泗州，把守渡口。趙佶踏上淮河的浮橋，禁衛軍的士兵哭喊着硬拉着轎子不讓走，童貫恐脫不了身，竟命「勝捷軍」放箭，中箭倒地者達百餘人。到了揚州，當地父老又攔住趙佶不讓走，趙佶下令將百姓驅趕。十五日，他乘船到了鎮江，太上皇后被他丟在了揚州，皇子皇女們跟不上的都留在了沿途。

趙佶在鎮江府衙內住下，算是鬆了口氣。他退位時明確表示：「除道教教門事外，其餘一律不管。」可剛緩過氣來，就又留戀權力了，他開始以「太上皇帝聖旨」的名義發號施令，截住東南地區發往朝廷的遞角（報告），對勤王援兵要求就地待命，聽候他指揮，綱運物資要在鎮江御卸。童貫等人意在鎮江把趙佶重新扶上台，在汴京的趙桓聽到此事，下詔說要按照趙佶的退位詔書辦理，貶了童貫等人官職。

二月初，金兵從汴京城下撤退，趙桓接連派人請趙佶回京。十五日，趙佶發佈詔命說：「我夙心慕道，所以才把神器傳給嗣聖（趙桓），這是秉承上天的旨意，我高興的心情是無法形容的。我遠在淮泗，都城又戒嚴，怕引起嗣聖牽掛，才留東南之兵自衛。至於止糧綱、截遞角，乃是我擔憂過分，怕這些東西落到金兵手中，那還有什麼別的意思？」他寫密信給趙桓表示今後願意「甘心守道，樂處閒寂」，絕不再窺伺舊職，重當皇帝。

四月三日，趙佶回到汴京，趙桓到城外迎接。趙佶頭戴並桃帽，身着銷金紅道袍，從宋門入城，住進了龍德宮。趙佶在龍德宮的日子是很不好過的，昔日的寵臣或貶或死，十幾個跟隨他多年的內侍都被趕出了京城，連李師師的家財也被抄沒，他的一舉一動無不在趙桓的嚴密監視之下。

八月，金兵又大舉南下，北邊重鎮太原、真定（今石家莊正定）相繼失陷。趙佶又想跑，他向趙桓提出要去西京洛陽主持軍務，但被趙桓一口回絕。十月十日天寧節，即趙佶的生日，時值他四十五歲壽辰，要是在往常早就臨朝接受百官拜賀了，可趙桓直至十六日才來向他祝壽，趙佶不高興，但礙於情面自己端起一杯酒先喝下，又斟滿一杯遞給趙桓，這時有人踩了趙桓的腳，趙桓誤以為酒中有毒，堅決不肯喝，扭頭便走。趙佶心如芒刺，無以發洩，在龍德宮門前貼出黃榜，說誰能捕到「離間」他們父子關係的人將給予重賞。

「離間」的人沒捕到，幾個月後，他自己被捕到了金兵的營中。靖康元年閏十一月二十五，金兵攻陷汴京，翌年二月初六，宣佈廢掉趙佶、趙桓兩個皇帝。金兵早將趙桓扣押在了青城，令趙佶前來。二月七日晨，趙佶在龍德宮吃罷素餐，覺得不安全，搬到了延福宮。他剛坐定便有幾個人走進門來，為首的是漢奸李石，說：「金人請太上皇到南熏門內寫拜表，寫罷送去就會把皇上送回來，皇上讓我們捎話，說爹爹、娘娘請快來，別錯過機會。」趙佶覺得不對勁，對李石說：「軍前有變動嗎？卿別瞞我，朕以後給卿等陞官，別貪眼前小利而誤了朕的大事，若有變動，朕好早做打算，徒死無益。」李石發誓：「若有不實，甘受萬死！」

糾纏了好久，趙佶派人叫來了鄭太后，穿上道袍，取過佩刀，讓內侍丁孚拿着，與太后乘轎子出了延福宮。到了南熏門，他要下轎，只見護衛的人忽然擁着轎子向門外跑去，他在轎中大叫：「果真有變，丁孚快拿刀來！」此時丁孚早被控制。趙佶可能想到了死，如果真能壯烈，或許還能留下個祭血社稷的英名，但他沒那麼做。

三月二十九日，天還沒亮，金將幹離不率兵趕着牛車，押解趙佶、鄭皇后及皇子、皇女、嬪妃等人踏上了返回金國的路程。渡過黃河，經過浚州，押解的金兵專揀偏僻的小路走，白天跋涉荒蕪，夜間露宿於荊棘雜草之間，風雨無阻。這些平日錦衣玉食的皇室成員每天只能吃到一小點兒糙米，趙佶受到優待，飯食也少得可憐。走至邢州（今邢台市）、趙州（今石家莊趙縣）一帶，燕王趙俁竟被活活餓死，金兵拿餵馬的槽子做棺材，將其裝殮進去，兩隻腳還晃晃盪盪地露在外面，被抬到一邊焚化成灰。趙佶嚎啕道：「你葬在此地還算是中原的故土，為父我卻將要當個異鄉之鬼了！」途中，趙佶遇到了郭藥師，這個當上金朝燕京留守、已改姓完顏的叛臣，跪在趙佶面前淚如雨下，趙佶苦笑着說：「天時如此，公何罪之有？」

從汴京到燕京，使者驅馬只需七天路程，趙佶一行卻整整行走了兩個月，到燕京後住在延壽寺；十月，被押解到大定府（今遼寧寧城西）；次年七月，又被押解到金國都城所在地上京會寧府（今黑龍江阿城縣南）。趙佶被迫着孝服參拜了阿骨打廟，在乾元殿拜見了金太宗吳乞買，金太宗封他為「昏德公」。不久，趙佶、趙桓等人被押解到了韓州（今遼寧昌圖北，一說吉林梨樹），金撥了十五頃土地，令其耕種自給；南宋高宗建炎四年（金天會八年，1130年）七月，他們又被押到北國邊陲小鎮五國城（今黑龍江依蘭縣）；南宋高宗紹興五年（金天會十三年，1135年），趙佶死在了五國城；直至紹興七年（1137年），趙佶的死訊才傳到臨安，趙構上諡號「聖文仁德顯孝皇帝」，後又加諡「體神合道駿烈遜功聖文仁德憲慈顯孝皇帝」，廟號徽宗。紹興十二年（1142年）八月，趙佶的梓宮從金朝運到臨安，暫葬於會稽（今浙江紹興），名永固陵，後改名永佑陵。死在異鄉的「鬼」總算「魂」還了中原故土。

怯懦猶疑的趙桓

1125-1127

「替罪羔羊」一詞用在趙桓身上再恰當不過。徽宗窮奢極慾，巧取豪奪，不顧國力對外用兵，引得金國來攻，情勢危急，國將不保。徽宗不顧國家存亡，只想逃跑保命，出逃前禪位於趙桓。趙桓從心理到體質都很孱弱，危難之際實在難堪大任，一味委屈求和，多次貽誤戰機，終致國破家亡。

宋欽宗趙桓像

皇之長子
臨危受禪

哲宗元符三年（1100 年）四月十三日，趙桓在坤寧宮誕生，他是四個月前剛剛當上皇帝的徽宗之長子（根據禮法，新皇繼位當年，須沿用上一代皇帝年號，故徽宗登基，仍用哲宗年號）。趙桓的出生令徽宗很高興，於是宣告普天同慶，大赦天下，蠲免元符二年（1099 年）以前的所有積欠，使百姓能從這位新生龍子的身上感受到浩蕩皇恩。孩子出生五個月後得名趙亶，封檢校太尉，山東東道節度使，韓國公；翌年六月為開府儀同三司，封京兆郡王。崇寧元年（1102 年）二月改名趙烜，八月改為趙桓。徽宗是個講究文采的人，對兒子充滿鍾愛，幾易其名方感滿意。

當徽宗初得龍子的新鮮勁兒過去，又有其他兒子相繼出生，趙桓生母並非所寵，對趙桓的感情逐漸變得淡薄。趙桓的生母是王皇后，德州刺史王藻之女，性格內向、樸實，大觀二年（1108 年）九月，年僅二十五歲的王氏離開了人世，這年趙桓剛滿九歲。

在母親去世當年的正月，趙桓進封定王，開始讀書。趙桓讀書雖不很愚鈍，但也算不得聰明，一篇經文往往需要數日方能成誦，這可能是徽宗不太喜歡他的原因。但他讀書習作很勤奮，待人接物謙恭有禮，在大人心目當中屬於懂事好學的孩子。他喜好恬靜，興趣不多，平日沉默寡言，舉止端凝，照老百姓的話說性格很「蔫」，不大喜歡與人交流，在這方面不像他的父親。他有個很特殊的癖好，在講讀之暇用髹器（一種漆器）盛些活魚，坐在旁邊凝望，一呆就是老半天，至於在想什麼，誰也說不清楚。

時間慢慢過去，趙桓長到了二十歲。政和五年（1115 年），徽宗覺得該確立皇子了，而擁立嫡長子是古今的通則，所以，皇太子的名份自然而然地落到了趙桓頭上。趙桓雖榮登儲位，但性格並未改變，依然低調、收斂。為了表明自己恭儉謙讓，在拜謁太廟時奏請不乘金輅，以常服驅

馬前往，要求官吏不要對他稱臣；主動提出減少東宮的司務，節約廩食；為表示自己的好學精神，請求每日除問安寢食之外，不拘早晚稍有閒暇便請學官赴廳講讀。趙桓的所為可謂小心謹慎、慘淡經營，但儘管如此，還是有人在覬覦他的儲位。

趙桓能當上太子，因為他是長子，在徽宗眼中，其地位遠不及異母的弟弟、三子趙楷，趙楷聰明伶俐，極具才情，參加科舉考試，居然壓倒天下士子，奪得狀元。因而越級升任太傅，改封鄆王，還提舉皇城司，負責皇城的警備，掌有一定的軍權；他可以不限晝夜隨便出入宮禁，在景龍門外的鄆王府和大內之間架起飛橋復道以通往來。因此，王黼、童貫等一些心懷巨測的人便揣摩徽宗的心思，鼓動廢掉趙桓而擁立鄆王。太子地位不穩是當時朝野盡人皆知的事情。

政和六年（1116年）六月，趙桓大婚，娶武康軍節度使朱伯材之女為妃，次年生兒子名湛，為嫡皇孫，這是宋建國以來從未有過的喜事。徽宗很高興，接受蔡京的奏請，封趙湛為檢校少保、常德軍節度使、崇國公。可能因為趙桓為他生了皇長孫，他又不願意在廢嫡立庶問題上冒天下之大不韙，加之宦官梁師成等人力保，徽宗沒有變動儲位，趙桓也才保住了太子的位置，但其性格變得愈發謹慎而猶疑。

宣和七年（1125年）冬，金兵大舉南侵，徽宗封趙桓為開封牧，並有意表白此非依據大臣的提議，完全是自己的想法，以此來表示對趙桓的信任和厚愛。趙桓入朝問安時，徽宗將只有帝王才能佩戴的排方玉帶賜予他。幾天內接連發生的事使趙桓感到有些不解，又不由得浮想聯翩。他知道開封牧是個很有特殊意義的職位，宋代除太宗、真宗在即位前曾擔當此職外，再沒有第三人榮膺此銜，而今父皇將此職位賜封予己，是何意思呢？難道自己將取代父皇榮登大寶嗎？果真如此，母親的含辛茹苦便沒有白費，自己多年來謹小慎微、提心吊膽的日子將有望過去，內心不禁一陣狂喜。可轉念一想，一種不祥之感向他襲來，父皇登基二十五年來，驕奢淫逸，放浪肆意，民力困竭，田畝荒蕪，上則群奸當道，下則民變迭起，人心猶如一盤散沙，危機恰似一堆乾柴，稍有風吹草動便

可能燃起熊熊烈火，邇來強敵入寇，狼煙沖天，如入無人之境，摧枯拉朽，勢不可當。當此時機，父皇委我以重任，不是把我往風口浪尖上推嗎？他自己悄然引退，只不過是權宜之計，想找個替罪羊罷了，一旦危機過去，轉至太平，誰又能保證他不再奪回皇位？自己雖為太子，多年來形單影隻，在政治上沒有根基，早年童貫、王黼等一向覬覦東宮，把持朝政、控制軍權，爪牙羽翼遍佈海內，萬一這些傢伙狗急跳牆、發動政變，自己恐怕求為長安一布衣亦不可得矣！想到此，令他不寒而慄，可天子的至尊和威儀，又對他充滿誘惑。

宣和七年（1125年）十二月二十三日，令趙桓極度嚮往又充滿恐懼的時刻終於到來了。徽宗決定將皇位禪讓於他，宣召他入宮受禪。這時並由不得他多想和進行抉擇，只能跟着來臣趨步走進了保和殿東閣。叩拜禮畢，抬起頭見父皇半臥在御榻上，宰執大臣們環侍於榻邊。宰相白時中道：「皇帝陛下龍體不豫，已草詔禪位，太子殿下且請受禪。」話音未落，太師童貫、少宰李邦彥抖落開一襲御袍披在了趙桓身上。趙桓本能地一顫，雙膝一軟，又跪倒在地上，說：「不行不行！」接着嚎啕大哭，不停地抽搐，將御袍甩到了一邊。徽宗見此，提筆顫巍巍地寫道：「汝不受則不孝矣。」趙桓接過來看，哽咽道：「臣若受則不孝矣！」徽宗見狀，示意將鄭皇后召來。鄭氏來後走到趙桓面前，溫柔地說：「官家老矣，吾夫婦欲以身託付給你，過幾年清閒日子。」趙桓抬起低垂的淚眼，說：「父皇欠安，臣兒定難從命。」徽宗見僵持不下，顯得很不耐煩，內侍明白了徽宗的意思，擁着趙桓去福寧殿，福寧殿即皇帝日常起居的正寢殿。趙桓死活不肯走，拚命地掙脫，內侍連拉帶拽，幾乎是架着將他拖扯到了福寧殿的西廡門，早在那裡等候跪拜的大臣們也上來相幫，總算將其擁入殿內。眾臣原想就勢扶趙桓升座即位，不料他身體酥軟，昏厥了過去，只好將其抬到了臥榻之上。

這時天已黑了下來，殿宇籠罩在一片暮靄之中。應召前來準備參加禪位大典的文武群臣早已在殿下排列成序，宰執大臣們相繼到來，大家商議，決定不等太子即位而先出宣詔。宰相白時中宣讀了禪位詔書，百官們都說願見新天子而不肯退去。宰執大臣呆立在那兒，不知所措，宦官梁師

趙桓
宋欽宗

成從後宮出來，說：「皇帝自擁至福寧殿，至今不省人事。」百官們議論紛紛。剛才李邦彥提議讓趙桓的老師耿南仲前來規勸，此時耿南仲已到，吳敏拉着他去見趙桓，並宣詔今日天晚，別日御殿。至此，喧囂了半天的大內才安靜了下來。

耿南仲藉着昏暗的燈光，見趙桓昏睡在床榻上，臉色蒼白，少有血色。他眉毛淡淡的，鼻樑不高，兩撇半寸長的鬚髯圍繞在因驚悸而微微扭曲的嘴巴兩邊，雙頰略長，下巴消瘦，眉宇間幾乎見不到帝王應有的英武和威嚴，甚至看不到年輕人健康的血色。

次日，趙桓又經過一番固辭不允之後，終於御垂拱殿接受了文武百官的拜賀，之後大赦天下，開始了他作為宋朝第九位皇帝的悲慘生涯。

委曲求和
貽誤戰機

趙桓處理國政，就像他少年讀書時一樣，勤勉敬業，每日都御臨朝堂，接見群臣，批閱四方奏報，覆士民所上章疏，經常忙到很晚還不休息。個人生活依然簡約樸素，無多嗜好。但是，他才疏勢單，政治韜略不足，瞻前顧後，優柔寡斷，沒有主見，幾乎總讓別人牽着走，眼光狹窄，一天淨盯着點兒雞毛蒜皮的小事兒，思考問題、做事情很少能切中要害；氣量不足，私心過重。

當然，他執政後做過一些順乎人心、處置果斷的好事，比如懲治徽宗一朝作惡多端、民憤極大的奸佞。即位不久，太學生陳東接連幾次上書，歷數蔡京、王黼、童貫、梁師成、李彥、朱勔「六賊」的罪惡，請求擒此六賊，誅於市朝，傳首四方，以謝天下。趙桓順應臣諫，當然也是對這幾個人在他做太子時所為的報復，先將李彥賜死；將王黼流放永州（今湖南零陵），途中秘密處死；梁師成貶為彰化軍節度副使，途中賜死；

蔡京貶於儋州（今海南儋縣），途中病死；童貫貶於吉陽軍（今海南崖縣），途中賜死；朱勔貶於循州（今廣東龍川），不久斬首處死。徽宗南逃鎮江，被接回後限制其對朝政的干預，下令凡徽宗賞賜給臣下的東西，一律沒收入宮，命令龍德宮隨時報告徽宗的日常起居，將其置於嚴密的監控之下。

趙桓鞏固皇權，清除奸佞，給整頓朝綱帶來了希望。但僅僅於此是遠遠不夠的，當時朝政所面臨最大的問題是金朝的南侵，如何應對，是趙桓所無法迴避的，而正是在此問題上暴露出其性格及執政能力的巨大弱點。

趙桓即位正值年終歲尾，按照慣例，新帝登基逾年要改元，徵求朝臣意見，取「日靖四方，永康兆民」之意，改年號靖康。其寓意當然是好的，但取意的主旨是「和戎」，即與金人講和，這就決定了他治政上的走向。而他性格柔弱、多疑，做事情搖擺不定，一會兒主和一會兒主戰，朝令夕改，一日三變，而這一切又都圍繞着一件事，即保住他的皇位。這就決定了他必然走向失敗，導致悲劇性的下場。

靖康元年（1126 年）正月初二，趙桓聽從主戰派的話，下詔有司依據真宗幸澶淵的故事準備親征，命吳敏為親征行營副使，兵部侍郎李綱、開封知府聶山為參謀官，在殿前司集結兵馬。但第二天，報來浚州（今河南滑縣東北）失守、金兵渡河的消息，京城一下子亂了，徽宗當夜出通津門逃往東南，王公大臣們也紛紛收拾家財、攜妻帶子隨之出逃。趙桓身處危境，心驚膽戰，斷不敢再想親征了。本想自己也一逃了之，但又怕像唐明皇似的神龍失勢，皇權被別人奪走，急得六神無主。

次日京師戒嚴，天剛亮，趙桓便召集宰執在延和殿議事，眾人都認為汴京難守，建議「出狩」襄鄧（今湖北襄樊一帶），趙桓也同意。說話間，兵部侍郎李綱破例上殿，啟奏道：「大街上議論紛紛，說宰執欲奉陛下出狩避敵，果真如此，宗社可就危險了。道君皇帝傳位陛下，今捨之而去，行嗎？」趙桓沉默不答。宰相白時中說：「京城豈能守得？」李綱說：「天下城池哪有比得上京城的？而且京城乃宗廟、社稷、百官、萬民之所在，捨此而何至？若能率勵將士，慰安民心，豈有不可守之理？」內

侍陳良弼站出來：「京城櫓樓創修，百不及一二，城東樊家岡一帶濠河淺狹，絕難防守。」李綱與宰執爭執，趙桓莫衷一是，沉吟片刻，決定讓李綱、蔡懋、陳良弼去城東實地考察，商量出一個可行的辦法。這幾個人回來仍各執一詞，陳良弼咬住不可守但說不出什麼道理；而李綱則提出了不少可行的意見，如整飭軍馬，揚聲出戰，堅守以待勤王之師等。說得趙桓動了心，似乎覺得堅守可取，他問：「但誰可任將呢？」李綱答：「白時中、李邦彥雖是書生未必知兵，但可借其位號，撫馭將士以抗敵鋒正是他們的職責。」白時中很生氣，提高嗓門：「李綱，你難道能出戰嗎？」他實際上是想用話把李綱堵回去，誰想李綱正顏道：「陛下不以臣為庸懦，倘使治軍，願以死報！只是人微官卑，不足以鎮服士卒而已。」趙桓當即宣佈升他為尚書右丞，然後退朝進膳，似乎接受了堅守汴京的建議。

然而僅一頓飯的功夫趙桓就改變了主意，不知是聽了誰的話，說還要繼續商議去留，同時任命李綱為東京留守，顯然又想逃了。朝臣們又到福寧殿議事，李綱先聲奪人，列舉唐明皇南逃川中的歷史教訓，說：「出狩無異於龍脫於淵，前途莫測。」內侍王孝竭奏：「皇后、國公（即皇子趙諶）都走了，陛下怎可留於此地！」這下刺激了趙桓脆弱的神經，他從座位上跳下來，兩眼含淚，說：「你們不要再留了，我將親往陝西，起兵以復都城，決不可留此！」李綱見狀，哭拜於地，以死相邀。正巧皇叔燕王趙似、越王趙偲來到，說應當固守。在幾個人的勸諫下，趙桓總算定下神來，寫了「可回」二字，派人追回皇后、國公，轉身一臉茫然地對李綱說：「朕今天被你留下，治兵禦寇，一切都是你的責任，不得有任何疏忽！」李綱再拜受命。

然而此決定又沒過夜。趙桓熬過了一天，到半夜也沒見皇后、皇子回來，又反悔了，傳天明後出走。第二天一早李綱上朝，見禁衛軍披甲列隊，皇帝的乘輿、服御置於院中，嬪妃們正準備上車。李綱大聲問士兵：「你們是願意死守京師，還是願意保駕出走？」將士們一致高呼：「願意死守！」李綱遂忙入見趙桓，說：「陛下已許臣留，為什麼又想走？六軍父母妻小都在都城，豈肯捨去？萬一半路散歸，陛下靠誰保住？再說金

兵已經逼近，得知皇帝還未走遠，必用快馬尾追，那時陛下怎辦？」此話擲地有聲，特別是後幾句，趙桓覺得在理，又打消了出走的想法。

次日，趙桓登上宣德門，宣諭六軍，表示要固守到底，任命李綱為親征行營使，全面負責京城防務。將士們群情振奮，拜伏門下，山呼萬歲。這時黃河北岸的金兵已近渡完，而京城的防務則只能從頭做起，李綱不辱使命，在每一面城牆上部署一萬兩千守兵，準備石炮、弓弩、石塊、檑木、火油等器械，另外組建前後左右中軍四萬人，前軍駐於東門外，守衛囤積四十餘萬石糧食的延豐倉，後軍駐守樊家岡，其餘軍隊留於城中待命策應。部署剛有個頭緒，金兵便兵臨城下了。

第二天金兵開始攻城，先攻西水門（宣澤門），被宋軍挫敗；次日又轉攻北封丘、酸棗諸門，李綱親臨指揮，將士們奮勇作戰，再次重創金兵，殲敵千人，金兵想一舉攻下汴京的企圖失敗了。按宋金雙方的實力講，宋軍並非弱旅，金兵只有六萬餘人，數量遠不及守城的宋兵，而且宋西北邊防軍和各地駐軍紛紛來援；金兵縱兵深入，又集兵於堅城之下，實際上是犯了兵家大忌。宋廷若君臣戮力同心、將士同仇敵愾，是完全可以打敗金兵的。但是，趙桓雖勉強留城堅守，但內心全然缺乏禦敵制勝的勇氣和信心，加上派去求和的使者李鄴回來渲染：「金人如虎，馬如龍，上山如猿，入水如獺，其勢如泰山，宋朝如累卵」，更加重了趙桓的膽怯。因此，他想不管用什麼辦法，只要能把金人打發走、保住自己的皇位就行，於是，京城保衛戰一開始，他就遣鄭望之、高世則到金營求和，金人提出要割黃河為界、索犒勞軍隊的金帛、派一大臣前往議和。鄭、高二人回來報告，趙桓看着眾臣，誰也不吭聲，李綱自告奮勇，但趙桓未准，最後派樞密副使李梲奉使。李綱下來問為何不派己去，趙桓說：「卿性格剛直，不可以往。」他怕李綱耿直冒犯金人，影響議和。李綱說：「敵人氣勢銳利，我大兵未集，固然不得不和，但議和若策略得當，則局勢遂安，否則禍患未已。宗社安危在此一舉。李梲柔懦，恐怕要誤國事。」又說：「敵人貪得無厭，又有郭藥師等狡獪之徒為之謀劃，必定會張大聲勢，過有邀求。倘若朝廷不為所動，措置合宜，他們定會收斂而退，而如果朝廷震懼，有求必應，他們必定會得寸進尺，更加猖狂，憂慮是

沒有頭的。」趙桓不置可否。李梲退下，趙桓授權李梲可增加歲幣三五萬兩，犒軍金銀三五百萬兩，另送一萬兩及酒果等賄賂斡離不。

哪知李梲到金營後斡離不又提出了更為苛刻的條件，說議和必須拿出金五百萬兩、銀五千萬兩、絹綵各一千萬匹、馬駝騾驢各以萬計；尊金主為伯父；凡燕雲人在漢者全部歸還；割太原、中山、河間三鎮；以親王、宰相作人質等。金人的胃口實在太大了，所要金帛即使竭宋天下之財也難以湊足，三鎮乃宋立國之屏障，宋的祖墳也在此地。但趙桓為求苟安，竟全部答應下來，下令搜尋京都的所有金銀，上自宗廟宮禁之物，下至倡優百姓私財，可僅搜到金二十萬兩、銀四百萬兩，這時民間積蓄已空，康王趙構和少宰張邦昌作為人質被送往金營。

正當趙桓為湊不足金帛而大傷腦筋之時，種師道、姚平仲率涇原、秦鳳路邊防軍開到了京城，各路勤王兵也逐漸集結而來。這下使趙桓恢復了一點信心，但他並未很好地利用和抓住機會。按理說各路兵馬應該統一指揮，以提高戰鬥力，李綱提出兵馬讓他節制，但趙桓怕其權力過大而形成尾大不掉，沒有答應。另立宣撫使司，讓種師道任宣撫使，姚平仲任都統制，指揮勤王兵，還將原駐於城外的前後兩軍撥歸宣撫使司統轄，李綱所指揮的親征行營使司只能管左右中三軍，兩司之間相互掣肘，軍隊的戰鬥力大為削弱。

宣撫司內部的意見也不統一，種師道老成持重，主張以逸待勞，過春分再用兵；姚平仲勇而無謀，主張速戰速決。優柔寡斷的趙桓居然支持速戰，可能是他太希望趕快驅走金兵了，密遣姚平仲二月初一襲擊牟駝岡金兵大營。既然是偷襲，軍機絕不可洩露，但趙桓戰前竟請術士擇日，結果鬧得滿城風雨；為造聲勢，在開寶寺前豎起大旗，上書「御前報捷」，無異於給金兵通風報信。屆時姚平仲、楊可勝率兵萬人襲入金營，金兵早有準備，二寨皆空，行至第三寨，金兵伏起，楊可勝被俘殺，姚平仲拚力衝出，懼罪不敢回城，隻身逃命去了。

偷襲失敗令趙桓大驚失色，主和派白時中、李邦彥乘機造謠說西北勤王

兵被敵全殲，趙桓趕緊罷了李綱、種師道的軍權，把劫營的責任推到了二人身上。趙桓甚覺後悔，一股勁兒地嘟囔：「已錯了，已錯了。」他覺得留守京城錯了，未堅持和議、貿然用兵也錯了，他只能寄希望於金人的寬容，於是趕緊遣使向金人表白劫營非朝廷之意，要嚴懲當事人，並帶去國書和割地詔書。

此時京城人得知李綱、種師道被革職，群情激奮，以陳東為首的太學生數百人到宣德門下伏闕上書，指斥白時中、李邦彥、張邦昌等人，要求抗戰禦敵，恢復李、種的官職；京都的民眾也加入進來，街頭巷尾，喊聲震天。趙桓怕引發眾怒，宣佈接受民願，激憤的民眾打死了多名宦官，直至李綱、種師道出來見過眾人，民眾才歡呼散去。

李綱、種師道恢復了官職，宣佈殺敵者受重賞，抗金形勢重又高漲。金兵見宋軍民同仇敵愾，勤王兵日益增多，感到局勢不妙，生怕後路被截，不等金帛數足，取了割讓三鎮的詔書，以肅王趙樞替代了康王趙構，於二月初八退兵。金兵撤退時，種師道提出乘其渡黃河時發動攻擊，李綱請求派大軍「護送」，找機會對其襲擊，均遭到趙恒和朝臣的拒絕。趙桓派使者監督各軍，不許對金動武，致使金兵安然滿載而歸。

一味妥協
自吞苦果

金兵臨城下的危機暫時解除，朝廷內部的矛盾便又凸顯，朝臣們熱衷於勾心鬥角、相互攻訐、追逐名利，而趙恒怯懦膽小、優柔寡斷、輕重不分、掣肘忠良。當時流傳有「十不管」民謠，即不管太原，卻管太學；不管防秋，卻管《春秋》；不管炮石，卻管安石；不管肅王，卻管舒王；不管燕山，卻管轟山；不管東京，卻管蔡京；不管河北地界，卻管舉人免解；不管河東，卻管陳東；不管二太子（即斡離不），卻管立太子。

正當趙桓陷於朝政的爭鬥，金兵的軍事行動仍在繼續。粘罕所率的西路

軍圍攻太原，聽說斡離不與宋議和，發了大財，甚為眼紅，也派人前來索要。這時趙桓認為金兵已經退走，勤王兵又雲集而來，扣留金使，不予理睬。粘罕大怒，分兵南下，到達高平（今山西高平），宋舉朝震懼。趙桓原以為議和後便沒有了戰事，不再做防禦等方面的準備，此次金兵南下，又急忙重新啟用種師道（此前以年老為由解除了兵權）為河北宣撫使，駐守滑縣；姚古為制置使，總兵援太原；種師道的弟弟種師中為制置副使，援中山、河間；罷免了李邦彥、李梲等主和派官員，任命主戰派人士徐處仁為太宰、御史中丞許翰知樞密院，擺出一副堅決抗戰的姿態。

不久，粘罕退回太原，姚古收復隆德府（山西長治），種師中進入河北，圍攻中山、河間的金軍退走，形勢有所好轉。小勝使趙桓又有些忘乎所以，在無所準備的情況下，竟盲目詔命種師中西進，與姚古共解太原之圍，結果遭到金兵的重擊，種師中戰死，姚古潰敗，退保隆德。

軍事上再遇失利，耿南仲等主和派又抬頭了，重提割讓三鎮，乞求和平，遭到李綱的反對。這時種師道正以老病告退，耿南仲藉機提出讓李綱代替種老為宣撫使，實際是將其排擠出朝廷，趙桓支持。因為他打心眼兒裡並不喜歡李綱，覺得他剛愎自用、任性使氣、桀驁難治，當初用其是迫不得已。李綱拜辭：「臣本書生，實不知兵，圍城時不得已為陛下料理軍事。今任大帥，恐誤國事。」諫官陳過庭、余應求等人進言說李綱不應離開朝廷，趙桓非但不聽，還貶謫了這幾名諫官。李綱到任後得不到軍餉，權力逐漸被剝奪，最後竟以「專主戰議，喪師廢財」的罪名逐至揚州。

當年徽宗曾想借助金人擊敗遼國，結果「引狼入室」；如今趙桓居然也想借助外力，聯合遼國的殘部勢力消弱或消滅金國。早先宋因派肅王去金做人質，扣留下了粘罕派來的使臣蕭仲恭。蕭的副職趙倫為使蕭能夠回朝，欺騙宋說：「金國有個耶律余睹，管轄着許多契丹兵，不和金人一心，總想歸順宋朝，可以聯合他幹掉粘罕和斡離不。」趙桓信以為真，馬上修書一封，用蠟丸密封，讓趙倫帶給耶律余睹，還賜給趙好多財物。

不料趙一回到金朝馬上將書信交給了斡離不，斡離不又將此事稟報金太宗。另外，有人說西遼梁王雅裡在西夏以北，想聯宋抗金，趙桓寫信給雅裡商議共舉，結果信被金兵截獲。對此，金太宗震怒，於靖康元年（1126 年）八月再遣粘罕、斡離不大舉南進。

粘罕首先加緊對太原的圍攻。太原自頭年底被圍以來，守城軍民在王稟的率領下英勇抗擊，打退了金兵一次又一次的進攻，然而外無救援，內無糧草，將士們吃光了牲畜又煮弓弩皮甲，百姓食糟糠、樹皮、草葉充飢，後來竟發展到人食人。九月初三，堅守二百五十天的太原城終於失陷，王稟率餒兵巷戰，最後投汾水而死，知府張孝純被俘投降。斡離不率東路金軍圍攻真定，城內宋軍不足兩千，面對強敵，知府李邈、兵馬都鈐轄劉翊指揮應戰，堅持了四十多天，李邈被俘不屈被殺，劉翊自縊而死。兩城被圍期間，始終沒有得到朝廷的救援，特別是真定被圍，李邈曾先後三十四次派人向朝廷求救，都沒有得到回音。

前方將士在流血，朝廷卻在搞清洗。主戰派相繼被排擠出朝廷，李綱、種師道分別被派往別地，徐處仁、許翰先後罷職，剩下的耿南仲、唐恪、何栗等都是清一色的主和派。結果金人大軍南下，遇到的不是宋朝抵禦的兵馬，而是絡繹不絕求和的使臣，趙桓幾乎金人提出什麼條件就答應什麼。種師道見局勢危急，上表請求趙桓到長安避敵鋒銳，趙桓認為他小題大做，以議事為名將其召回，種師道老病交加，一路見宋軍毫無戒備，急火攻心，剛到汴京就病逝。駐紮在各地的宋軍聽到都城空虛，提出統兵來援，耿南仲等人怕聚兵京師會激怒金人，影響議和，命其不可輕舉妄動。

金人一面與宋講和，一面繼續攻城奪地，並逐步提高議和的條件。十月底，宋派去的使者、刑部尚書王雲傳回話，說金人已同意講和，不再提割三鎮的事，只索要五輅、冠冕及上尊號等事，派康王趙構前去即可議和。趙桓大喜，忙命按照金人提出的條件準備，誰想趙構還沒來得及出發，金兵就越過了汾州（今山西汾陽），攻陷威盛軍（今山西沁縣）、隆德府、澤州（今山西晉城）。這時，王雲從金營回來，說議和之事發

生了變化，金必欲得三鎮，否則將進取汴都。趙桓沒想到金人如此得寸進尺，但沒想着怎麼組織兵馬抵抗，而是命百官討論三鎮到底割還是不割。眾官莫衷一是，吵做一團，三十多人主張不割，七十多人主張割棄。

正當宋臣為是否割讓三鎮爭論，金兵迅速南下，沿途沒受到任何抵抗。十月十二日晚，粘罕大軍到達黃河北岸，此時宋宣撫副使折彥質領兵十二萬駐於南岸，僉書樞密院事李回領兵萬人也來到岸邊，兵勢並不弱。但金兵在夜色中擂響戰鼓，嚇得宋軍四處逃散，金兵輕鬆渡河，河陽知府燕瑛、西京留守王襄棄城逃跑。永安軍和鄭州皆淪陷。

汴京又再戒嚴，趙桓更是魂飛魄散，但他仍幻想着議和能得以保全，按照王雲的提議派趙構去斡離不營求和，許割三鎮，奉袞冕、車輅，尊金主為「皇伯」，上皇帝尊號等。但王雲、趙構剛出城，金使便到汴京，說金已佔洛陽，不再請割三鎮，而要以黃河為界。來使氣勢洶洶，嚇得趙桓趕忙接受條件，遣耿南仲、聶昌分赴金營，許割黃河以北。但這也不行了，斡離不和粘罕部先後趕到，會師於汴京城下。

此時汴京城中只有兵士七萬人，趙桓忙派人命趙構為兵馬大元帥，迅速率兵入援，同時詔諸路勤王兵速來救駕，但為時已晚。多數使者被金兵截獲，只有南道都總管張叔夜率三萬兵馬轉戰到來，京城總算有了一支援軍。這時唐恪給趙桓出餿主意，說唐自天寶以後之所以屢失而復興，是因為天子在外，可以號召四方，陛下應西幸洛陽，以圖光復。趙桓想這麼做，但開封尹何㮚入見，引蘇軾「周朝之失計，莫如東遷」之說進行勸阻，趙桓才打消了念頭，說：「朕今日當死守社稷，決不遠避了！」

從此，趙桓每日駕臨城牆，視察戰況。他大概意識到了城存與自保的關係，當時天氣已十分寒冷，大雪紛飛，他不顧皇帝的儀威，輕車簡從，有時還吃在城上，將御廚賜予將士，自己吃士卒的飯食。守城的兵民很受感動，奮勇殺敵，打退了金軍的多次進攻，但將士也傷亡慘重。但時間一久，城內給養日漸匱乏，糧價暴漲，連一隻老鼠都賣到數百錢，城

中的水藻、樹皮都被人吃光；宋軍戰鬥力驟減，二十多天過去，一個援兵的影子都沒見，加之天冷，凍死者不計其數，城中可用之兵只剩下三萬餘人。

此時，知樞密院事孫傅迷信，說有個叫郭京的神人，便在軍中尋找，還真找到了這個人，此人自稱精通李藥師之術，能撒豆成兵，生擒敵帥，趙桓竟信以為真，封其為成忠郎、武翌大夫，賜金帛。閏十一月二十五，郭京在孫傅等人的催促下出戰，讓眾將士退下城去不得偷看，打開宣化門讓「神兵」出攻，結果可想而知，「神兵」潰敗，墜入護城河中不計其數。郭京見此說要親自出城作法，結果逃之夭夭。金兵最終攻上城牆城池，汴京城各門相繼陷落。

金兵湧入的是外城，軍民憑藉內城與之對峙，開展巷戰，將派來的金使殺死。金兵使了個計策，假惺惺地宣佈要議和退兵，但要太上皇出郊議和。趙桓雖與徽宗有隙，但在危難之際讓父親身陷敵營，感到於心不忍，經過一番思想鬥爭，決定親自前往。三十日黎明，趙桓帶何㮚、孫傅、陳過庭等大臣，由三百名身着素服的衛士簇擁出南熏門往青城而去。

青城為宋朝皇帝舉行郊祀大典的齋宮，金軍的將營駐紮於此。趙桓到後粘罕、斡離不並不與之相見，理由是對降表不滿意，經過數次修改，才算「過關」。降表極盡卑微乞憐之態，言詞毫無尊嚴，丟盡了大宋朝的顏面，簽名使用金朝的年號，屬大宋皇帝臣趙桓上表。簽字畢，趙桓擺香案朝金國的方向叩拜，金人放其回城。

汴京百姓自趙桓去青城，每天都聚於泥雪之中等候，見趙桓歸來，夾道山呼，哭聲一片。趙桓一回來，金人馬上來索要金一千萬錠，銀二千萬錠，帛一千萬疋，趙桓下令在全城搜刮，實在沒辦法便令權貴、富室、商民出資，連鄭皇后娘家也未倖免；金人索要騾馬，他派人徵集了七千匹給金人送去，使得京城馬匹為之一空，官員都要徒步上朝；金人索要少女一千五百人，趙桓不敢怠慢，甚至讓自己的妃嬪抵數，少女不堪受辱，投河者甚眾。可儘管這樣，金帛遠不足數，金人揚言要入城洗劫，並要求趙桓再赴金營商議，趙桓知道此行凶多吉少，但又不得不從。

趙桓
宋欽宗

靖康二年（1127年）元月十日，趙桓帶何㮚、李若水上路，百姓聞知數萬人相攔，哭喊着說：「陛下不可出！」趙桓也感到有生離死別的味道，流下了眼淚。趙桓到青城後遂被扣為人質，被安置到齋宮西廂房的三間小屋內，小屋又髒又破，除桌椅外，只有一盤土炕，兩領毛氈。屋外有金兵嚴密把守，完全失去了行動自由。當時正值嚴冬臘月，雨雪連綿，趙桓白天只能吃到極少的飯食，晚上則要忍受刺骨的寒風。

金人聲稱金帛數一日不齊便一日不放還趙桓。宋廷聞訊，加緊搜刮，官吏闖入民宅，如捕叛逆；百姓五家為保，互相監督，如有隱匿，即可告發，就連福田院的貧民、僧道、工伎、倡優等也在搜刮之列。二月六日，金人宣佈將趙桓廢為庶人；七日，徽宗等人被迫來到金營。金人命二人脫去龍袍，隨行的李若水抱着趙桓不依，大罵金人為狗輩。金人惱羞成怒，用刀劈裂其喉管，割斷其舌頭，李至死方才絕聲。金人議論：「遼國滅亡時，死義者有十多人，南朝則只有李侍郎一人。」三月七日，金人扶立張邦昌為傀儡皇帝，國號「大楚」。

四月一日，金軍開始分兩路撤退，一路由斡離不監押太上皇趙佶、鄭皇后及親王、皇孫、駙馬、公主、妃嬪等沿滑州北去；另一路由粘罕監押趙桓、朱皇后、太子、宗室及孫傅、張叔夜、秦檜等官員沿鄭州北行。金人此行帶走了大量掠奪到的金銀財寶、儀仗禮器、古董文物、圖書典籍以及宮人、內侍、倡優、工匠、男女百姓等達十萬人，北宋王朝二百年的府庫蓄積為之一空。

趙桓到金國後，被封為「重昏侯」，意為與被金人封為「昏德公」的趙佶加在一起是一昏再昏。他在金國被輾轉羈押過幾個地方，紹興二十六年（1156年）六月，死在了五國城（一說是死在了燕京）。其死因據說是金國皇帝完顏亮命其與同樣國滅被俘的遼天祚帝耶律延禧比賽馬球，耶律延禧善於騎術，企圖縱馬衝出重圍逃命，結果被亂箭射死；趙桓則因身體羸弱，患有嚴重的風疾，又不善馬術，從馬上摔下，被馬踐踏而死，終年五十七歲。其死訊直至紹興三十一年（1161年）才傳至南宋，其弟高宗趙構為其上諡號「恭文順德仁孝皇帝」，廟號欽宗，後葬於永獻陵（今河南省鞏縣）。

南宋

1127—1279

苟且偷安的趙構

1127-1162

趙構在歷史上名聲欠佳，總跟「苟且偷安」、「賣國求榮」等評價聯繫在一起。其父徽宗、兄欽宗誤國，被金人擄去，北宋滅亡，他在凶險動盪的情勢下稱帝，開領了南宋王朝。即位後屈辱求和，尊嚴喪盡，不念親故，殘害忠良，為後人所詬病。

宋高宗趙構像

天資聰穎
文武雙全

徽宗大觀元年（1107年）五月，汴京城皇宮內一派喜慶氣氛，人們奔走相告，徽宗得了第九個皇子。孩子的母親是韋賢妃。百天之後，賜兒子名構，授節度使，檢校太尉，封蜀公；次年又進封廣平郡王，宣和三年（1121年）再封康王。

趙構生母韋氏賢妃的名號實際上是到趙構十九歲時才授封的。徽宗風流倜儻，粉黛如雲，大、小劉妃艷壓群芳，鄭、喬貴妃多才多藝，而韋氏出身宮女，地位卑微，姿色一般，又無何才藝，所以不得徽宗寵愛。她臨幸受孕純屬僥倖，韋氏跟喬貴妃關係很好，兩人當年同做宮女，約定「先貴毋相忘」，即誰先發達別忘了提攜對方。喬氏很快受寵，便找機會推舉韋氏，韋氏也才有了機會，生下了趙構。但誕育皇子並未提升韋氏的地位，依然不受寵，與小趙構相依為命，過着孤寂清冷的日子。

有兩件事在趙構的心中留下了深刻的記憶：母親喜花，在她們居住的庭院中種着許多花草。每當夕陽西下，母親總是站在庭院中侍弄園圃，但仔細觀察，母親的目光並非在花上，而是朝着宮牆的方向，神情中帶着幾分憂傷和期盼。稍懂事的趙構明白，母親是在等待父皇，可始終沒有等來。

趙構六歲那年，母親過生日，因為不受寵，包括韋氏在內，都沒想到要慶賀一番。誰承想徽宗突然駕臨，對韋氏說：「韋娘子，你不認得朕了嗎？」韋氏受寵若驚，趕緊命人準備酒宴。小趙構異常興奮，慶幸母親賞花終於有了「結果」。可令人意想不到，在酒席擺上之後，父皇隨口說出要不是喬娘子提醒，真記不起你的生日，母子倆相顧無言。酒宴吃到一半，有宮人來報，說王貴妃臨產，徽宗一聽起身便要走，小趙構上前抓住父皇的龍袍，說今天是母親的生日，父皇難道就不能多陪母親呆一會兒嗎？徽宗已經跨出門檻，他摸了摸趙構的頭，說我去去就來，你們娘倆兒等我。那天徽宗再沒有回來。

宋高宗 趙構

趙構從小在這樣一種環境中長大，不是孤兒寡母卻似孤兒寡母，得不到父皇及各方面的關愛，作為皇子，並沒享有多少優越和幸福。而父皇對她們母子態度冷漠，使他對父親及其他兄弟的感情比較疏遠，這或許也是他日後不迎回「二聖」的原因之一。

趙構很聰明，文武兼修，常人有句話：「自古雄才多磨難，紈絝子弟少偉男。」趙構雖非公認意義上的雄才，但他年少英武，成就基業，也絕非等閒。生活境況不佳反而促使自勵。《宋史》載：趙構「資性朗悟，博學強記，讀書日誦千餘言，挽弓至一石五斗。」不僅學文，而且也習武，能拉開一石五斗的強弓，這是宋朝選拔禁衛軍軍官的最高標準。他生長在宮牆之內，調教於婦人之手，能如此修身，真屬不易；趙構的書法也寫得頗具功力，尤其擅長行書，後世流傳有不少他的作品。他是個很有志向、做事很努力的人，習武練字反映出了他的性格，其日後能承以重任也不是沒有道理。

靖康元年（1126 年），金軍南侵，兵臨汴京城下，徽宗望風而逃，將皇位禪讓給欽宗，即趙構之長兄。欽宗與金議和，達成賠付金帛、牲畜，尊金帝為伯父，割讓中山、太原、河間三鎮，遣宰相、親王作為人質的條件。財物可以搜羅，可人質讓誰去呢？這是個性命攸關的「差事」。宰相可讓少宰張邦昌奉使，親王呢？徽宗有三十餘個子嗣，可只剩下康王趙構和肅王趙樞兩人。欽宗旋即召見趙構，說明用意，趙構竟欣然答應，這年他只有十九歲。欽宗很高興，也頗受感動，說金乃虎狼之國，不講信義，不像遼國久沾王化，此去時事難料，弟兄你要好好考慮。趙構說，我身為皇族，國家有難，理當挺身而出，為江山社稷何惜一死？欽宗遂授趙構軍前計議使。

第二天欽宗帶着文武百官給趙構送行，趙構臨別對欽宗講：「朝廷若有用兵之機，勿以一親王為念。」意思說假如對金有好的戰機，不用考慮我，說罷與張邦昌乘一隻木筏，渡河而去。一路上張邦昌心驚膽戰，痛哭流涕，趙構不屑：「男子漢大丈夫報國理所當然，我年紀輕輕都不怕，你那麼大歲數還怕什麼？」

趙構在金營呆了十多天，每天看書習武，旁若無事。史書載：「金帥斡離不留之軍中旬日，帝意氣閒暇。」

當趙構在金營做人質的時候，宋各路勤王兵馬雲集京師。上文說過，姚平仲率軍夜襲金營。但在戰前走露了風聲，金軍有所準備，宋軍大敗，幾乎全軍覆沒，姚平仲不知所終。斡離不對此十分氣惱，質問趙構和張邦昌，張邦昌嚇得大哭，趙構則是一副很鎮靜的樣子，斡離不愈發懷疑，覺得宋在騙他，趙構肯定不是王爺。於是遣使去宋，對使臣說：「我看此人不像宋廷親王，恐怕是哪家將門子弟冒充而來。你去責問宋欽宗為何遣兵劫寨，是否誠心議和；如果真心議和，則另派一名親王前為人質，不得假冒。」肅王來到金營，答應割讓三鎮的要求，與張邦昌一起留作人質，而康王趙構則被放回。

金人釋放趙構後，覺得基本上達到了目的，滿載着掠到的金帛退兵北去。欽宗很高興，認為趙構此行勞苦功高，封為太傅。欽宗不知聽了誰的話，心血來潮，想聯合被金啟用的遼國舊臣共同抗金，結果被金人獲知，金軍再次揮軍南下，粘罕和斡離不兵分兩路出師問罪，相繼攻克太原、真定、中山，直抵汴京城下。欽宗無奈只得再向金人求和，這次金人提出了更為苛刻的條件，同時他們也知道了趙構的確實身份，專門提出要他到金營作人質。

欽宗只得又召見趙構，再派他出使。趙構心有不快，可君命難違。靖康元年（1126 年）十一月十六日清早，趙構與耿延禧、高世則、王雲等人迎着料峭的寒風上路了，一個個心情忐忑，相顧無言。

歷經動盪
登基加冕

趙構出使可謂凶多吉少、前途未卜，可誰又能想到正是伴隨着這次凶險

和動盪，他的人生軌跡發生了驚天大逆轉，從一個任人擺弄的親王，一躍而成為了延續趙宋王朝的南宋開國君主。同時他的性格和處事態度也從此出現了巨大變化。

趙構一行沿途奔波，經浚（今河南浚縣）、滑（今河南滑縣）等州北上，原打算到真定找斡離不求和，可此時斡離不已驅兵南下，與粘罕會師汴京。十一月十九日，趙構到達相州（今河南安陽），知州汪伯彥說：「斡離不已於十四日由大名府（今邯鄲大名）魏縣渡河南下，追趕怕來不及了，請大王暫留此地，從長計議。再說，肅王在金營至今未返，大王此去恐怕也難以回來。」趙構感到自己肩負重命，不能就此不前，說：「我受命於國事危難之際，此次北上議和任務重大，不能半途而廢。」於是，第二天又向磁州（今邯鄲磁縣）進發。剛到磁州城外，迎候多時的守臣宗澤上前說道：「金朝要你去議和，這是騙人的把戲，他們已經兵臨城下了，求和還有什麼用，你此去豈不是自投羅網！」趙構仍感到難違聖諭，堅持要前往。此時周圍聚集了不少百姓，呼喊着不讓他去同金人媾和，當眾人得知其身後的是剛從金營歸來、唆使欽宗一味求和退讓的王雲時，認為這次王雲是要脅持康王到金營，於是群情激憤，一擁而上拳腳相加，竟將其活活打死，把攜帶的議和國書等物全部搶走。這下算把趙構逼上了「梁山」，在他左右為難之時，有兩名士卒持汪伯彥的密封蠟書求見，書中說：「大王離開相州當晚，金五百多鐵騎追索大王，火把相連二三里遠，大王要在此渡河，正好自投羅網。現斡離不已趨京師，議和已失去時機，不如勤駕返回相州，聚集軍隊，牽制金軍，以付二聖維城之望。」趙構讀後驚出一身冷汗，慶幸沒有白白去送死，經過一番思量，決定返回相州。他讓耿延禧給欽宗寫一奏摺，說：「臣等奉使到磁州，民亂誤殺王雲，又聽說金騎早已南渡，追趕已來不及，所以暫時返回相州，等待聖裁。」這段歷史對於趙構非常重要，它不僅解釋了他有違聖命、未赴金營、留於相州的原因，同時也為他日後稱帝做出了某種鋪墊。

沒過幾日，耿南仲到相州求見趙構，說京城危在旦夕，欽宗詔命盡起河北諸郡兵馬入援。趙構得此聖旨，與耿南仲聯名張榜招兵買馬，組成勤

王軍。數日後，欽宗來詔：封趙構為河北兵馬大元帥，陳亨伯為兵馬元帥，宗澤和汪伯彥為兵馬副元帥，命其同心協力，勤王救援。為防萬一，這封詔書藏在使者的頭髮裡，當使者從頭髮中取出詔書時，趙構深受感動，不禁熱淚盈眶，在場的人也為之動容。此後的兩天時間裡，趙構接連收到七封詔書，全為京師危急，命其火速救援。

十二月一日，趙構在相州建立了大元帥府，糾集了樞密院官劉浩在相州招募的義士、信德府（今河北邢台）的勤王兵、大名府派去太原的援兵和從太原、真定、遼州（今山西昔陽）來的潰兵，共一萬餘人，分為五軍。十四日，趙構領五路兵馬出發，駐軍大名府（今山西邯鄲東），宗澤、梁揚祖等也率兵來會。

金兵自閏十一月二十六日攻入汴京外城後，北宋王朝已面臨瓦解。斡離不為徹底剿滅趙氏宗室，在「和談」中專門要求欽宗立刻召回趙構。一日，使臣曹輔帶來詔書：「金兵攻城未下，正在談判議和。康王和諸帥屯兵原地，不要妄動，以免不測。」此時幾名將帥意見不一，汪伯彥、耿南仲堅持議和，主張移師東平（今山東東平）；宗澤則主張南下澶州（今河南濮縣），以此為基地，逐漸解京城之圍。這時趙構不敢再冒風險，乾脆折中處理，一邊命宗澤率萬人進軍澶淵駐紮，並對外稱大元帥就在軍中，一邊自己則和汪伯彥等人向東平而去。

宗澤在開赴澶淵途中，與金軍交戰十三次，均獲勝。而趙構在東平駐紮月餘，絲毫沒有救援京師的意思。不久，趙構又遷到濟州（今山東巨野）。這時，大元帥府所屬的官軍及各地聚集起來的軍隊已達八萬多人，號稱百萬，駐守在濟、濮（今河南濮陽）各州府，但趙構不下命令，勤王軍只能按兵不動，眼睜睜地看着金軍攻入京城。

粘罕和斡離不見京城軍民已失去抵抗能力，各地的勤王軍又不敢前來，於是把徽宗、欽宗先後拘禁，金王下詔將其廢為庶人，立張邦昌為偽楚皇帝。四月一日，金人押解着二帝、宗室成員及大批金銀、禮器、典冊、珍寶、圖書等分兩路向北而去，留下了洗劫一空的汴京。

趙構
宋高宗

北宋滅亡，金兵退去。被金人立為「皇帝」的張邦昌膽小怕事，如坐針氈，知道趙構擁兵在外，便將元祐皇后、即哲宗的孟皇后迎入延福宮，尊為宋太后，派人將「大宋受命之寶」玉璽送予趙構；接着又讓元祐皇后垂簾聽政，派馮澥、謝克家及趙構的舅父韋淵為迎奉使，帶着太后的手書到濟州勸趙構稱帝，以繼大統。

面對勸進，趙構心情複雜，做皇帝是皇子們的最高追求，是過去連想也不敢想的事情。但「二聖」被擄，國都遭劫，自己流亡異地，這皇帝該怎麼做？真是個莫大的難題。趙構慟哭一陣之後，派人回京都置辦即位的物品，為登基做準備。在宗澤等人的力主下，趙構移師應天府（宋朝的南京，今河南商丘南），五月一日，在應天府的天治門登壇受命即位，改元建炎，大赦天下。大禮畢，趙構遙望北方，放聲痛哭，思念被擄的父兄母妻。同日，元祐皇后在東京汴梁宣佈撤簾歸政，寫來賀信：「宗廟得以保全，全靠你了！」從此，宋朝步入南宋時代。

趙構稱帝，黃潛善、汪伯彥自詡擁立新帝有功，想做宰相，但趙構覺得必須啟用一個能孚眾望、有才幹的人，以使新建立的朝廷獲得廣大軍民的信任。他想到了賦閒在家的李綱，任命其為尚書右僕射兼中書侍郎、黃潛善為中書侍郎、汪伯彥為同知樞密院事，封張邦昌為太保、奉國軍節度使、同安郡王。六月，李綱到任，見到趙構，涕淚橫流，說：「金人恨我，還是不要讓我做宰相吧。」趙構說：「我很早就知道你的忠義和膽略，要想使金人畏服，保四方平安，非你做宰相不可，請不要推辭！」李綱深受感動，對趙構說：「張邦昌雖為朝廷大臣，但不能臨難死節，反而投靠金人，易姓改號，應當處斬，以戒後世。凡在國家危難關頭屈膝投降接受偽官的，都應一律治罪，不能輕饒。」趙構覺得有理，但憚於金人，並沒有表態。李綱繼續說：「張邦昌既為僭逆，豈可留於朝廷，讓人們稱他為故天子嗎？我決不能與奸臣同列，如果陛下一定要用他，就請先罷了我的官吧！」趙構左右為難，迫於壓力，他下詔：「張邦昌僭逆，理應被斬；但觀其初衷，也是處於不得已。因此特予寬大處理，降職為昭化軍節度副使，潭州（今湖南長沙）安置。」不久，趙構因查出張邦昌僭居內廷時以宮人侍寢，又聽說金人以廢張邦昌為藉口稱

兵南下，很氣憤，下詔將其賜死。張邦昌是被金人強逼着做皇帝的，內心發虛，在皇位上強撐了數天後便脫下了龍袍，搬出正殿住到偏室，自不稱朕，也不讓人稱他陛下。他總共只當了三十二天「皇帝」，最後竟搭上了性命。後世有人評價他卑躬但不賣國，自行放棄偽職而使宋朝得以延續，這麼評價不一定對，但起碼他還有自知之明。

金兵雖撤出了汴京，但仍控制着河東、河北兩路的太原、河中（今山西永濟）、真定、磁州、相州、河間等地。北方軍民不甘受辱，自動組織義軍反抗，多者數萬，少者幾千；李綱為相後，派馬忠、張煥率萬餘軍馬襲擊河間金軍獲勝。但小朝廷剛剛建立，軍事力量很有限，無法抗擊金軍的大規模進攻。李綱設河北招撫司和河東經略司，委派官吏，撥付銀款，招募義兵，以抗擊金軍。

這時就出現了與滅亡的北宋朝廷同樣的問題，對金是戰是和？

聞風喪膽
苟且偷安

俗話說「人活一口氣」，包括「骨氣」、「膽氣」、「豪氣」等等，如果氣沒了，人就會變得萎靡不振，謹小慎微，貪生怕死；要作為普通人還無所謂，至多算是性格上的弱點，而要作為皇帝，問題可就大了。趙構當上皇帝後氣量盡失，從一個血氣方剛的小伙子，變得心虛氣短，不知道是讓金人嚇的還是讓皇冠箍的，或者說二者兼而有之。

金兵撤離汴京後，趙構始終沒敢進城。並非對家園沒有感情，而是害怕落得像父兄那樣的下場。他派宗澤進駐收拾殘局，自己在應天府做起了皇上。應天府一無山川之險，二無高牆深池，以此來作都城顯然是不行的。那該在哪兒定都呢？朝臣們意見不一，汪伯彥、黃潛善主張放棄汴京，將都城遷至據有長江之險的建康（今江蘇南京），而李綱則認為汴

京乃趙宋宗廟社稷所在，天下之根本，絕不可輕言放棄，在當前京城殘破的情況下，可先選長安、鄧州、襄陽等地作臨時都城，待汴京修繕後再遷回。這實質上是戰、和之爭。其實趙構早有打算，在即位的第二天就派翁彥國知江寧府，賜錢十萬緡，讓其修建景靈宮。過了兩個月，又提出要巡幸東南，親自書寫詔書說，京師開封不可能前往，應該出巡東南。李綱對此深為不滿，對趙構說：「自古中興的帝王都起於西北，立足中原，控制東南。如果陛下堅持巡幸東南，會使中原的抗金將士大失所望，今後要收復北方故土可就難了。」趙構並不理會，執意要去揚州，並安排沿途修建行宮。

時間一長，趙構對李綱堅執抗金的態度感到愈來愈厭煩，黃潛善欲爭相位，趙構也暗地裡支持。鑒於此，李綱無奈提出了辭職，趙構順水推舟，貶其為觀文殿大學士，此時老李為相僅七十七天，此前所做的經營剛有頭緒，李剛罷相後前功盡棄，河北招撫司和河東經略司也隨之被廢。

李綱被罷相的消息傳開，太學士陳東、布衣歐陽澈上書，極言李綱忠勇，不該被貶；汪、黃平庸無能，不可重用；懇請趙構親率兵馬討伐金賊，救還二帝。汪、黃對這二人恨之入骨，向趙構奏稱應嚴辦陳東二人，趙構令核罪照書，黃潛善即命開封府將二人斬首，眾人聞此飲泣揮淚，感歎收復北方無望了。

趙構一意南逃，為堵住臣僚的嘴，竟下詔：「如有敢非議並阻止巡幸者，要迅速報告朝廷，知而緩報者，治罪；知而不報者，斬首！」

宋越是示弱，金就越是逞強。金軍決定再次用兵。趙構聞訊趕緊乘船離開應天府，經泗州、寶應向南逃去。京師軍民聽此傷心欲絕。建炎元年（1127年）底，金軍由粘罕、宗輔、兀朮率領，分多路大舉南下，趙構於次年春逃到了揚州。此時朝中全為主和派當權，全然不顧金軍逼近及百姓的安危，竟然享受起奢靡、浮華的生活。汪、黃受趙構寵信，橫行專權，肆無忌憚，將領張浚勸趙構做好臨戰準備，遭到二人恥笑。建炎三年（1129年），金軍前鋒攻下徐州，直驅淮東，隨之又克泗州（今

江蘇盱眙東北）。消息傳到揚州，汪、黃竟扣壓不報，使趙構渾然不知。直到實在隱瞞不過了，趙構得知後忙命劉正彥率兵保護皇子和六宮皇眷到杭州。劉光世在淮河一帶設防禦敵。但金兵未到劉光世的軍隊就自己潰散了，金軍長驅直入，直逼楚州（今江蘇淮安），守臣宋琳投降。粘罕隨之攻下天長軍（今江蘇天長縣），距揚州只有六七十里的路程。揚州市民爭相出逃，扶老攜幼，城門處踐死者不計其數。

二月初三凌晨，天長軍來報，說金軍即日將抵揚州。趙構慌忙換上鎧甲逃往鎮江，隨駕的只有王淵、張浚及軍卒數人。一口氣逃到瓜洲（今江蘇六合東南），慌亂中找到一條船，忙跳了上去，奔鎮江府駛去。金軍當日抵達揚州城下，跨過揚子橋。此時天色已晚，趙構看到揚州城及岸邊火光沖天，不禁暗自慶幸。趙構出逃時狼狽不堪，朝廷的禮儀器物沒人收拾，負責保管先祖神位的太常太卿季陵因跑得慌亂，竟將太祖的牌位丟失了。

有金兵尾隨，趙構不敢在鎮江府久留，命朱勝非駐守鎮江，劉光世控扼江邊，楊惟忠駐守江寧府（今江蘇南京），自己帶一行人馬向臨安（今浙江杭州）逃去。金人焚掠揚州後離開，趙構的小朝廷才得以在臨安暫時安頓下來。

此時朝廷上演了一齣「苗劉之亂」的鬧劇。趙構迫於壓力罷免了汪、黃二人，任用朱勝非、王淵為相。王淵性情暴躁，庸碌無為，護駕趙構南逃本來有失，但卻升為要職，引發朝野的議論。苗傅、劉正彥身為世將，認為王淵勾結宦官行事，極為不滿。一日，二人率親信埋伏於路邊，將上朝的王淵斬首，傭兵入城，捕殺了一百多內侍，直逼行宮。二人對趙構提出要求，一要殺掉其心腹宦官康履，二要趙構退位。苗、劉殺氣騰騰，態度兇悍，趙構「光棍不吃眼前虧」，當場將康履斬首，並寫下詔書，禪位給三歲的兒子趙旉，請太后訓政。次日，趙旉即位，尊趙構為睿聖仁孝皇帝，出居顯寧寺，改元明受，頒詔大赦，加苗傅為武當軍節度使，劉正彥為武成軍節度使。苗、劉只是兩個魯莽之徒，缺乏政治鬥爭的目標和能力，結果很快被張浚、呂頤浩、韓世忠等人所率的軍隊擊敗，二

人被殺，趙構復位，鬧劇結束。

趙構身居臨安，絲毫沒有收復北方故土的意思，相反，倒接二連三向金國皇帝和粘罕求和，言詞卑下，簡直就是哀求，說：「自古以來，每當國家面臨危機，不是守就是逃，可我現在守則無人，奔則無地，所以只求閣下可憐我。我願削去舊號，使天地之間盡為大金國的地盤，這樣也可免去閣下勞師遠涉，大動干戈了。」趙構本想以此換取金人的憐憫，結果反倒更激發金人的貪婪，其調動兵馬，由金主四太子兀朮統領，再次舉兵南下，準備捉拿趙構，滅掉宋室。

建炎三年（1129年）十月，金兵一路自滁州（今安徽滁縣）、和州（今安徽和縣）攻入江東；另一路自蘄州（今湖北蘄州）、黃州攻入江西，大片土地淪於金人的鐵騎之下，沿途各軍州守將非降即逃，金軍逼近臨安。面對來勢洶洶的金軍，趙構想到的只有一個字：逃。這回趙構逃得更徹底，知道在陸地上無論逃到哪兒金軍都能追到，金軍的鐵蹄遠要比宗室攜器載物、拖家帶口的行動快得多。建炎四年正月初一，他接受了呂頤浩的建議，決定到海上一避。金人不悉水性，航海是他們的弱點，趙構帶隨從逃亡到越州（今浙江紹興），募集到二十餘條海船，與宗室及隨從分乘其上，開始了海上漂泊的生涯。這一漂泊就是好幾十天，曾幾次試圖上岸，都被金軍聞訊趕到，但都撲了空。金人畢竟不服南方水土，兵士和馬匹普遍出現不適，兀朮決定撤軍。趙構這才從溫州（今浙江溫州）登陸，先到越州，升其為紹興府，作為小朝廷的臨時駐地；紹興二年（1132年），趙構及其小朝廷又回到了臨安。

這裡需要說一下，以趙構為首的小朝廷在江南幾乎聞風而逃，但中原軍卻是義軍遍地，他們給金軍以沉重的打擊。此外，江南一帶將領也並非全是廢物，徐州守將趙立奉詔率軍三萬勤王，轉戰數十里，至楚州（今江蘇淮安）與金軍相遇，鏖戰中趙立的雙頰被敵箭射穿，仍堅持戰鬥，口不能說，就用手勢指揮作戰；金兵撤退時，韓世忠在鎮江進行阻擊，將士們英勇殺敵，在金山（今江蘇鎮江西北）龍王廟一帶，兀朮在交戰中跌落馬下，險些被俘；最令人鼓舞的是岳飛，在廣德（今安徽廣德）

與金軍作戰連戰連捷，生擒金將王權；接著，又在常州戰役中四戰四捷，把金軍打得落花流水、狼狽逃竄。

岳飛是相州湯陰（今河南湯陰）人，被譽為抗金英雄；曾因上書指斥汪、黃誤國，建議趙構乘金人在北方立足未穩，率軍北渡，收復失地，結果以越職言事為名被革職；後因鎮壓江西農民造反而獲趙構褒獎；他一生力主抗金、精忠報國，精神和業績令世人敬佩；所率軍隊紀律嚴明，作戰勇猛，令金人膽寒，有「撼山易，撼岳家軍難」之說。紹興十年（1140年）五月，金兵又舉兵南下，河南、陝西諸州紛紛落入敵手。岳飛奉詔出師北上，先後攻下穎昌（今河南許昌東）、蔡州（今河南汝縣南）、洛陽等地，率五萬輕騎駐於郾城（今屬河南）；兀尤率精銳部隊來攻，岳飛擊破之，取得「郾城大捷」，前鋒攻抵朱仙鎮，離汴京僅四十五里；與此同時，韓世忠、張浚的部隊分別收復了漁州（江蘇東海縣東）、亳州（今安徽亳縣），忠義民兵也收復了不少城池，對金軍形成包圍之勢，切斷了金軍的歸路。

形勢的發展使趙構的思想產生了微妙變化，他主張抗金，但並非想收復北方故土，覺得那樣會激怒金人，招致更大規模的入侵；他只是想緩解一下小朝廷的處境，以免再遭受逃亡之苦；他怕金人兇悍，也怕抗金隊伍「直搗黃龍，迎回二聖」的口號，如果「二聖」歸來，他該如何辦？難道要歸位於兄？所以，委屈求和是他的基本態度，而實施其意圖的則是秦檜。

秦檜，江寧府（今江蘇南京）人，後人將他列為中國史上十大奸臣之一，甚至能稱為奸臣之首。靖康之變時他在朝中為官，因發表抗戰言論，反對金人立張邦昌為帝，被金人擄走。到金地後，很快投靠了金人。建炎四年（1130年），他自楚州（今江蘇淮安）撻懶軍中攜妻奴從海上至越州，進入朝廷，他說是歷盡艱難從金營中逃出來的，但到底怎麼回事兒誰也說不清楚。趙構聽說他從金營來，很想知道徽、欽二宗及與金議和的情況，馬上接見他。秦檜瞭解趙構的心理，一見面就說：「要是恢復大業告成，淵聖（即欽宗）必將南返，陛下將何以自處？」這句話點到

了趙構的軟肋，說罷他又將起草的《與撻懶求和書》獻上，說他跟撻懶做議事官，深得信任，若將此書送去，必能化干戈為玉帛，使天下太平。趙構很高興，對輔臣說：「秦檜忠僕過人，我得到他，高興得夜不能寐。」秦檜受到趙構的賞識。但他提出「南人歸南，北人歸北」，引得趙構的反感，因為宋室說來當然得算北人，加之左相呂頤浩等人乘機彈劾，所以僅一兩年後，趙構於紹興二年（1132 年）將秦檜免職，並揭榜於朝，示以永不復用。

秦檜被罷相後，趙構派去與金議和的使臣遭到撻懶的質問，撻懶甚至對來使說：「秦檜熟知我朝的情況，你們盡可以回去問他。」實際上這是在給趙構施加壓力。有人說秦檜是金派回來的奸細，絕非只是猜測。結果趙構又重新起用秦檜，紹興六年（1136 年）八月，任命秦檜為禮泉觀使兼侍讀，建康行宮留守，並參決尚書省和樞密院的議事活動。

建炎四年（1130 年），金人曾立劉豫為偽齊皇帝，定都大名（今屬河北邯鄲）。劉豫昏庸無能，無力攻宋及向金納貢，金於紹興七年（1137 年）將其廢掉。這時宋遣使王倫赴金，表示願代齊做金的臣屬國，金遂決定將劉豫管轄的地區及徽宗的棺槨、趙構的生母韋太后歸還予宋，宋向金納貢稱臣。此時金軍大權掌握在撻懶手中，趙構考慮到秦檜與撻懶的關係，將秦檜提升為尚書右僕射同平章事兼樞密使，可謂大權在握。

趙構對金提出的要求幾乎照單全付，議和結束，金使到宋冊封。金使趾高氣揚，要求趙構必須以臣服跪拜接受，趙構感到非常羞辱和難堪，朝野也強烈反對。這時秦檜想出點子，說趙構在服喪期間，不得行禮，跪拜可由宰相代替。結果秦檜代趙構跪拜接受了金的詔書。因為幫了趙構的大忙，秦檜愈發受到信任。

岳飛、韓世忠、張浚等人取得的抗金勝利令中原軍民歡欣鼓舞，但趙構、秦檜等人擔心議和受到影響，更害怕岳飛等人擁兵自重而威脅皇權，於是下令讓岳飛等人班師。此時宋軍攻城拔寨，勢頭正旺，岳飛等人無奈

退兵，收復的失地又再淪喪，朝廷詔令韓世忠、張浚、岳飛三員大將速回臨安，接著明升實降，剝奪了三人的兵權。

金廷發生內訌，相對溫和的撻懶被殺，兀朮當權，對議和條件更為苛刻。經過一段時間的周旋，宋金於紹興十一年（1141 年）正月最後達成和約：宋向金稱臣，「世世子孫，謹守臣節」；劃定東以淮河中流、西以大散關（陝西寶雞西南）為界；宋每年向金納貢銀、絹各二十五萬兩（疋），史稱「紹興和議」。秦檜還羅織「謀反」罪名殺害了岳飛及子岳雲、部將張憲。韓世忠問及岳飛死罪的證據，秦檜竟回答：「雖不明，其事件莫須有（也許有）。」一位精忠報國的英傑、驍勇無比的戰將就這樣冤死於奸佞之手，臨刑前他在獄中寫下了「天日昭昭！天日昭昭」八個大字。

「紹興和議」確立了宋金間不平等的關係，結束了長達十餘年的戰爭狀態，形成了南北對峙的局面。數額龐大的歲貢給中原人民帶來沉重的負擔，官府加緊搜刮，民不聊生；朝廷卻不思振作。詩人林升有詩《題臨安邸》：「山外青山樓外樓，西湖歌舞幾時休？暖風吹得遊人醉，直把杭州作汴州。」

然而，這種日子過得並不長，金海陵王完顏亮發動政變殺死金熙宗，成為金朝的第四個皇帝。他整飭內政，遷都燕京，欲攻滅南宋，天下一家。對此，宋廷的有識之士提醒趙構備戰，但趙構不予理睬，反將上書的官員治罪。紹興三十一年（1161 年），完顏亮率六十萬大軍南下，想一舉滅宋，趙構這才慌了手腳，倉促應對，結果可想而知，兩淮很快被金軍佔領。但此時金廷內訌，完顏雍乘完顏亮南下，發動政變稱帝，完顏亮聞訊急忙撤軍回師平叛，在采石一戰中被宋將虞允文擊敗，完顏亮命令金兵冒死渡江，結果被金將完顏元宜所弒。

幾十年的帝王生涯使趙構心力交瘁，福沒享多少，罪卻遭了很多，說是皇帝，跟金人論起來卻是個侄子輩，而且說不定哪天金人就會來滅族；自己長期經受驚嚇，唯一的兒子趙勇在三歲時夭折，此後再也沒有續上香火。趙構於紹興三十二年（1162 年）下詔退位，禪位給養子趙昚，自己做太上皇，退居德壽宮。淳熙十四年（1187 年），趙構在又做了

宋高宗
趙構

二十五年太上皇後逝世，終年八十一歲，謚神武文憲孝皇帝，廟號高宗，葬於會稽（今浙江紹興）永恩陵。

有志難伸的趙昚

宋孝宗
隆興
乾道
淳熙

1162-1189

趙昚似乎不太為世人所熟悉，原因為高宗在位三十六年，遜位又做了二十五年太上皇；而他三十六歲繼位，在位二十七年，基本上都處於高宗的影響之下。雖有所作為，有人甚至說他是南宋最有作為的皇帝，但並未改變南宋的頹勢。趙昚稱帝對宋朝來講有一個重要變化，即祖系從太宗一脈回復到太祖一系，高宗無嗣，宗室均為金人所害，故將皇位傳襲給太祖的後代趙昚。

宋孝宗趙昚像

太祖後代
峰迴路轉

趙昚被立為太子，以至榮登皇位，具有很大的偶然性，經歷了很大曲折。當年太祖吸取後周皇帝柴榮傳位於幼子、以致「主少國疑」局面的「教訓」，由母后杜太后做主，未將皇位傳繼給兒子，而是傳給了弟弟光義，即太宗。而太宗卻沒有再遵祖訓，死後仍傳位給自己的兒子，這就使得宋朝自太宗始到高宗前後九世，都是太宗一脈承襲；而太祖作為大宋的開國之主，自己的血脈卻一直與皇位無緣。這事情總讓人們有些為太祖抱屈，感到太宗做事太不厚道。

高宗作為太宗的後代，當然不可能主動地放棄傳承，去主持公道。可是蒼天不作美，高宗曾有一兒子趙旉，也是唯一的兒子，當年在「苗劉之亂」中高宗曾禪位於他，時年三歲。但時隔不久，在一個秋雨連綿的日子，一個宮女在宮中不小心碰翻了一隻金香爐，幼子受到驚嚇而抽搐不停，沒幾日便一命嗚呼。高宗悲痛欲絕，將兒子的屍骨埋在了建康城鐵塔寺法堂西的一間小屋地下。

至尊無後，使高宗焦慮不已；而皇儲無人，使朝野憂心忡忡。大臣范宗尹上書，奏請早立太子，以安天下。高宗經過一番思考，對范宗尹說：「太祖以其神明英武平定天下，可子孫卻未享其成，以至零落，其情堪憫。我如不能倣法仁宗皇帝，怎慰太祖在天之靈！」高宗所說仁宗，即指傳位給侄子英宗之事。

高宗此言一出，使得朝臣們把憋悶於胸中的糾結很快釋放出來，紛紛上書請立太祖之後。大臣李回說：「藝祖（即太祖）不以大位傳其子，可見手足情深，陛下擇嗣，不妨倣法藝祖。」大臣張守說：「藝祖諸子並未失德，可卻捨諸子而傳位太宗，高風亮節，勝過堯舜百倍。」上虞縣丞婁寅亮更直接：「藝祖之後寂寞無聞，盡同庶民，於情於理，均不相合，請陛下在『伯』字行中選太祖子孫中有賢德者，以備他日之選。如果後宮誕生皇嗣，再命他退處藩服。這樣上可告慰藝祖在天之靈，下可告慰

天下之人！」高宗看畢奏章，准允所請。

紹興三年（1132年），高宗派主管宮廷宗族事務的大臣趙令疇訪求，此時太祖後代「伯」字行已達一千六百四十五人，最後由高宗定奪，選中趙伯琮、即後來的趙眘為養子。

伯琮以儲君候選人的身份養育宮中。他於建炎元年（1127年）生於秀州，據說生母張氏一天夜裡夢見有人送她一隻羊，不久便懷了身孕，所以伯琮小名叫羊。入宮時只有六歲，需要人照顧，高宗就領着他到後宮去見嬪妃，當時張婕妤、潘賢妃、吳才人三個人正坐在那兒聊天，見到伯琮，潘賢妃因剛痛失幼子引發傷感，把臉偏向一邊；張婕妤則笑着張開雙臂，伯琮一下子撲入其懷抱，高宗立馬決定讓張婕妤撫養，賜名瑗；吳才人也感孤獨，跟高宗訴說，高宗又找來伯玖，賜名璩，由其撫養。

高宗聽取大臣的建議，很早便安排伯琮讀書，將行宮新建的書院作為學堂，抽調學問深的大臣教授。小伯琮聰明，博聞強記，深得高宗喜愛，紹興十二年（1142年）加封普安郡王。隨着年齡的增長，伯琮學問日長，不免對朝中弊政產生些看法，導致宰相秦檜的不滿，二人出現間隙。紹興二十四年（1154年），衢州（在今浙江）發生盜搶事件，秦檜未奏高宗便派人前去拘捕。伯琮將此事報告高宗，高宗大驚，第二天追問，秦檜搪塞：「區區小事，不足煩勞聖慮，蕩平之後，奏聞不遲。」秦檜得知是伯琮說的，很惱火。與伯琮同時進宮的伯玖也為太祖之後，受封恩平郡王，也頗具才華。高宗對立誰為嗣有些猶豫。秦檜便找機會極力薦舉伯玖，中宮的吳皇后也附和。高宗便想試試兩人，各賜予宮女十人，伯琮的老師史浩看出其中的明堂，悄悄對伯琮說：「皇帝是想考驗你，千萬要謹慎從事。」伯琮點頭稱是。幾天後高宗召回宮女，結果賜給伯琮的十人仍是處女，高宗心裡有了數。這裡得說一句，伯琮的老師史浩為秘書省校書郎，兼任普安、恩平兩王府的教授，對伯琮很看重，以至伯琮即位後為相，執掌大權。

高宗原本對後宮還存有希望，但時間一長也就灰心了，便想立伯琮為嗣，

但韋太后不太喜歡伯琮，高宗也不好堅持。紹興二十九年（1159年）年逾八十的韋太后仙逝，障礙解除，高宗又提起立儲的事，徵求大臣張燾意見，張燾說：「儲君是國家之根本，天下大事，莫過於此，請陛下早做決斷，究竟立普安郡王還是恩平郡王，應曉諭天下。」高宗答：「朕思念此事已久，只因太后沒有應允，未能及早實行。卿之所言很合朕意，明年春天一定舉行立儲典禮。」

紹興三十年（1160年）二月，高宗宣佈立伯琮為皇子，更名為瑋，封為建王，詔告天下，又稱伯玖為皇姪。高宗顛沛半生，蒙受羞辱，身心疲倦，產生了退位的念頭，幾次想禪位於伯琮，但伯琮都堅辭不受。此間經歷了金海陵王完顏亮入侵及被弒，完顏雍即位，金兵北撤。高宗又提及此事，宰相陳康伯認為應先冊立太子，確定名分，然後才可舉行禪位大禮。紹興三十二年（1162年）五月，高宗冊立伯琮為太子，詔曰：「朕德薄能鮮，歷經艱難，依賴天地祖宗庇佑，得以繼承大位，如今三十六年，宵旰憂勤，不敢懈怠。只因邦國多難，未能從容卸卻重擔，退保康寧，如今邊鄙粗安，干戈稍息，真是天隨人願。皇子老成持重，神器有託，朕心稍安。現在立皇子為皇太子，改名為昚，敕命有司擇日備禮冊命。」六月再下詔，在紫宸殿召來趙昚，勸其即位。趙昚仍不肯接受，高宗勉諭再三，趙昚方才答應。陳伯康上奏：「臣等輔政多年，罪戾如山，陛下皇恩浩蕩，寬貸不殊，臣等銘感肺腑。如今陛下超然高蹈，有堯舜之舉，臣等不勝欣贊，但從此以後，不得覲見天顏，犬馬之情，不勝依戀！」高宗不禁老淚縱橫，說：「朕在位已三十六年，如今垂垂老矣，很久以來就想脫身賦閒，此事由我獨斷，與眾卿無關，你們可努力輔佐嗣君。」後人評價高宗，說他一生所為乏善可陳，唯獨這件事做得好。

文武百官聚於紫宸殿下，聆聽禪位詔書，迎見新皇帝。趙昚再次推辭，群臣苦勸，趙昚只得聽從所請，膺繼皇位。儀式剛畢，趙昚便忙不迭地出殿送高宗還宮，走出很遠也不止步，高宗再三辭謝，說：「我托付得人，沒有遺憾了。」

志向頗高
遇事猶豫

趙眘即位後，懷有一腔熱情，立志要光復中原，收復故土，定年號隆興，意為昌隆興盛。為彰顯主戰立場，給被冤殺的抗金名將岳飛平反，依禮重新安葬，諡號「武穆」，追封鄂國公；同時剝奪了奸臣秦檜等人的官爵。

當年七月，趙眘召來抗金名將張浚，對張浚說：「久聞張公大名，現在朝廷所要依賴的就是您了。」張浚是漢州綿竹（在今四川）人，身跨兩朝，親眼所見二帝蒙塵，國土遭踐，與金勢不兩立，一生力主抗戰。金將粘罕臨死遺言：「自我進入中國以來，未曾有人敢於犯我兵鋒，唯獨張樞密能與我抗衡。」張浚主持南宋邊防十年，因不滿秦檜遭打擊，二十年不受重用。金懼怕張浚，每次派使者來宋都要打探他的動向。張浚被召，很受感動，力陳和議之害，勸趙眘決意復興，對此，趙眘非常贊成，任命張浚為江淮東西兩路宣撫使。

但宋長期議和，朝中主和派佔優。史浩是高宗的舊臣，趙眘的老師，因扶持趙眘有功並深得信任而官居右相，此人一味主和，反對動武。趙眘心有宏志，但又不好駁老師的面子，當然內心還是缺乏足夠的勇氣，左搖右擺，舉棋不定。難怪有人感歎：高宗在位時出了個主和的秦檜，趙眘時又出了個主和的史浩，南宋光復無期。

此前四川宣撫使吳璘從四川出兵，收復秦隴三路。史浩拜相後所做的第一件事就是要趙眘下令，讓吳璘放棄收復的疆土，退守四川。他對趙眘說：「官軍西討金兵，東不可過寶雞，北不可過德順。若離蜀太遠，恐致敵人潛襲，保蜀反以亡蜀。」遠在川陝的虞允文上書，陳明利害：「恢復舊疆，陝西應列在首位，陝西五路的命運又繫於德順的存亡。一旦拋棄，會使金人得隴望蜀，四川難保。」虞允文接連上書十五次，反覆勸諫，趙眘因聽慣了史浩的話，未採納虞允文的意見，下令讓吳璘班師。虞允文知曉後日夜兼程趕赴臨安，見到趙眘面陳利弊，極力規勸，講到激動處用朝簪在地上比劃，趙眘這才醒悟：「史浩誤我！」忙派使者授權吳

璘根據形勢決定進止，但為時已晚。

吳璘接到班師令不敢抗命，宣佈撤軍。金軍乘隙攻擊，宋軍慘敗，部將傷亡數十，士卒三萬餘人。將士們相擁痛哭，聲震寰野，收復的三路十三州三軍盡為金軍所佔。趙昚與金人的第一回合較量，就因決策失當而以失敗告終。

趙昚似乎從失利中接受了些教訓，隆興元年（1163年）正月，命張浚為樞密使，都督江淮兩路軍馬，起用因反對議和遭高宗、秦檜貶謫的辛次膺同知樞密院事，史浩仍為右相兼樞密使。四月，趙昚召見張浚問光復大計，張浚請趙昚下詔進駐建康，鼓舞士氣，進行北伐。但史浩極力反對，說：「目前形勢下應先做防守，而議戰議和在彼而不在我，倘使聽從淺謀之士鄙見，不但不能恢復，反而會含冤萬世。」張浚針鋒相對，說史浩已不可救藥，切不可再聽其擺佈，坐失良機。面對兩位重臣的爭論，趙昚左右為難，他傾向張浚的意見，但又無力說服史浩，更不願罷免這位恩師。於是，授權張浚乘金兵準備不充分之機出師渡江，想繞過樞密院單獨佈置北伐。但這麼大事不可能瞞得過史浩，史得知後非常生氣，說：「我是宰相，出兵這麼大事都不同我商量，還當什麼宰相！」於是上書攻擊張浚、陳康伯，並請求辭相。這回趙昚態度堅決，同意了史浩的辭呈，支持張浚北伐。

但好時機已喪失。本來紹興三十一年（1161年）十月完顏雍即位，十一月完顏亮被殺，一直到次年九月，金都在平息內訌，是宋北伐的最佳時機。但高宗無意抗戰，在禪位前夕還撤銷了為抗金設立的招討司、宣撫司等機構，給趙昚設置罷戰求和的局面；而趙昚即位初期聽信史浩，猶豫不定。一直拖到了隆興元年（1163年）四月，金朝內部已經穩定，主力紇石烈志寧部調駐睢陽（今河南商丘），僕散忠義赴南京（今開封）指揮南下金軍，在宋朝之前已做好了軍事準備。

五月，張浚命濠州李顯忠、泗州邵宏淵分兵出擊，開始了北伐。李顯忠攻下靈璧；邵宏淵圍攻虹縣，不能下，李派用靈璧降卒招降虹縣守將，

拿下；兩軍會師後進攻宿州，殺敵數百，擒敵八千，收復宿州城。捷報傳來，舉國歡騰，趙昚表示祝賀，任命李為淮南京東河北招討使，邵為副使。誰知此任命竟招致隱患，邵心胸狹窄，因攻伐無功，位於李顯忠之下，心生怨恨。不久，金紇石烈志寧部自睢陽反攻宿州，被李顯忠擊敗，金繼續增兵，李請邵合力夾攻，邵卻按兵不動，對部將說：「當此盛夏，搧着扇子都熱，怎能在烈日下披甲苦戰呢？」士卒們聽了自然沒了鬥志，有些軍官見此竟領兵臨陣脫逃。李顯忠孤軍難敵，仰天長歎：「難道上天不想使宋平定中原嗎？為什麼總從中作梗！」無奈，只得乘着夜色撤離宿州，金兵追至符離，宋兵潰散，車轍武器散落遍地，張浚組織的北伐就此失敗。

符離戰敗，張浚上疏請罪，主和派乘機詆毀，張浚遭貶。趙昚起用秦檜餘黨湯思退為右相，主持與金議和，湯思退延攬同黨，排斥主戰將領，主和派在朝中佔了上風。八月，趙昚派盧仲賢赴金軍議和。金曾傳出話要海、泗、唐、鄧等州，趙昚臨行前給盧交待切不可答應割四州，但湯思退竟敢違抗聖命，暗地裡告訴盧可以答應，結果盧真答應割四州與金。盧返回，湯思退即派秦檜的死黨王之望赴金割地，王是個徹頭徹尾的妥協派，一貫認為南北對峙形成，宋不可渡淮向北，正如金不能越江而南，不如將攻戰之力用於保守江南。湯思退等人所為遭到主戰派官員的強烈反對，右正言陳良翰說：「前使已經辱命，宰執不悔其過，再次派使割地，這樣金國不折一兵就能坐收四千里要害之地，絕不可許！」張浚、虞允文、胡銓等人也上書力爭不可與金議和。在強烈的反對聲中，趙昚又轉而支持主戰派，派使臣告訴金人四州不可割，如果金堅持，就不再議和。金人見宋反悔，不但不退讓，反而以失信的罪名扣押了宋使。趙昚聞訊，對張浚說：「和議不成，實乃天意，從此可以專務恢復了。」湯見到趙昚態度的變化，想抬出太上皇壓服，說和議是國家大計，請趙昚稟明高宗，再做決定。趙昚斥責：「金如此無禮，你還要議和。當前形勢與秦檜時已大不相同，可你的議論連秦檜也不如。」

隆興二年（1164 年）三月，趙昚重新任命張浚為右相兼樞密使。張浚即刻趕赴江淮視察軍隊，加強防務。金軍原在江淮駐重兵，聽說張浚再度

出山，連忙西撤，可見金軍當時並無力大舉南侵，宋完全可以抗禦金軍。但湯思退借張浚出京巡視軍隊之機，指使右正言尹穡說張浚擁兵跋扈，浪費國幣，抗拒皇命，大臣錢端禮也隨聲附和，攻擊兩淮的守備。在湯思退等人的詆毀下，趙昚將張浚從前線召回，罷去相位，出判福州，陳良翰等人也被罷職。經湯思退鼓動，趙昚還命虞允文放棄唐、鄧二州，虞拒不受詔，也被召回解職。湯還下令解散張浚在兩淮籌建的萬弩營，停修海船，拆除水陸防禦工事，撤退海州、泗州守軍，作出割地的姿態。並將不肯解除邊備、放棄邊郡的二十多名將領治罪。

張浚被排擠出朝，仍上書抗爭：「尹穡奸邪小人，必誤國事。」人們勸他別再談論政事，他說：「我身受兩朝厚恩、重任，現雖離開朝廷，仍時時盼皇上能夠感悟，我看到了怎能不說呢？如果皇上重新起用我，我會即日起程，以赴國難，不敢以老病為託。你們勸我明哲保身，是何居心？」張浚去到餘幹時，老病加身，帶着巨大的遺憾離開了人世。張浚死後，湯思退即派魏杞去議和，兵部侍郎胡銓、太學正王質上書反對，被罷官。湯唯恐主戰派官員再影響趙昚，竟派人請求金兵渡淮，對宋施加壓力，這其實已不是求和，而是內外勾結了。

金軍得到情報，乘機渡淮水，迅速佔領濠州、滁州，再次飲馬長江。消息傳來，眾人痛斥湯思退，太學生張觀等七十二人上書，要求將湯思退、王之望、尹穡斬首。趙昚將三人革職，湯路過信州時憂嚇而死。

趙昚又任命陳康伯為左相兼樞密使，虞允文為同簽書樞密院事，但此時宋已沒有能力與金一搏了。趙昚不得已只好派使臣赴金，屈辱求和。隆興二年（1164年）十二月，宋金重新訂立合約，南宋不再對金稱臣，改稱姪皇帝；每年向金朝交納的「歲貢」改稱「歲幣」，減十萬之數；南宋把完顏亮南侵失敗後由宋軍收復的州郡割還金朝。此即「隆興和議」，南宋地位雖略有改善，但仍蒙受巨大的屈辱。

強弩之末
帳下無人

趙昚畢竟是太祖的後裔，性格中多少有些剛烈的成份，不甘於蒙受屈辱，想收復北方故土、改變宋金間不平等的關係。但朝中將才卻日漸稀少。當年高宗一朝還有韓世忠、岳飛、張浚等人，驍勇善戰，膽力過人，而這些人、包括四川的守將吳璘等都相繼故去。有人說高宗時有光復之臣而無光復之君，而趙昚時則是有光復之君無光復之臣。此時抗金老將只剩下虞允文，雖一文臣，但在指揮采石之戰中大敗金軍，先後在川陝、荊襄獨當一面，曾任職樞密院，威望很高。趙昚有志北伐，虞允文成為不可多得的人才。

乾道五年（1169年）四月，趙昚將虞允文從川陝調回臨安，出任樞密使；八月，又任命為右相兼樞密使。宋修築邊地城池，打造軍器，訓練士兵，選擇將帥，趙昚自己也習練武藝，以致有一次讓拉斷的箭弦擊傷了眼睛，一個多月不能上朝。乾道六年（1170年），趙昚在虞允文的鼓動下派使赴金，要求歸還河南宋室的祖陵，並要求改定受書禮。

在紹興年間，金使到宋，宋帝要降座受書，屈盡陪臣之禮。趙昚即位後用陳康伯為相，金使前來只由宰相陪同進殿，趙昚不再降座。到湯思退時又恢復了高宗時的舊制。趙昚很惱怒，派范成大使金，面請金主更改，同時要求歸還河南祖地。此舉引得妥協派反對，吏部尚書陳良祐甚至說，河南祖地以前也歸入過南宋的版圖，但不久即失掉，還不如不要。趙昚大怒，罷了陳的官。趙昚這次似乎下定了決心，要對金付諸武力，收復中原，甚至要像唐太宗那樣建立赫赫功業。他對虞允文說：「丙午之恥，當與丞相共雪！」老虞也慷慨陳詞，以恢復故土為己任。乾道八年（1172年），趙昚再任命虞允文為少保、武安軍節度使、四川宣撫使，到四川整軍備戰。臨行，趙昚告之進軍方略，約定來日會師河南。虞允文擔心，趙昚說：「若卿率先出兵而朕延誤，即朕負於你；若朕出師而卿延誤，即卿負於朕。」相約君臣同心，東西並舉。趙昚舉行盛大儀式，為虞允文餞行，送他赴任。

此後，趙昚積極備戰，多次檢閱軍隊，打算以更改不平等的受書儀式為借口尋機對金用兵。年底，金使完顏璋來宋賀正旦，趙昚以受書儀式不合下令改期，宋金關係緊張。趙昚忙派人赴四川諭令虞允文出兵，他期盼著虞允文出兵的消息，但等來的卻是虞允文的死訊。出師未捷臣先死，趙昚備受打擊，從此不再提北伐的事情。

淳熙十四年（1187 年）十月，八十一歲的高宗駕崩，孝順的趙昚悲痛欲絕，痛哭失聲，兩天內滴水未進。他下詔，表示要倣傚晉孝武帝和魏孝文帝，為高宗服喪三年。先帝之死，驍將亡故，北伐無期，使得趙昚幾近崩潰；他已年逾六十，可新即位的金主完顏璟只有二十一歲，他卻要以叔侄相稱。他想到了退位，因為皇位對他來講已沒有什麼可留戀的。淳熙十六年（1189 年）二月，趙昚禪位給太子趙惇，自己退居重華宮作了太上皇。在作太上皇期間，他與自己的兒子、新帝趙惇的關係處得很不好，以致於五年後他憂鬱而死，終年六十八歲，謚號紹統同道冠德昭功哲文神武明聖成孝皇帝，廟號孝宗，葬於浙江紹興的永阜陵。

冷漠懼內的趙惇

宋光宗 紹熙

1189-1194

趙惇生平有兩個關鍵詞：冷漠，懼內。孝宗在活着的時候禪位於他，按理說應充滿感激，可他非但不感恩，反而對父皇冷漠無情，孝宗得了重病不聞不問，駕崩後居然不參加喪禮；而這全受其驕橫蠻悍、喜歡搬弄是非的李皇后挑動，這個女人歹毒、有野心，插手朝政，將朝政攬得混亂。

宋光宗趙惇像

低位入儲
四旬受禪

趙惇是孝宗的第三子，生於高宗紹興十七年（1147 年）九月，與大哥趙愭、二哥趙愷和一個早夭的弟弟都是郭皇后所生，也就是說幾兄弟都是嫡子，他排行靠後，自然與皇位相距遙遠。孝宗即位後長子被封為鄧王，次子受封慶王，趙惇被封為恭王。乾道元年（1165 年），長子趙愭被立為皇太子，順理成章、命中注定。然而天有不測風雲，乾道三年（1167 年），趙愭身患暑病，太醫開錯藥方，使得病情加重，三天後命歸西天。

這時不禁令趙惇想起淳熙年間的一次奇遇，一日清晨，他與隨從駕車外出，突然間從道邊閃出一人，蓬頭垢面，額有刺字，擋住去路，隨從問是何人，此人答：「三王得，三王得」，原來是個流浪漢，名叫三王得。趙惇沉吟片刻，沒多怪罪，將其放走。在回府的路上暗中思襯：三王得，我這個三王何時能得大位？

趙愭的死似乎刺激了趙惇的希望，於是處處留心，在王府與講官議論歷朝帝王得失，常有高論，連講官也自視不及，孝宗聞此自然對其另眼相看。但他前面還有二哥趙愷，但孝宗認為趙愷過於懦弱，難當大任，而趙惇「英武類己」，文武兼具，與自己相像，有意將之立為太子。但禮序不可隨意更易，孝宗不願草率行事，需等待時機。

三年後，主管天文的太史上奏：「根據天象的變化，應建立太子。」宰相虞允文乘機勸孝宗早定儲君。孝宗說：「朕久有此意，在朕心中也早有人選。只是恐怕選定後太子容易驕傲，放縱自己，不再勤懇學習，會逐漸惰怠。朕遲遲不建太子，就是出於此種考慮，想讓他進一步熟習政務，博古通今，然後再立為太子，不致將來後悔。」次年，虞允文再次上書請求，孝宗見時機成熟，趙惇已二十六歲，決定冊封其為皇太子。冊立的前晚，孝宗將此事通報太上皇高宗，高宗隨即召來趙愷，並將其留宿於宮中，第二天趙愷回府後得知冊立的詔書已下，生米做成了熟飯，急忙跑回去見高宗，埋怨說：「翁翁（爺爺）把我留在宮中，倒讓三哥（三

弟）越過次序做了太子。」高宗聽了撫摸着趙愭說道：「吾兒認為官家（皇帝）好做，其實，做時可少不了煩惱。」趙愭也不好再說什麼。

趙惇就這樣作了皇太子，四月，又兼任臨安府尹。他並未辜負父皇期望，熟悉體恤民情，勤勤懇懇料理公務，多次受到孝宗的稱讚和鼓勵。趙惇對孝宗恭順有加，極盡孝道，他受封「恭王」，在很大程度上正緣於此。史籍講當孝宗心情好時，趙惇則「喜動於色」，反之則「愀然憂見於色」，孝宗常以詩作賜與趙惇，不斷提醒他繼承恢復故國的夙願，趙惇也在和詩中竭盡所能地稱頌父皇的功業，表示自己中興的決心。父子倆關係融洽，但想不到趙惇後來竟變得「面目全非」。

趙惇轉眼在太子位上度過了十六個春秋，從一個青年已步入壯年，但孝宗依然精神矍鑠，安居皇位。作為年逾四旬的太子，對一天總小心謹慎、畢恭畢敬地侍奉父皇的日子感到了厭倦，而登基遙遙無期，讓他心情焦慮。心疼孫兒的皇太后看出了趙惇的變化，詢問近侍，近侍答：「太子大概是希望娘娘替他督促一下皇上吧。」太后聽後大笑。幾天後孝宗到太后宮中問安，太后對孝宗說：「官家也好早些享樂，國事讓給孩子去幹吧！」孝宗說：「我很早就想退休，只是孩兒還小，不諳世故，所以還不能放手，不然的話早已快活多年了。」太后不好多說，下來對趙惇說：「我曾勸過你父，他說還早呢。」趙惇聽後解下頭巾，不無委曲地說：「看，我頭髮都白了，還以為我是童子呢，那就是翁翁的不對了。」趙惇所說「翁翁」指高宗，他是抱怨老爺子當初不該等到孝宗中年才禪讓。不知是歲月磨礪還是急的，趙惇的鬍子已花白，有次他入宮侍奉父皇，閒談中說起：「有人送臣一些染鬍子的藥，我未敢使用。」孝宗說：「鬍子白怕什麼，正好讓天下人看到你的成熟，何必染它。」但孝宗心裡明白，兒子是在催促他讓位了。

宋代帝王應當說都算比較開通，淳熙十四年（1187 年）十月，高宗駕崩，孝宗悲痛欲絕。因有高宗前面比着，加之自己也年逾六旬，對恢復中原已深感力不從心，孝宗決定禪位。淳熙十六年（1189 年）二月，四十三歲的趙惇終於得到了期盼已久的帝位，登基加冕。孝宗為太上皇，退居重華宮。

悍婦操控
阻斷親情

趙惇即位後面對的大致上是一個不錯的形勢，金世宗完顏雍去世，即位的完顏璟是個漢化很深的皇帝，宋金之間相安無事。趙惇很想有一番作為，但是，他的皇后李氏是個十足的悍婦，在他身邊搬弄是非，限制他與太上皇孝宗的來往，而且政治野心很強，插手朝政，讓趙惇心煩意亂，最後就「栽」在這個女人手裡。

李氏是河南安陽人，慶遠節度使李道之女，小名鳳娘。李道駐節湖北時，聽說道士皇甫坦擅長相術，便將其請到家中，給幾個女兒看看面相。鳳娘上前行禮時使皇甫坦大為驚詫，不敢受拜，對李道說：「你這個女兒可相貌不凡，將貴為天下之母。」李道只當是江湖術士的信口雌黃，沒當回事兒。皇甫坦是個游走之徒，很能結交權貴，京中貴戚、甚至賦閒的高宗都對他有幾分信服。有次他見到高宗，說：「小臣來給陛下說媒，為陛下尋得個好媳婦。」高宗問究竟，皇甫坦將鳳娘如何端莊賢淑、典雅華貴添枝加葉地說了一番，高宗動了心，召來一看，果然不凡，隨即聘為恭王妃，即趙惇的老婆。

鳳娘雖艷若桃李，但生性悍妒。作恭王妃時還算安份，趙惇被立為太子，她開始在高宗、孝宗、趙惇間挑動是非，到高宗那兒埋怨孝宗為太子選的侍臣不好，在孝宗面前又訴說太子的長短。高宗很不高興，曾對吳太后說：「太子妃雖出身將門，但不堪母儀天下，我誤聽皇甫坦之言，後悔不已！」孝宗也多次訓誡李氏，要她好好學習太后的品行，修身養性，不許再與太子爭鬥，否則將廢掉她。李氏聽了不但不思悔改，反而記恨公公。趙惇即位，她被立為皇后，覺得孝宗已奈何不得她，不再將孝宗放在眼中。而且她特別偏好權力，不甘於賦閒後宮，要涉足政治。

趙惇即位後看到宦官們為非作歹，干預朝政，欲行整治。消息傳出，宦官們驚慌失措，輾轉找到李氏尋求保護，李氏竟欣然答應。以後每逢趙惇對宦官有所行動，李氏便從中作梗，趙惇很鬱悶，漸漸成了心病，精

神有些失常。孝宗聽說兒子有病，遂派御醫為之治療，同時還親自翻閱醫書，購買良材製成藥丸準備給趙惇服用。孝宗本想派人送去，但轉念想不如等趙惇前來問安時當面讓其服用。誰知宦官知道此事後無事生非，跑到李氏面前挑撥，說：「奴才聽說太上皇購得藥劑，專等皇上過宮朝拜時服用。藥能生人，亦能死人，萬一出現意外，豈不危害大宋江山？」李氏派人探察，果有其事，便極力阻止趙惇去重華宮省親。

趙惇病好後李氏在內宮設宴慶賀，席間李氏突然說：「擴兒已長大成人，陛下既已封他為嘉王，何不索性冊立他為太子？再說擴兒也頗具才幹，定能助陛下一臂之力。」擴兒即趙惇的次子，是李氏所生。趙惇答：「皇后所見極是，朕也久有此意，只是此事重大，應該稟報父皇，再做決定。」李氏聽後不高興地說：「陛下貴為天子，難道做不得主？何況冊立太子，是國家定例，又何須稟報壽皇（太上皇）？」趙惇說：「太子乃一國之本，不同尋常之事。尋常百姓尚知道父在子不得自專，我身為皇上，豈能不稟告父皇，擅做主張？」李氏不悅，但說不出什麼，悻悻而去。

事隔一天，孝宗聽說趙惇病癒，召來重華宮赴宴，敘父子之情。可李氏竟沒告知趙惇，而是自己一人偷偷跑到了重華宮。孝宗見她一人前來，問道：「聽說皇上病已痊癒，怎麼沒有同來？」李氏顯出憂慮的樣子，說：「真是天有不測風雲，本來已好，但今天又染風寒，臣妾只好一人前來見駕。」孝宗聽後擔心，不無憂慮地說：「皇上正值壯年，身體竟如此虛弱，將來該怎麼辦？」李氏心中暗喜，忙說：「臣妾也正為此不安，依妾之見，皇上既然多病，不如冊立嘉王擴為太子，也好輔佐皇上，為國分憂，不知父皇意下如何？」孝宗聽後馬上反駁：「皇上剛剛受禪一年，就忙著冊立太子，未免過於草率，嗣君事關社稷，應從長計議，再說你一個婦道人家，怎能隨便議論國事？」李氏受斥，臉色驟變，怒氣沖沖地說：「臣妾系六禮所聘，擴兒是妾親生，冊為太子，名正言順，有何不可？」這話中有話，暗指孝宗並非高宗的親子，太后謝氏由貴妃晉為皇后，並非明媒正娶。李氏出言不遜，傲慢無理，氣得孝宗渾身顫抖，怒不可遏，李氏則氣哼哼地回了宮。

李氏枉費心機未能得逞，跑回宮中挽着兒子趙擴的手向趙惇哭訴：「壽皇將要廢逐臣妾，另立中宮，我們母子就要見不到陛下了！」趙惇不明就裡，忙問緣由，李氏將在重華宮見孝宗的經過添油加醋地敘述一番，說到最後竟嚎啕大哭，哭得趙惇心軟，竟不辨真偽，安慰說：「朕自繼位以來海內承平，沒有失德之舉，量他也不能將朕廢去。朕既為天子，難道不能保護妻兒？從今之後，朕不再踏進重華宮半步！」從此，趙惇果真不再上重華宮拜見父皇，李氏算是達到了目的。

李氏嫉妒心極強，特別是對女人，醋意十足，做起事情來心黑手狠。一天，趙惇在宮內洗手，一個宮女端着臉盆在一旁伺候，宮女雙手纖細白嫩，指若春蔥，趙惇隨口說了句「好」，李氏竟怒火中燒。事隔幾日，趙惇正在批閱奏疏，下人送來一個食盒，趙惇以為是美味糕點，打開一看，竟是一雙血淋淋的手！趙惇知道是李氏所為，兩眼發黑，心驚肉跳，舊病復發，多日不見好轉。

轉眼到了冬至，趙惇出宮祭祖，李氏乘機作惡。黃貴妃原為謝皇后宮中侍女，溫柔賢惠，趙惇做太子時孝宗見李氏刁蠻兇悍，便將黃氏賜予他，趙惇很喜歡黃氏，即位後封為貴妃。李氏則一直把黃氏視為眼中釘，肉中刺，早想除掉這個情敵，這時乘趙惇離宮，竟指使手下將黃氏活活杖殺，草草棺殮，然後上奏趙惇黃氏暴死，真是膽大包天！趙惇心知肚明，但又惹不起悍妻，加之祭祀受了風寒，一病不起。

孝宗聽說趙惇病重，親自到宮中看望。到時趙惇正在酣睡，孝宗吩咐左右不要驚動，直至趙惇醒來。趙惇知道父皇來後忙下床叩頭謝罪，孝宗好言安慰，父子倆盡享天倫。忽然，孝宗發現李氏不在宮中，詢問方知其越俎代庖，到朝堂替趙惇批閱奏章。按照宋室規例，后妃是不能干預朝政的，即便皇帝年幼、太后垂簾聽政，也必須與宰臣商議，不得專斷，李氏竟敢違犯祖制，令孝宗大為惱火，派人將其叫回，狠狠地訓斥了一通。李氏嘴上不說什麼，等孝宗離開後，連哭帶罵，擾攘了好一陣。

趙惇病至紹熙三年（1192 年）三月才見好轉，開始聽政。眾官懇請他到重華宮朝拜孝宗，他推託久病初癒，不能前往。朝臣知道是李氏從中

宋光宗　趙惇

阻撓，不少人上書苦諫，但難以奏效。次年重陽，逢趙惇生日，百官上壽完畢，請趙惇赴重華宮朝見孝宗。趙惇懾於李氏，不敢貿然答應，大臣謝深甫諫：「父子至親，天理昭然。太上皇愛陛下，就像陛下愛護嘉王，人同此心，心同此理。太上皇春秋已高，倘不去朝見，千秋萬歲之後，陛下還有什麼顏面再見天下之人？」趙惇聽後也感覺自己做得太過份，傳旨準備車駕赴重華宮朝見。可是剛要起身，李氏從大堂屏風後竄出，拉住趙惇的衣袖，說：「天氣寒冷，皇上久病初癒，還是快回去飲酒禦寒吧。」趙惇只好轉身退回。朝臣們見此非常氣憤，中書舍人陳傅良顧不得許多，搶步上前，一把扯住趙惇的袍角，懇求說：「車駕都準備好了，百官也集合完畢，陛下千萬不要還宮。暮秋天氣並不嚴寒，陛下還是親往吧！」李氏把臉一沉，拽住趙惇退回屏風後面，陳傅良也跟了進去，李氏大聲呵斥：「這裡是什麼地方，酸秀才難道不怕殺頭嗎？」陳傅良無奈只好走了出來，痛哭失聲。李氏的惡行很快傳遍京城，「皇帝怕老婆」，成了百姓街談巷議的話題。

眾人所指
無奈遜位

孝宗在病中期盼趙惇前來，但始終不見蹤影，心中非常傷感，寢食難安。紹熙五年（1194 年）四月，六十八歲的孝宗病情加重，眾臣見太上皇來日無多，懇請趙惇前去問候，但趙惇卻與李氏到玉津園遊玩。此後，不管群臣們如何苦諫，趙惇都置之不理，迫不得已才派嘉王前去探視，就這樣，孝宗還是感到滿足。

六月九日，孝宗病鬱交加，駕崩於重華宮。群臣立刻向趙惇報告了孝宗的死訊，可趙惇仍不出宮。幾天後孝宗大殮，趙惇居然不肯出面主持父皇的喪禮。如此舉動引發了群臣的強烈不滿，丞相留正等人上書請求皇太后垂簾聽政，但太后未允，只同意代趙惇主持喪禮。朝野上下有些混亂，大臣葉適察覺，對留正說：「皇上託疾不肯執喪，怎能使天下人信

服？現在嘉王已經成人，如能參預大政，就會解除天下人的疑慮。」經過一番醞釀，留正率群臣上疏：「皇子嘉王，天性仁孝，應該早日立為儲君，安定人心，維繫國本。」趙惇看了，在奏疏上批了「甚好」二字。留正再次奏請，趙惇又批了「歷事歲久，念欲退閒」八個字。留正揣摩其意，不得要領，便找到宗室趙汝愚商量，趙建議請太皇太后下令讓趙惇禪位給嘉王。留正覺得沒有把握，怕事情出閃失自己吃不消，於是溜之乎也，只剩下趙汝愚。大臣徐誼請趙汝愚早定大計，趙汝愚很為難，說：「丞相走了，我孤掌難鳴，有什麼辦法呢？」徐誼說：「今日之事，須由太后出面。韓侂胄是吳太后妹妹之子，讓他出面稟明太后，下令內禪，事情定能成功。」韓侂胄很痛快地答應了，跑去求見吳太后，陳述利害，吳太后答應次日在孝宗靈柩前接見執政大臣。趙汝愚趕快一一通知各大臣，同時命人趕製皇袍，備嘉王登基。

第二天是孝宗的禫祭日，即除去喪服的日子，百官齊聚，舉行儀式。嘉王全身縞素主祭。趙汝愚率群臣到孝宗靈柩前，見吳太后垂簾而坐，上奏：「壽皇去世，皇帝染病，不能執喪，臣等多次奏請皇上立嘉王為皇太子，安定人心，皇上先是批『甚好』，繼而批『歷事歲久，念欲退閒』，臣等不敢擅作主張，請太皇太后定奪。」吳太后說：「既然有皇帝的御札，就按皇帝所說去辦。」趙汝愚說：「此事重大，必須由您親自指揮，臣等已草擬一篇懿文，請您過目。」吳太后接過奏書，其曰：「皇帝因為有病，不能親執喪禮，曾有御筆，自欲退閒，皇子嘉王，可即皇帝位，尊皇帝為太上皇帝，皇后為太上皇后。」吳太后點頭稱是，說：「就照此辦理吧。」朝臣示意，讓內侍扶嘉王進入簾內，聽吳太后勉勵，嘉王一再推辭，說：「恐負不孝之名。」吳太后召韓侂胄入簾，替太子披上皇袍，趙汝愚率群臣再三勸進，嘉王才接受百官朝賀，做了新皇帝。

直至禪位大典舉行完畢，趙惇還被瞞着，次日新皇帝參拜，他方才知曉。趙惇之不孝引發眾怒，群臣瞞着他，太后睜一隻眼閉一隻眼，生生將他從皇位上拉下，這在中國歷史上恐怕是極為少見的。這應當說是中國「孝悌」文化的勝利。等他知道，已生米做成了熟飯，他氣急敗壞，對隨侍新君的韓侂胄大發雷霆：「你們這些做臣子的，事先竟不報告我，就做

宋光宗　趙惇

這麼重大的決定！但既是我兒受禪，也毋需再說別的了。」話是這麼說，可心裡非常不滿。

趙惇被尊為太上皇退居泰安宮，開始變得神經兮兮，喜怒無常，整日以酒澆愁，無端生事。為避免刺激，李氏吩咐宮中要出言謹慎，別對他談及宮外之事。有一年，新皇趙擴出郊祭祀，車駕回宮，儀仗鼓樂之聲傳入泰安宮內。趙惇聞之情傷，眼前又浮現當年君臨天下的景象，明知是何故，但又忍不住問外面發生了什麼？李氏輕描淡寫地回答：「市井百姓在街上尋樂。」趙惇知道是說謊，可一股無名火隨之而起，揮手打去，結果自己失足摔倒，臥床不起，於慶元六年（1200 年）抑鬱而死，終年五十四歲。諡循道憲仁明功茂德溫文順武聖哲慈孝皇帝，廟號光宗，葬於浙江紹興寶山的永崇陵。

大權旁落的趙擴

宋寧宗
慶元　嘉泰
嘉定　開禧

1194-1224

趙擴性格內斂、平庸，即位後沒有什麼治國方略，只能聽信和聽任於他人，導致大權旁落，奸佞專權，與金簽訂「嘉定和議」，國勢愈發衰弱。身後無嗣，權相史彌遠矯詔，將皇位傳繼給了其扶植的趙昀，即理宗。

宋寧宗趙擴像

「被逼」即位
韓氏遮天

趙擴是光宗的第二子，生於乾道四年（1168 年）十月。當時高宗、孝宗都健在，孝宗在位，高宗為太上皇，光宗為恭王，幾輩人都很疼愛他。光宗被立為皇太子，他被封為英國公。淳熙十一年（1184 年），他十六歲，按照慣例應該出閣，即出就藩封，可高宗、孝宗都捨不得，便在東宮旁給他建了一處宅第。次年，他進封為平陽郡王，舉行婚禮，娶了北宋名臣韓琦之後韓氏。淳熙十六年（1189 年）三月，光宗即位，他拜少保、武寧軍節度使，封嘉王。紹熙元年（1190）被立為儲嗣。

趙擴從小屬於那種比較安穩、內向的孩子，從不惹是生非，學習認真、踏實。但性格比較怯懦，做什麼都膽小，缺乏闖勁兒；行為比較木訥，反應不快，遇事遲鈍，包括說話，以致後來當了皇上接見金朝使者，有時得讓宦官代答；他作皇子時就學於師傅陳傅良，此人思想守舊，對他的影響很深，教導他不能自作聰明，紊亂舊章，以致趙擴一生都小心謹慎，裹足不前。

人說「有福之人不用忙」，有人為爭得皇位慘淡經營、勞心費力，甚至不惜刀光血影，而趙擴坐上皇位卻憑機緣巧合，推之不去。他即位充滿戲劇性，當時光宗受皇后李氏挑唆，拒絕朝拜太上皇孝宗，即使孝宗病重、逝世也不出面，引得眾朝臣不滿，結果在趙汝愚、韓侂冑等人的謀劃下，發動宮廷政變，背着光宗讓吳太后頒詔，將皇位禪讓給了趙擴。

當吳太后宣佈詔書、召趙擴即位時，他一點兒沒有心理準備，連聲說：「做不得，做不得。」堅辭不受。吳太后急了，命韓侂冑：「拿皇袍來，讓我親自給他穿上。」趙擴又趕緊拉住韓侂冑的手臂求助，繞着大殿的柱子躲避。吳太后喝令他站住，流着眼淚說：「大宋王朝延續至今不容易，你難道忍心讓它完結嗎？」韓侂冑也在一旁百般勸說。趙擴見事已至此，不可更變，才顫巍巍地穿上皇袍，叩謝吳太皇太后，但嘴裡還喃喃自語：「使不得，使不得。」被內侍攙扶着走出內宮，接見百官，登基加冕。

趙擴稱帝，趙汝愚和韓侂冑起了關鍵性作用，論功排位，趙汝愚被任命為宰相，韓侂冑為樞密院都承旨，立韓夫人為皇后。韓侂冑是外戚，其母為太皇太后的妹妹，他又是新任韓皇后的叔祖，身兼兩重身份，有些不安其位。他原想靠策定之功獲得節度使的官職，沒想到趙汝愚對他說：「我是宗室，你是外戚，輔佐太子登基，正是份內之事，怎能居功求賞呢？」於是奏知趙擴，賞賜其他有功之臣，只給韓侂冑加遷一級，兼任汝州防禦使。韓很失望，對趙汝愚產生不滿，這為日後排擠趙埋下了伏筆。

韓侂冑是個政治野心和活動能量很強的人，他靠職務便利頻繁接觸趙擴，得到施展手腕的機會。很多朝臣看出端倪，提醒趙汝愚要加以防範。臨安知府徐誼說：「侂冑將來必定成為國家禍害，不如滿足他的私慾，使他遠離宮廷，才能解除後憂。」大臣葉適說：「聽說韓侂冑未能如願，觖望不已，這恐怕不是國家的福氣。他不就期望個節度使嗎？應該讓他如願以償。」但趙汝愚卻不以為然，認為他一個閤門知事掀不起什麼大浪，看來趙實在缺乏涉政所需要的警覺和智慧。

韓侂冑欲插手朝政，常往來於宰相公堂，左丞相留正看不慣，派人告知：「此間公事與知閤無關，不必僕僕往來。」韓侂冑對此心懷不滿，時隔不久因留正在給孝宗挑選陵地一事上與趙汝愚發生爭執，韓乘機向趙擴說了許多留正的壞話，結果趙擴用內批的形式將留正罷免，趙汝愚仍為右丞相。

罷免留正沒經過三省，趙汝愚非常生氣，韓侂冑可能意識到了什麼，為消除隔閡，前來拜訪，趙汝愚竟閉門不見，韓侂冑非常生氣，準備要走，簽書樞密院羅點正在一邊，對趙汝愚說：「趙公惹禍了！」趙汝愚馬上警覺，趕緊開門會見，但已經讓韓丟了面子，兩人之間怨恨加深。從此韓侂冑將趙汝愚視為仇敵，開始結納黨羽，對其進行排擠。他拉攏與趙不和的大臣京鏜，推薦給趙擴，讓其作了簽書樞密院事，又借用趙擴內批讓自己的親信劉德秀、李沐、劉三傑進入台諫，佔據了言路。

趙擴屢用內批除授大臣讓朝臣感到不滿。所謂內批即皇帝的手詔，可以

不經過三省直接由宮內發出。趙擴之所以這麼做，主要是受韓侂胄唆使，害怕廷議朝臣們七嘴八舌，掌控不了局面。理學家、寶文閣待制朱熹乘講經之機對趙擴說：「陛下即位時間尚短，可進退宰相、改任台諫官員都獨斷專行，朝內外臣民都認為陛下左右有人竊權，臣子也擔心主威下移，求治反而得亂。」此前朱熹就曾勸諫過趙擴、趙汝愚，請求厚賞韓侂胄，讓其出居外藩，杜絕其預政的門路。韓侂胄對朱熹很憎恨，多次對趙擴說：「朱熹迂闊不能重用。」時間不長，趙擴便用內批告訴朱熹：「朕念你耄耋老人，難以再侍立講經，當授給宮觀閒職，聊表體恤耆儒之意。」罷免了朱熹侍講的官職。

罷免朱熹引得眾多大臣反對，工部尚書黃艾、大臣王介等人詢問罷免朱熹的理由，認為趙擴用內批升降大臣，獨斷專行，不是治世的良策，並列舉歷史上使用內批危害的例子，望其改弦更張，多徵求宰相、執政的意見，然後任免官吏，才能少留遺憾。可趙擴根本聽不進去，反將勸諫的人一一罷斥，而對韓侂胄愈發信任和重用。

吏部侍郎兼侍講彭龜年見韓侂胄權重濫用，上奏列舉其罪狀，說他「假借聖上名義，竊弄威福，不除去此人，定會成為後患」。趙擴看後很吃驚，對韓說：「朕把你看作心腹，信任不疑，不會如此吧？」這實際是向賊問證，韓侂胄趕忙辯解，並對趙擴大表忠心。彭龜年又說：「陛下放逐朱熹，十分倉促，所以也勸陛下趕快除去此小人，免得使天下人認為陛下去君子易，去小人難。」彭怕趙擴不聽勸說，提出辭職，韓侂胄見引發眾怒，也提出辭職以避風頭。趙擴經過一番思考，決定給二人各打五十大板，但讓彭龜年出任外郡，韓侂胄提舉在京宮觀。這麼處理引起眾臣不滿，大臣陳騤說：「因為一個小小的閣門知事而罷免天子的侍講官，怎麼向天下人交待？」給事中林大中說：「一去一留，恩情不均，去者愈來愈疏遠，無緣隨侍陛下左右；留者在京城內奉祠，可以隨時召見。請令彭龜年留任講席，命令韓侂胄出任外職，這樣才算公平，外人也不會再生異議。」趙擴根本不理睬眾臣的要求，堅持宣佈任命。從此，韓侂胄更加驕橫。

宋寧宗
趙擴

時間不久，陳騤因主持公道被罷免，京鏜則升任參知政事，趙汝愚愈發孤立。韓侂冑的黨羽趙彥逾趁機上書指責趙汝愚結黨，並向趙擴呈報了名單，趙擴開始懷疑趙汝愚。韓侂冑見掀翻趙的時機已到，但苦於沒有罪名，京鏜說：「說他是皇帝的嫡系子孫，告他陰謀顛覆社稷，就能一網打盡。」韓侂冑將親信李沐安插在趙擴身邊，經常講趙汝愚的壞話，同時說他以皇帝同姓擔任宰相，不合祖宗家法，對國家不利。趙擴被說動了，決定罷免趙汝愚，但考慮其擁戴自己登基有頭功，讓他以觀文殿大學士身份出知福州。這時謝深甫又落井下石，說趙本來就不該當宰相，現罷免更不該擔此大任，應該離職思過。趙擴便又改變主意，只給了趙提舉洞霄宮的閒職。

宰相的被貶引起太學生的不滿，楊宏中等人上書為趙汝愚鳴冤，指責李沐讒言欺聖。趙擴非但不聽，反將上書的太學生送至五百里外編管，而李沐則被升為右諫議大夫，劉德秀也得到提升。韓侂冑害怕趙汝愚東山再起，說其賣弄自己是乘龍授鼎，圖謀不軌，趙擴隨即下詔，將趙貶為寧遠節度副使，放逐永州（今安徽零陵），趙在赴任途中暴死於衢州（今湖南衡陽）。死訊傳來，朝野為之抱冤，趙擴倒覺得是韓侂冑為他剷除了隱患，但為了掩人耳目，追認了趙汝愚的原官。

黨禁北伐
充當傀儡

趙汝愚冤死，朝中再無人能與韓侂冑爭雄。慶元二年（1196年），韓侂冑出任平章軍國事，獨攬朝政大權。皇后將西湖長橋以南的「南園」賜予他，他大興土木，開拓整葺，按地形建造園林亭樹，輔以雅趣，規模宏大，「竹籬茅舍，宛然田家氣象」，據說要三天才能遊遍。

韓侂冑專權後開始對反對派進行清洗，道學家朱熹及其追隨者在很多事

情上支持趙汝愚，自然成為其重點打擊的對象。右丞相京鏜按照韓的意思，與何澹、劉德秀、胡紘一起制定了所謂「偽學」名單，把趙汝愚、朱熹及門下崇尚道學的士大夫列入其內，其實是韓清除政敵的幌子，實際上只要與韓對立或不合，不管是否道學派，都在打擊之列。

京鏜等人搜集了道學門生的名單，準備奏請趙擴首肯，然後一一放逐。事情被吳太后知道，勸趙擴不能大興黨禁，暫時被擱置。慶元四年（1198年），吳太后死，趙擴便下詔登記偽學名單，上至舊相趙汝愚、留正、名儒朱熹，下至一般士人楊宏中等共五十九人，任官的當即罷黜，未任官的不得錄用，與之有瓜葛的不能再任官職，朝野上下一派肅殺之氣，史稱「慶元黨禁」。

與排除異己相比，韓侂冑在趙擴的庇護下黨羽遍佈。京鏜助韓除掉趙汝愚，升任宰相；陳自強是韓的啟蒙老師，也做了宰相；蘇師旦是韓舊時的刀筆小吏，官至知閣門事兼樞密都承旨。見韓侂冑權重，許多阿諛小人競相巴結。吏部尚書許及之有次給韓祝壽，因到晚了韓府門已關閉，他竟從水洞中爬進；做了兩年尚書不見陞遷，他竟跪在韓面前痛哭流涕，當然少不了使銀子，幾天後便得趙擴內批升為同知樞密院事，不久又升為參知政事，京城人稱他「由竇（洞）尚書」、「屈膝執政」。皇族感歎：「路人莫作親王看，姓趙如今不似韓」。就連皇族中也有人對韓百般獻媚，燕王趙德昭有個八世孫叫趙師擇，一日韓在南園宴客，看着竹籬草舍隨口說：「好一派田園風光，只是少犬吠雞鳴。」不想話音未落，耳邊竟響起了狗叫聲，原來是這個皇室的後代在學狗叫！有個叫程松的縣官因獻媚升任諫議大夫，任滿一年不見陞遷，便出高價買了一美女取名松壽獻給韓，韓很詫異，問這女子怎麼與你同名，程松回答我是想讓您經常聽到我卑賤的名字，不久程被升為知樞密院事。

韓侂冑專權，內閣、樞密、台諫、侍從等重要官員，幾乎都出自其門，趙擴只不過是一個傀儡，一切官吏任免，實際上都由韓決定。其親故得勢後無一不奸，無一不貪，陳自強公開納賄賣官，各地官員寄給他的書信，必須註明有若干物品「並」獻，否則連看也不看；蘇師旦掌握武官

宋寧宗 趙擴

任命，明碼標價，多者數十萬貫，少則也不下十萬；其他官員也是齷齪不堪。

韓侂胄的權勢幾乎到了無以復加的地步，史書講他「威行宮省，權震宇內」，確實不誇張。作為外朝大臣，他經常出入宮廷，以前孝宗思考政事的地方，他竟然隨便躺臥，年老的宮人見了常常暗自垂淚。他甚至連皇帝的家事也要插手，皇后韓氏去世，楊貴妃、曹美人都得趙擴寵愛，都有立為皇后的機會。楊貴妃性情機警，頗懂權術；曹美人則性格溫順。韓有四個小妾，都被封為郡國夫人，與楊、曹在一起時不拘禮數，讓人很看不慣，楊貴妃心中不悅，難免流露，而曹美人和顏相待，不爭高下。小妾回去告訴韓侂胄，他自然勸趙擴冊立曹美人。楊貴妃知道後趁給趙擴侍寢之機大展手腕，請求趙擴立她為后，趙擴答應了。楊貴妃怕韓抗旨不遵，請趙擴將詔書一式兩份，一份照常發出，一份交給其義兄楊次山，等百官一上朝即行宣佈，韓聽到後已無可奈何，從此二人結下怨仇。

韓侂胄內心極度膨脹，變得目空一切，忘乎所以，他居然要北伐！而趙擴在對金交往中受盡了叔侄禮儀的屈辱，對韓侂胄的北伐表示支持。收復故土，還振國威，是幾代人魂牽夢縈的事情，可要讓韓侂胄來主持，就得另當別論了。韓侂胄在北伐前先做了一件事：解除黨禁。做這件事他有兩重考慮，一是為自己留條後路。黨禁之害涉及面廣、危害深，慶元六年（1200年），主持此事的京鏜一命嗚呼，大臣張孝伯勸韓侂胄：「黨禁打擊面太大，如不及早放寬，恐怕很難倖免報復。」韓侂胄覺得有理，世界上沒有不散的筵席，今後一旦失勢，那些受迫害的士子們肯定不會輕饒他。於是面見趙擴，要求放寬黨禁，策劃者想解禁，趙擴自然沒有意見，隨之發出詔書，恢復趙汝愚、留正、周必大、徐誼等人的官職，廢除用官時有關「偽學」的條款；二是增加支持北伐的力度，因為黨人中許多人主戰，解除黨禁，一些主戰派人士紛紛被起用，著名詞人辛棄疾即於此時東山再起。

當時金朝是完顏璟在位，其昏庸無度，不理朝政，寵妃李氏與丞相胥持國內外勾結，朝政混亂；而北方蒙古韃靼部落興起，對其構成巨大威脅。

宋若精心準備，適時北伐，完全有收復故土的機會。

然而韓侂冑的北伐準備就顯得過於倉促、把問題想得太過簡單了。他北伐的出發點是受黨羽恭維，要建立功名，鞏固地位；策定的依據則是淮北流民願意歸宋，赴金使臣回報說金已衰弱不堪。他奏請趙擴追封岳飛為鄂王，追奪了秦檜的王爵，改諡「謬丑」；將次年改元「開禧」，取太祖「開寶」和真宗「天禧」年號各一字，兩紀年正值宋代盛世，其寓意不言自明。

戰前，朝中有識之士認為這樣倉促出兵幾無勝算，葉適不僅拒絕起草宣戰詔書，還上書趙擴，認為輕率北伐「至險至危」；武學生華岳上書，認定此次北伐將「師出無功，不戰自敗」。但韓侂冑一意孤行，讓直學院士李壁起草伐金詔書，鼓舞士氣：「天道好還，中國有必伸之理，人心效順，匹夫無不報之仇……兵出有名，師直為壯，言乎遠，言乎近，孰無忠義之心？為人子，為人臣，當念祖宗之憤。」鏗鏘有力，但內心無底。

北伐就在這樣遠未作好充分準備的情況下宣告開始，由趙擴下詔，任命各路官員，分兵出擊，山東京洛招撫使郭倪派兵攻宿州（今屬安徽），建康府（今江蘇南京）都統制李爽率部攻壽州（今安徽鳳台），江陵府（今屬湖北）副都統制皇甫斌攻唐州（今河南唐河），江州（今江西九江）都統制王大節攻蔡州（今河南汝南）。由於金軍早有準備，宋軍將領多為疏於兵法、無領兵經驗之輩，兵士怯陣，各路宋軍進攻皆遭失利，只有鎮江副都統制畢再遇連戰皆捷，但也無法扭轉敗局。宋軍的北伐很快變為了金軍的南侵，金軍乘勝分路南下，四川宣撫副使吳曦叛宋降金，割讓關外四郡，金封吳曦為蜀王。面臨此種不利局勢，韓侂冑開始後悔自己當初的草率，但世上絕沒有後悔藥，他必須對自己的行為負責。

趙擴
宋寧宗

嘉定和議
史楊弄權

韓侂冑趕緊派使臣去向金人求和，但金人提出宋必須將韓侂冑殺掉，把其首級獻予金國，每年增加貢銀五萬兩，犒師銀一千萬兩，方可議和；並提出宋如果稱臣，就以江淮之間取中為界，若稱子，則以長江為界。這下可把韓侂冑給氣暈了，沒想到金人把他的性命作為議和的籌碼。他惱羞成怒，發狠要再次用兵，發佈詔書，招募新兵，起用辛棄疾為樞密都承旨，指揮軍事。

但經過此次失敗的北伐，根本再聚集不起必要的人氣和財富，辛棄疾還未動身，就病死家中；前線連連失敗，蜀口、江淮一帶百姓大批死於戰爭；宋朝的軍費開支巨大，國庫空虛，大將張巖建督府九個月，寸功未建，卻花去了錢三百七十萬貫。此時，反對出兵北伐的主和派開始抬頭，厭戰情緒瀰漫了整個朝廷。

禮部侍郎史彌遠率先發難，上書反對韓侂冑繼續用兵，請求將其斬首。趙擴未同意。這時楊皇后站了出來，她記恨當初韓侂冑在立后問題上與她的舊怨。她吩咐榮王曮給趙擴遞話：「韓侂冑再啟兵端，會對國家不利，應該將其正法以謝天下！」趙擴聽後大怒，訓斥榮王。楊皇后見派人不成，便親自出馬，進行勸說，趙擴雖還沒答應，但口氣見緩。楊皇后抓住機會，說：「韓侂冑專橫誤國，天下人哪個不知，哪個不曉？大臣們只是怕他的權勢，才不敢彈劾。」趙擴將信將疑，對楊后說：「事情未必屬實，待我查明以後，再做決定。」楊后說：「陛下深居九重，何從密查，此事委託一位至親辦理即可。」趙擴同意派楊的義兄楊次山進行調查，同時起草一份密詔：「韓侂冑長期掌握國家大權，輕率挑起戰爭，使南北生靈枉受災禍，特罷免其平軍章國事，給予宮觀閒職。陳自強阿附充位，罷免右丞相。」準備調查屬實，即宣詔罷免。說實在話，這份詔書的真實性令人懷疑，它主要是為接下來的事情做鋪墊。

楊后見趙擴採納了自己的建議，很高興。但深知趙擴與韓的關係，怕夜

長夢多，便找到史彌遠、楊次山以及錢象祖、李壁等密謀，決定殺掉韓
侂胄。開禧三年（1207年）十一月，史彌遠等派人在韓上朝的路上將
其拘捕，押至玉津園處死。一個權傾朝野、不可一世的重臣，就這樣結
束了性命，可見其朝政的混亂。史彌遠和錢象祖向趙擴報告韓侂胄被殺
的消息，趙擴都不敢相信，經過核實，才知道是真的。

史彌遠等人先斬後奏，誅殺權臣，趙擴很惱火，本想發作，但在現實面
前，只好順水推舟，將錯就錯。此時他再一次扮演了傀儡的角色，發佈
詔書列舉韓侂胄的罪行，抄家，將依附於韓的陳自強、郭倪、鄧友龍等
人趕出朝廷。既然韓侂胄是十惡不赦的罪人，那麼誅殺罪臣的史彌遠等
人就成了功臣，於是趙擴連連頒詔褒獎。榮王被冊封為皇子，錢象祖升
為右丞相，史彌遠更是越級提拔。一時間妥協派充斥了朝堂，趙擴宣佈
次年改元嘉定，議和之勢已定。

嘉定元年（1208年）三月，派去的宋使帶回了金人議和的條件，其內
容之苛刻，讓趙擴感到無地自容。金要求宋用韓侂胄、蘇師旦的首級贖
回被金軍佔領的淮南之地。趙擴覺得太失體面，可又沒辦法，交由群臣
討論，群臣有的認為太傷國體，有人則認為無所謂，吏部尚書樓鑰說：
「和議是國家大事，急需做出決斷，已經斃命奸臣的頭顱，有什麼可值
得惋惜呢？」趙擴見其說得堅決，正好借坡下驢，命人劈開二人棺木，
取下頭顱，送往金國。最後宋金達成和議，宋每年增加歲幣總數達三十
萬，稱作犒師銀的戰爭賠款為白銀三百萬兩，金軍從佔領的土地上撤走，
即所謂「嘉定和議」。

「嘉定和議」較之孝宗時的「隆興和議」更屈辱，賠付的數額更高，而
且將宰臣的首級予金，創了先例。對此，世人多有微詞，當時京城流傳
着太學生的一首詩：「自古和戎有大權，未聞函首可安邊，生靈肝腦空
塗地，祖父冤仇共戴天。」《續宋編年資治通鑒》作者劉時舉評價：「韓
侂胄輕率用兵，確實有罪，可怎至於函首乞和呢？」可從另一個角度講，
韓侂胄獨攬朝政，殘害賢良，不顧國力，貿然北伐，最後導致失敗，也
是各由自取。

趙擴
宋寧宗

韓侂胄專權的時代結束了，但接替下來的並非君威臣安、輔弼井然、言路通暢的局面，而是又一個專權時代，即史彌遠、楊皇后弄權時代的開始，而且這次專權持續的時間更長，專斷更嚴重，最後竟決定了趙擴身後的傳嗣。所以說專權現象並不能歸罪於臣屬，而主要在於君王，是君王「養癰貽患」，縱容、庇護並最終受制於專權者。

史彌遠從斬殺韓侂胄、主持和議開始受到趙擴重用，有人似乎預感到什麼，大臣倪思對趙擴說：「大權剛剛收回，應切記防微杜漸，一旦出現干預君權的端倪，就會重蹈覆轍，希望樞臣遠權平息外面的議論。」樞臣即指史彌遠，他在短短的時間內，由禮部兼刑部侍郎一躍而連升四級，為右丞相兼樞密使，成為趙擴朝政的核心人物。他將原韓侂胄的勢力進行清理，代之以自己的親信，很快控制了朝權。嘉定元年（1208年）十一月，他母親去世，按規定應離職守喪，可趙擴離不開他，在京城賜予他一處宅第，讓其在京服喪，以便諮詢政事。第二年五月，趙擴便重新起用他，怕其礙於輿論不來，派出的使者竟絡繹不絕。

史彌遠為了鞏固自己的地位，採取了一系列籠絡人心的措施：為冤死的宰相趙汝愚平反昭雪，修改了韓侂胄干預編成的國史，給「偽學」黨人朱熹、彭龜年、呂祖儉等平反，錄用其後人，朱熹的學說重立於朝堂；一些名士如真德秀、魏了翁等也相繼進用。但這些都不過是為了裝點一下門面，他真正重用的是自己的黨羽，宰執、侍從、台諫、帥守的要職，均由其推薦擔任。

朝野因懾於史彌遠的專權，不再敢進言，言路也大多被史的親信所把持。少數人冒死勸諫，也難得有好的結果。代理刑部侍郎劉爚勸趙擴採取措施，樹立直言敢諫之風；負責進奏院的官員陳宓上書揭露史彌遠專權，說：「大臣（指史彌遠）所用，非親即故，執政選擇容易駕馭之人，台諫官員挑選謹慎緘默之士，都司和樞密院無一不是自己的親暱之輩，貪吏無不得志，廉吏動輒招來怨仇。這是權力分散的結果。」他希望趙擴能夠明察，但趙擴不為所動。有了趙擴的縱容，史彌遠愈加恣肆，在朝中一手遮天，官員為得美差，紛紛投靠，朝風日下。

這時北方金國在蒙古步步緊逼下逐漸向南收縮，迫不得已將都城從中都（今北京市）遷到汴京（今開封市），地盤只剩下黃河以南的一塊地方。在此形勢下，金主完顏珣居然還多次派使者前來向宋催交歲幣，使得宋臣民很氣憤。起居舍人真德秀對趙擴說：「現在應當乘金人將要滅亡之機，早圖自立之策，不能僥倖敵人未亡，苟且偷安，更不能再示敵以弱，應不失時機地停交歲幣。」趙擴接受了建議。金得不到歲幣，陷入窘境，但他們認為宋軟弱可欺，想北面損失南面補，於嘉定十年（1217 年），分兵大舉南侵。戰爭伊始，趙擴接受北伐的教訓，沒敢下詔反擊，只是下命令讓沿邊將帥相機行事。當邊將趙方、孟憲政等不斷取勝，趙擴才下詔伐金。史彌遠雖然主和，但見金國今非昔比，不置可否，坐觀其後。

宋金間這次戰爭持續了六年，因金軍腹背受敵、實力削弱，宋軍佔有優勢。金損兵折將，迫使新主、也是金朝的最後一個皇帝王完顏守緒於嘉定十七年（1224 年）派人與宋通好，明令不得再進攻宋地，雙方進入休戰狀態。

宋金戰爭期間，趙擴已年逾五旬，逐漸荒於政事。而史彌遠、楊皇后則乘機攬權，兩人內外勾結，表裡為奸，飛揚跋扈，甚至民間傳有二人關係曖昧，比之唐中宗時武三思受寵於韋皇后，有人作詩諷刺：「往來與日為儔侶，舒捲和天也蔽蒙。」

隨着趙擴日漸衰老，傳嗣一事擺上議事日程。趙擴曾生有八子，但都早夭。後選宗室後裔趙曮養育宮中，立為太子，不想其於嘉定十三年（1220年）去世。趙擴又選燕王德昭的九世孫貴和，即沂王趙抦的養子，立為皇嗣，賜名竑，授寧武軍節度使，封祁國公，次年又加檢校少保，封濟國公。另外還命人選宗室子弟趙與莒，繼承沂王藩位，賜名貴誠，也養在宮中。

太子趙竑對史彌遠專權非常不滿，曾書「史彌遠當決配八千里」，還指着地圖上的瓊崖說：我今後要是得志，定要把史彌遠發配到這裡。然而此話被史彌遠安排在其身邊的侍女報告給了史彌遠，史彌遠聽後驚出一身冷汗，決意要搬掉趙竑。選為沂藩的貴誠知書達理，性格穩重，見到

史彌遠總自稱小侄行禮，史彌遠便有意地培養他，同時利用各種機會向趙擴訴說趙竑的不是，誇讚貴誠。

嘉定十七年（1224 年）八月，趙擴病重，史彌遠矯詔將貴誠立為皇子，賜名昀，授武泰軍節度使，封成國公；幾天後趙擴崩於福寧殿，史彌遠和楊皇后召趙昀入宮，在趙擴靈柩前即皇位，由楊皇后垂簾一同聽政。趙擴享年五十七歲，謚法天備道純德茂功仁文哲武聖睿恭孝皇帝，廟號寧宗，葬於浙江紹興寶山永茂陵。

聽任他人的趙昀

宋理宗

寶慶
紹定
端平
嘉熙
淳祐
寶祐
開慶
景定

1224-1264

趙昀的身世頗為奇特，在短短兩年的時間內，從一介平民榮登帝位，完全緣於他人的政治目的；聽任別人所為，儘管在親政後採取了一系列改革措施，人稱「端平更化」，但時間一長，逐漸喪失銳氣。

宋理宗趙昀像

一介平民
榮登大位

開禧元年（1205 年）正月初五，趙昀生於紹興府山陰縣虹橋里。他出生時叫趙與莒，父親叫趙希瓐，母親為全氏。那是一個很普通的家庭，父親雖說跟宗室能攀上點兒邊，是太祖之子燕王德昭的八世孫，但家道並不興旺。曾祖和祖父均無官職，父親是個九品縣尉，而且在他很小時候就去世了。如果不是寧宗生育的兒子都早夭，選了宗室後裔趙曮為皇太子，趙曮又於二十九歲早逝；寧宗再選沂王的養子趙竑為皇子，沂王無親子，寧宗又給之選嗣；權相史彌遠插手，派去的朝臣碰巧到全氏家避雨⋯⋯若非如此種種，趙與莒可能就在當地很平淡、清苦地度過一生。

太祖之後有德芳和德昭兩支，南宋高宗無嗣，選德芳的後裔孝宗繼承皇位，一直到寧宗，都為德芳一支。而德昭一支家道中落，失去王爵，趙與莒家即為德昭的後裔，社會地位不高，基本上與平民無異。趙與莒還有一個弟弟叫趙與芮，父親去世，母親無力撫養，便帶兩個孩子回到娘家寄居。趙與莒的舅舅是個保長，家境相對寬裕，趙與莒兄弟便在外祖家長大。

嘉定十四年（1221 年）六月，寧宗將沂王的養子貴和立為皇子，賜名竑。此時沂王已過世，生前沂王與寧宗的感情很好，寧宗不忍讓其絕後，便讓宰臣為其選個繼嗣人。宰相史彌遠感覺這是培植力量的機會，便開始經心。正巧他兒子的老師慶元（今浙江寧波）人余天錫回鄉參加考試，史便叮囑他留意，若發現賢良的宗室子弟可帶回京城。

余天錫回鄉時途經越州西門，突然天降大雨，小船無法行駛，只得棄船上岸，找個人家躲雨。碰巧他就來到了全保長家，保長聽說來人是丞相府的門客，忙盛情款待。席間，全保長將趙與莒兄弟介紹給余天錫，說二人是皇室血脈，並吹噓說趙與莒出生時紅光燭天，如日當頭，長到三五歲，睡覺時身上常隱隱出現龍鱗。余天錫回到京城後，遂將此事告知史彌遠，史彌遠便派人去讓全保長把孩子帶到臨安。史彌遠見到趙與

莒相貌端正，舉止文雅，讓其寫字，竟然寫下「朕聞上古」四字，令史彌遠萬分感慨：「此乃天命！」但怕走漏風聲，他讓全保長先將兄弟二人帶回家，等待時機。

一年之後，史彌遠將趙與莒正式召來，拜見寧宗。寧宗見後非常喜歡，當即賜名貴誠，立為沂王後嗣。此時他十七歲，處事沉穩，凝重寡言，入宮後潔修自重，好學不倦。每次等待上朝，別人都相互談笑，他卻整肅衣冠，靜默以待，頗得朝野讚許。史彌遠多次在同僚中說他能成大器，寧宗也對其另眼相看。

史彌遠在寧宗後期與楊皇后勾結，專權擅政，引得皇子趙竑不滿。史彌遠有所察覺，為了掌握趙竑的情況，聽說他喜歡彈琴，便買了一個善於鼓琴的美女送予他，以窺探趙竑的言行。趙竑是個缺乏政治頭腦的人，見女子艷若桃花，知書聰敏，又跟自己有着相同的愛好，深為寵愛，做什麼事都不避諱。實際上這個女子被史彌遠收買，史通過她監視趙竑的一舉一動。

趙竑將史彌遠和楊皇后所做的不法之事都記錄下來，並說：「史彌遠應該發配八千里。」還指着地圖上海南島的瓊、崖說：「我今後作了皇帝，一定要把史彌遠流放到這裡。」甚至私下稱史彌遠為「新恩」，即新州或恩州，此為當時的瘴癘之地，去此無異被判了死刑。史彌遠在乞巧節送給趙竑不少珍寶，趙竑竟藉着酒意將珍寶擲貫於地。史彌遠聞此很恐懼，也很憎恨，他知道趙竑繼位自己將大難臨頭，因此，下決心一定要搬掉他，另立皇嗣。

史彌遠想到了已被改名為趙貴誠的趙與莒，要對其進行培養，相機立為皇嗣，以取代趙竑。史彌遠找來當時的名儒鄭清之，私下對他說：「皇子趙竑不能擔當大任，聽說沂王嗣子貴誠很賢良，你要好好教導他。事成之後，我丞相的位置非你莫屬。但此天機絕不可洩露，不然，你我都要滿門抄斬。」鄭清之答應了。史彌遠上奏寧宗，讓鄭清之兼任沂王府的講授。鄭清之對趙貴誠的教育盡心竭力，授其經史詩賦、道德修養、

為政之道，並找來高宗的字畫臨摹。趙貴誠學習刻苦，頗有悟性，鄭清之每逢見到史彌遠都對其讚不絕口，誇其「不凡」，這就更堅定了史彌遠立趙貴誠為皇子的決心。史彌遠利用各種機會在寧宗面前訴說趙竑的種種不是，稱道趙貴誠的優點，他甚至向寧宗建議增立趙貴誠為皇子，寧宗沒有同意。但趙竑對此並未察覺，做事情還是那樣一如既往。

嘉定十七年（1224 年）八月，寧宗病重。史彌遠派鄭清之赴沂王府，向趙貴誠表明要擁立他為皇子的想法。趙貴誠知道自己無合法繼位權，不敢貿然作答，沉默不語。鄭清之著急地說：「丞相因為我與殿下交往甚久，才讓我將心腹話相告。現在你不答一語，我怎麼向丞相覆命？」貴誠拱手答道：「紹興老母尚在。」此話聽似答非所問，但卻表明了自己的意願，同時還顯示出其穩重。鄭清之回去稟告史彌遠，兩人更覺得趙貴誠「不凡」。

史彌遠在寧宗彌留之際，將兩府大臣和負責起草詔書的翰林學士都堵在宮外，召鄭清之和直學士院程珌入宮，偽詔立趙貴誠為皇子，又賜名昀，授武泰軍節度使、成國公，使趙昀有了繼承皇位的身份。然而這一切皇子趙竑渾然不知。

閏八月三日，寧宗去世。關於寧宗的死因，似乎是一個謎，史料並未記載他身患何病，《宋史》援引鄧若水的奏章，指寧宗並非壽終正寢，而是被人謀害，若屬實，則兇手不言自明。另據《東南紀聞》記載，寧宗病重，史彌遠曾獻金丹百粒，寧宗服用後不久去世。

寧宗死，史彌遠策動立嗣的步伐緊鑼密鼓。他知道擁立新帝需楊皇后點頭，就派楊皇后的侄子楊谷、楊石前去說服。楊后雖然對趙竑並無何好感，但覺得廢立乃朝廷大事，不能擅自主張，說：「皇子竑為先帝所立，現先帝屍骨未寒，豈能立刻變易他的主張！」楊氏兄弟好言相勸，急得抓耳撓腮，一夜間往返於後宮及史彌遠間七次，直說得口乾舌燥，楊后仍不鬆口。楊谷急了，哭著跟姑姑說：「天下軍民都已歸心沂王府，若不答應立昀為皇太子，必生禍患，到那時，楊家定要受刀兵之苦！」楊后沉默良久，才問道：「趙昀在那裡？」史彌遠知楊后態度變軟，隨即

趙昀
宋理宗

遣內侍去接趙昀，臨行前叮囑：「今日宣的是沂靖惠王府的皇子（指趙昀），不是萬歲巷的皇子（指趙竑），如果接錯了，定斬不饒！」

此時趙竑已經得知了寧宗去世的消息，萬分焦急地在府中等待，等着來人宣召他入宮。他見一群人從中宮方向而來，可經過府門並未駐步，過了一會兒，又簇擁着一個人匆匆而去，感到十分惶惑。實際上被簇擁的就是趙昀，他被接進宮中，先拜見楊后，楊皇后說：「汝今為吾子矣。」遂被帶到寧宗靈柩前行禮舉哀，舉哀畢，才召趙竑入宮。趙竑入宮時，隨從都被攔在宮外，趙竑被帶到寧宗靈柩前行禮，然後由史彌遠的親信殿前都指揮使夏震陪同，實際上是將其監管。隨之召集百官朝拜，聽讀遺詔。趙竑仍被安排於以前的位置，不解，問道：「今日之事，我豈當仍在此位？」夏震騙他：「未宣讀先帝詔命前還當在此，宣讀以後才即位。」趙竑覺得有理，但轉頭卻發現燭影中已有一人坐在御座上。這時宣詔趙昀即位，百官下拜，恭賀新皇帝登基。趙竑這才恍然大悟，怒不可遏，堅決不肯下拜，夏震強按其頭逼他叩拜，登基儀式才得以完成。

放任權佞
立志中興

趙昀以一介平民，在兩年的時間裡榮登皇位；史彌遠明火執仗，偽造詔命，操縱廢立。其中最受傷害的無疑是趙竑，趙昀即位後授其開府儀同三司，封濟陽郡王，判寧國府；不久，又進封濟王，賜第湖州，將其趕出了京師。

史相如此擅權亂政，引發朝野不滿，湖州百姓率先發難，寶慶元年（1225年）正月，湖州百姓潘壬、潘丙、潘甫兄弟密謀擁立趙竑，派人與山東「忠義軍」首領李全聯繫，李滿口答應，約定起事日期，表示屆時進兵接應，但到約定時間並未履約。潘氏兄弟恐事情敗露，聚集一幫太湖漁民和湖州巡卒，約數百人，打着「忠義軍」的旗號，闖入濟王府，聲稱

要擁立趙竑為帝。趙竑聞訊急忙躲入水洞，但被找了出來，被潘氏一行帶到湖州治所，硬將黃袍加予其身。趙竑號泣不從，但潘壬等人以武力脅迫，趙竑無奈，只得與潘氏約定不得傷害太后及趙昀，得到允諾，趙竑才即皇帝位。說來趙竑做事還講良心，但政治似乎並不接納良心。湖州知州謝周卿率部屬前來恭賀，史稱「湖州之變」或「濟王之變」。可到了天明，趙竑才發現擁立自己的並非什麼「忠義軍」，而是一些漁民和巡卒，人數尚不足百。趙竑知道這幫烏合之眾難以成事，遂派人赴臨安告發，並親率州兵討伐。朝廷派兵趕來，叛亂已平，潘甫、潘丙被殺，潘壬逃跑後被抓，押到臨安處死。「黃袍加身」的鬧劇草草收場。

「湖州之變」給趙昀及史彌遠以極大震動，他們知道只要趙竑活着，就會對皇權構成威脅，若不徹底解決，必將後患無窮。趙竑本來無病，但史彌遠派余天錫以治病為名來到湖州，逼其自殺，並殺害了趙竑年幼的兒子。隨後以趙竑病重不治佈告天下，原本合法的皇位繼承人就這樣冤屈而死。為掩人耳目，趙昀宣佈輟朝表示哀悼，追贈趙竑為少師，但不久經史彌遠挑撥又收回成命，追貶趙竑為巴陵縣公，將其打成朝廷的罪人。

趙竑的遭遇引起世人的廣泛同情，朝廷對湖州之變的處置更激起正直之士的義憤，名臣真德秀、魏了翁、洪咨夔、鄧若水等人紛紛上書。但趙昀卻說：「朕待濟王亦至矣。」意思是說他已然仁至義盡。為壓制輿論，那些鳴冤者紛紛被貶，一時「朝臣泛論，一語及此，搖頭吐舌，指為深諱」。可是，直至南宋終結，為趙竑的叫屈之聲也未停止，每當遇到災異、戰事，都有人舊事重提，直至恭帝，謝太后主政，在朝臣的建議下恢復了趙竑的名號，選宗子為其延續香火，這一公案才告結束，可見人心向背。趙昀在此問題上泯滅良知，儘管政治無情，但還是為人所指。

趙昀畢竟長於逆境，從小勤奮好學，志存高遠，加之在亂中繼位，總要讓人們看到他稱帝之必然，所以，胸中有着一番理想和抱負，中興宋室、振奮朝綱，群臣對其也抱有希望。但是，面對複雜的政治環境，使他很快收起了政治抱負，聽任別人擺佈，充當傀儡。

趙昀
宋理宗

趙昀即位，南宋的朝政舞台上有三股勢力，即他所代表的君權、楊后代表的后權及史彌遠代表的相權。楊后在非常時期認定他的皇子身份，因而換來了垂簾聽政的特權。宋代自真宗劉皇后以來，雖有垂簾的先例，但多是皇帝年幼、不能視事的情況下行使，而趙昀即位時已二十歲，並非幼主，楊后垂簾實際上違背了「后妃不得干政」的祖宗家法，自然引起朝野上下議論；而趙昀對太后垂簾一事也有所牴觸。寶慶元年（1225年）上元節，趙昀設宴恭請楊后，不知是否有意，席間一枚煙花竟鑽入楊后椅下，楊后大驚，「意頗疑怒」，拂衣而去。趙昀趕快召集百官謝罪，並要處罰掌管的內侍，楊后一笑：「難道他特地來驚我，想來也是不小心，赦免了他吧。」母子和好「如初」。此事看來雖小，但楊后卻與「垂簾」相聯繫，認為此乃趙昀要自己撤簾的警示，聯想趙昀、史彌遠在廢立過程中所為，楊后藉故宣佈撤簾，此時距她開始垂簾僅過了七個月。

楊后撤簾，政治舞台上就剩下了君權與相權的對峙。趙昀十八歲被帶入京城，在朝中毫無根基，沒有合法的身份，得以登上帝位，完全仰仗史彌遠的一手扶植。所以，他知道要想鞏固得來不易的帝位，必須依靠史彌遠的勢力；而趙竑的悲慘遭遇，使他領教了史彌遠的心狠手辣、翻雲覆雨。基於此種考慮，趙昀將政事完全交予史彌遠，自己則韜光養晦，一半是情願一半是不情願地過起了碌碌無為的日子。從這一點上看，趙昀雖然消極、怯懦，但卻要比趙竑懂得在權力鬥爭中如何保全自己。

寶慶、紹定年間，史彌遠把持朝政，獨斷專行，黨羽幾乎控制了從朝廷到地方所有的重要職位。紹定四年（1231年）九月，臨安發生大火，殿前司副都指揮使馮榯帶領禁軍保護史家相府，其他地方卻無人撲救。結果大火燒掉了太廟、三省、六部、御史台、秘書省，連存放皇室家譜的玉牒所也陷入火海，史府卻安然無恙。大火過後，餘燼未息，趙昀憑高觀望，在殘垣斷壁之中，豪華的史府巍然佇立，內心非常不是滋味。

儘管史彌遠不可一世，但仍有忠義之士上書指斥其專權擅政。對此，趙昀心裡明白，自己與史彌遠實際上是捆綁在一起，否定史彌遠就等於否

定了自己繼位的合法性，所以，對史彌遠採取寬容甚至偏袒的態度。紹定六年（1233年）十月，史彌遠這個兩朝為相、專權二十餘載的權臣病重不治，趙昀封其為衛王，諡忠獻，並宣佈「姑置衛王事」，即把史的問題擱置起來，禁止臣僚攻擊其過失。

史彌遠死後，趙昀終於得以「赫然獨斷」，一展情懷，抒發胸中的鬱悶了。紹定六年（1233年）十一月，趙昀宣佈次年改元為端平，一直到淳祐十二年（1252年）近二十年的時間裡，趙昀在政治、經濟、軍事、文化等各方面採取了一系列改革措施，史稱「端平更化」。

趙昀先着手整頓吏治，雖未否定史彌遠，但對其黨羽進行清理，將其死黨、被稱為「三凶」的台諫官梁成大、莫澤、李知孝清除出朝，流放，追奪官爵，其他親信也紛紛被貶。同時任用一批賢良之士，深孚眾望的真德秀、魏了翁被重新請回朝廷。吸取史氏專權的教訓，趙昀在選擇宰相時非常慎重，據《宋史‧宰輔年表》記載，趙昀在更化期間先後任用過三十七名宰執，大多為一時之選，所以，朝政較為穩定。台諫是朝廷進言的渠道，在史彌遠時期淪為其攻擊政敵的工具，趙昀重新將選拔台諫官的權力收歸皇帝，任用的台諫官大多立論忠直，勝任其職。趙昀整飭吏治，使得朝堂之上人才濟濟，政風為之一變，時人將這一時期稱為「小元祐」。但是，客觀地講，「端平更化」聲勢雖大，但並未改變宋衰落的走勢；雖聚集了不少賢良之士，但「所請之事無一施行」，朝令夕改，無所建樹，措施大多就事論事，治標不治本，沒有取得應有的效果。

南宋中後期，北方的蒙古迅速崛起，成為繼遼、西夏、金之後又一強大勢力。如何面對這種局勢，朝廷內部產生分歧。有些人出於對金的仇視，主張聯蒙滅金，恢復中原；另一部份人則認為應當接受當年聯金滅遼的教訓，以金為藩屏，不能重蹈覆轍。兩種意見爭論不休，趙昀也拿不定主意，但隨着蒙古與金戰事推進，金朝敗局已定，趙昀作出了決定。

紹定五年（1232年）十二月，蒙古遣王檝來到京湖，商議宋蒙合作，夾擊金朝。京湖制置使史嵩之上報朝廷，朝臣們大多表示贊同，認為以此可報靖康之仇。但大臣趙范不同意，說應借鑒徽宗「海上之盟」的教

訓。但一直懷有中興之志的趙昀認為這是建不朽功業的天賜良機，於是讓史嵩之遣使答應了蒙古的要求。蒙古承諾滅金以後將河南歸還給宋，但這只是口頭約定，並沒有書面協議，這便為事後履約留下了巨大隱患。

金哀宗得知宋與蒙達成合約，也派使者前來爭取宋的支持，竭力陳述唇齒相依的道理，說：「大元滅國四十，以及西夏，夏亡及於我，我亡必及於宋。唇亡齒寒，自然之理。若與我聯合，所以為我者，亦為彼也。」意思是說援金實際上也是宋自保，但趙昀拒絕了金的請求。

趙昀任命史嵩之為京湖制置使兼知襄陽府，主持滅金事宜。紹定六年（1233 年），宋軍出兵攻佔鄧州等地，於馬蹬山大破金軍武仙所部，又攻克唐州，切斷了金哀宗逃跑的退路。十月，史嵩之命京湖兵馬鈐轄孟珙統兵二萬，與蒙軍聯合圍攻蔡州。端平元年（1234 年）正月，蔡州城被攻破，金哀宗自縊而死，金國滅亡。

「入洛之禍」
雄心不再

蔡州城破後，孟珙在廢墟中找到金哀宗的遺骨，帶回臨安，宋沉浸在報仇雪恨的狂喜之中。趙昀將金哀宗的遺骨奉於太廟，告慰徽、欽二帝的在天之靈。自北宋被金所滅的一個多世紀以來，回歸故都汴京是南宋臣民魂牽夢縈的事情，宗澤、岳飛的抗金以及開禧北伐等都沒能成功，如今金朝滅亡，使趙昀君臣似乎看到了機會。

宋蒙聯手滅金時，並未就滅金後河南的歸屬作出明確的協定。金亡後，蒙軍北撤，河南空虛。以趙范、趙葵兄弟為首的朝臣欲乘機撫定中原，提出據關（潼關）、守河（黃河）、收復三京（西京洛陽、東京開封、南京歸德）的建議，而大部份朝臣則持相反意見，認為此時出兵並非良好時機，宋目前還不足以與蒙古為敵。可剛剛擺脫史彌遠專斷而得以「赫然獨斷」的趙昀，面對「大好時機」屢屢發出「中原好機會」的感歎，

收復故土、建立功業的念頭促使他作出了出兵中原的決定。應當說其初衷是好的，但卻沒有正確地估計形勢。他罷免了反對出師的吳淵、吳潛和京湖制置使史嵩之的官職，於端平元年（1234 年）五月，任命趙葵為主帥，全子才為先鋒，趙范節制江淮軍馬以為策應，正式頒詔出兵河南。

六月十二日，宋軍進軍河南。全子才收復南京歸德府，隨後向開封進發，開封蒙軍都尉李伯淵、李琦、李賤奴長期遭受主將崔立侮辱，三人殺掉崔立，獻城投降。七月五日，宋軍進駐開封。經歷了戰火的開封瓦礫遍地，宋軍收復的只是一座空城，但畢竟實現了夢寐以求的的理想，圓了「靖康之難」以來無數志士仁人的夢。

全子才佔領開封後，後方軍需糧草沒有及時運來，無法繼續進軍，貽誤了戰機。半個月後，趙葵又兵分兩路，在糧餉不足的情況下進軍洛陽，結果遭受蒙軍伏擊，損失慘重，狼狽回撤。留守東京的趙葵、全子才看到戰機已失，加上糧餉不繼，率軍南歸，其他地區的宋軍也全線敗退。趙昀回歸故都、收復故土的想法就這樣歸於破滅，史稱「入洛之禍」。

「入洛之禍」使宋損失慘重，數萬精兵死於戰火，投入的大量物資付諸東流，國力受到嚴重削弱。可見做事情光靠一廂情願是不行的，更嚴重的是，蒙古找到了攻宋的藉口，蒙古由此而開始了攻宋的戰爭。朝野上下對於出兵及帶來的後果議論紛紛，對此，趙昀不得不下「罪己詔」，檢討自己的過失，以安定人心。

征伐河南失敗後，趙昀已年逾五旬。宋軍的慘敗令他痛心疾首，胸中的志向無從實現，此後的戰爭更使他疲於應對，讓他逐漸喪失了當初勤政圖治的銳氣，開始怠於政事，沉迷於聲色犬馬，朝廷和後宮便出現了一批竊威弄權之徒，使得朝政大壞。

閻妃是趙昀晚年最寵愛的妃子。淳祐九年（1240 年）九月，趙昀封其為貴妃，賞賜無度，甚至動用國庫為之修建功德寺，比之趙氏祖宗的功德寺還要富麗堂皇，時人稱之為「賽靈隱寺」，閻妃在趙昀的極寵下，驕橫專恣，干權亂政。

鑒於唐代嚴重的宦禍，宋防範很嚴，「宦官不得干政」成為宋代的一條家法。但趙昀在位後期，沉於享樂，昏庸嗜慾，宦官弄權隨之而起。董宋臣是趙昀的貼身內侍，善逢迎，得趙昀信任。趙昀去禁苑賞荷花，苦於沒有涼亭遮日，董揣摩聖意，一天內就修建了一座涼亭，趙昀十分高興；冬天，趙昀去賞梅，董又事先在梅園建造了一座亭子，趙昀責備他勞民傷財，董謊說是將荷亭移至此，趙昀大讚他辦事得體。趙昀晚年沉於女色，董便引臨安名妓唐安安入宮。起居郎牟子才上書勸誡：「此舉壞了陛下三十年自修之操！」趙昀卻讓人叮囑牟子才不得告知他人，以免損害自己的形象。大臣姚勉以唐玄宗、楊貴妃、高力士為例勸誡趙昀，趙昀竟然回答：「朕雖不德，未如明皇之甚也。」董宋臣在趙昀的寵信下，勾結宰相丁大全，恃寵弄權，不可一世，人們把他稱為「董閻羅」。

丁大全長相「藍色鬼貌」，為人「奸回險狡，狠毒貪殘」，時人稱之為「丁藍鬼」。他娶了一名外戚的婢女，借此攀附高層權要。後來又靠逢迎閻貴妃、宦官盧允升、董宋臣等人，逐漸身居要職，升任侍御史兼侍講。此人寡廉鮮恥，貪財好色，為兒子聘婦，見兒媳長相標致，竟據為己有，為世人所不恥。當時宰相董槐為人剛正不阿，他想巴結董槐以取高位，為董槐拒絕，於是日夜謀劃報復董槐。寶祐四年（1256 年），趙昀下詔罷免董槐，丁大全恰好於此時上章彈劾，沒等罷免詔書下達，他就在半夜率士兵百人持刀包圍董家，恐嚇其要送交大理寺審訊，隨後脅迫將之弄至臨安城外，棄之而去，小人嘴臉一覽無遺。此舉引得朝野嘩然，太學生陳宗等六人上書揭露其奸，丁大全指使台諫官翁應弼、吳衍對陳宗等彈劾，開除學籍，流放邊州，同時禁三學（太學、宗學、武學）學生妄議國政。

馬天驥為衢州人，趙昀之女周、漢兩國公主下嫁，馬天驥絞盡腦汁送了別出心裁的大禮，博得趙昀歡心，任命與丁大全同為執政。

閻、馬、丁、董四人內外勾結，專擅弄權，擾亂朝政，引起眾多正直人士不滿，有人在朝堂門上寫下八個大字：「閻馬丁當，國勢將亡。」意在告誡趙昀如再寵信奸佞，國家前途令人堪憂。趙昀大怒，派人追查，

數月後一無所獲，只得不了了之。

趙昀也意識到自己在用人方面的失誤，逐漸採取一些措施補救。寶祐五年（1257 年）六月，馬天驥任執政八個月即被罷免。開慶元年（1259 年），蒙古入侵，丁大全由於隱瞞軍情，被罷免了宰相職務，在眾人的論劾之下，流放海島，途中被押送官畢遷擠落水中淹死。閻貴妃於景定元年（1260 年）病逝。只有宦官董宋臣，趙昀雖於景定元年將他流放到安吉州編管，但始終對其眷顧有加，其比趙昀早死幾個月，趙昀特贈其為節度使，以示優寵。

景定五年（1264 年），趙昀病逝。次年，葬於紹興府會稽縣永穆陵，諡建道備德大功復興烈文仁武聖明安孝皇帝，廟號理宗。在中國歷代帝王中，趙昀以尊崇理學著稱，在他統治期間將理學提高到官方哲學的正統地位，後人多認為其廟號即源於此。其實並非所然，據周密《齊東野語》記載，最初曾擬「景」、「淳」、「成」、「允」、「禮」五字備選，最後定為「禮宗」。但有人提出「禮宗」與金代遺民為金哀宗所擬諡號相同，便取其諧音，定為「理宗」。人們認為根據趙昀尊崇理學的實際，廟號曰「理」也屬名實相副。

荒淫無度的趙禥

1264-1274

皇帝在處理朝政之外，有一件很重要的事情是養育子嗣，分封諸藩，繼承皇位，使得家天下得以延續。因此，皇室都設三宮六院，後宮粉黛如雲。這在平民百姓看來似乎天經地義，但作為帝王，如果只專注於此，縱慾無度，無暇他顧，甚至大權旁落，就很成問題。趙禥就是這麼一位皇帝。

宋度宗趙禥像

皇侄即位
先天不足

說趙禥得先說一下理宗。理宗曾有兩個兒子，永王趙緝和昭王趙繹，但都在年齡不大時夭折。此後，後宮就再沒有為其生子。吏部侍郎兼給事中洪咨夔曾建議理宗選宗室子弟養育宮中，擇優者立為皇子，此時理宗剛近中年，對後宮仍抱有希望，未採納。淳祐六年（1246年），理宗年逾四十，後宮仍然未見動靜，立儲之事不能再這樣拖延下去，遂開始物色皇子人選。

理宗有個弟弟叫趙與芮，當年寧宗為沂王選嗣，將這兄弟二人都召入宮中，理宗經過一番周折做了皇帝。兄弟二人從小一起寄人籬下，感情很深，理宗即位後追封生父趙希瓐為榮王，趙與芮以嗣子身份繼榮王位。史籍對這位榮王着墨不多，可能是他比較安份，對親王的生活也比較滿足。

趙禥即理宗之弟趙與芮的兒子，即理宗的侄子，也是唯一的侄子。他於嘉熙四年（1240年）四月出生，小名叫德孫，母親為黃氏。黃氏並非正室夫人，而是隨趙與芮夫人李氏陪嫁而來的侍女。黃氏在懷孕的時候，擔心自己地位低下而影響孩子的未來，便服了墮胎的藥物，但孩子還是生下來了，這孩子就是趙禥。趙禥可能在孕育中受到藥物影響，發育遲緩，手腳發軟，很晚才能走路，七歲才會說話。

關於趙禥的智力人們說法不一，《宋史‧度宗本紀》說其「資識內慧，七歲始言，言必合度，理宗奇之。」說他很聰慧，講話得體，經常讓理宗感到驚奇。有人講這種說法自相矛盾，七歲才會說話，怎麼可能「資識內慧」、「言必合度」呢？完全是史家的溢美之辭，不足為信；但也有人說七歲說話並不證明智力就一定低，也可能是與眾不同；再一種說法則是他智力一般，語言遲鈍，有話說不出來，以致讓人琢磨不透，所以說他「資識內慧」；他講什麼話是想清楚了才說，所以說他「言必合度」。總之，趙禥的智商不會有多高，起碼不是天才，否則不會有這方

面的議論；但也不會特別低，並不像有人說的是弱智，那樣他在繼位中的所為便解釋不通。

理宗選立皇嗣，按照常人所想肯定選德才兼具之人，但皇上想的則是忠誠可靠。什麼人最可靠呢？肯定是最親近的人。那麼，誰跟他最親呢？當然是弟弟，兩人一母同胞，從小相伴長大，而弟弟又只有這麼個侄子，自然非他莫屬，這叫「肥水不流外人田」。但由於趙禥的情況，很多大臣反對將他立為皇儲。理宗為了說服群臣，甚至用說夢來證明自己想法的正確，他說曾夢到神人相告「此（指趙禥）十年太平天子也」。沒想到此話竟在若干年後應驗，趙禥真作了十年天子，但並非天下太平，而是兵荒馬亂，民不聊生。

淳祐六年（1246 年）十月，理宗將趙禥接入宮內接受教育，賜名孟啟；寶祐元年（1253 年）正月，立為皇子，又賜名禥，確立皇儲身份；十月，再封忠王。理宗對趙禥的教育很上心，七歲時便讓其入宮內小學讀書，立為皇子後，又專門建造「資善堂」作為學習的場所，選擇名家湯漢、楊棟、葉夢鼎等人授課。對其作息時間有嚴格規定，雞初鳴入宮向理宗問安，再鳴回宮，三鳴要到會議所參加處理政事，鍛煉理政能力；從會議所出來去講堂聽講經史，終日手不釋卷；傍晚再到理宗處問安，理宗考問所學內容，回答正確，賜座賜茶；反之則為其剖析，如果還不明白，便會受到斥責，令次日再學。

趙禥屬於那種腦子不太好使、也沒多大志向的人，對學習缺乏興趣，所以，學業沒有太大長進，經常惹理宗生氣，但畢竟是親侄子，也沒辦法。理宗知道他成不了什麼大器，便給他娶了一個聰明機智、頗識大體的妻子，叫全玖，是全太后的侄孫女，跟趙禥是表兄妹。其眉目清秀，儀態端莊，父親是個地方官，自幼隨父到各地任職，見過世面，對時事也頗有見解。初入宮時，理宗撫慰她說：「令尊寶祐間盡忠而死，每每念及，深感哀痛。」全玖聽後，答：「妾父誠然值得追念，可淮、湖地區的百姓更值得掛念。」說得理宗很高興。景定二年（1261 年）十二月，封其為皇太子妃，望她能輔助趙禥。

景定五年（1264年）十月，理宗去世，趙禥即位。尊理宗謝皇后為太后，因群臣知道趙禥的能力，雖然他已二十五歲，但仍有人上表請求謝太后垂簾聽政，但因不合祖宗法度而作罷。

一朝解脫
沉溺酒色

趙禥在即位之初，出台了一些措施，以向世人表明他要有所作為。任命馬廷鸞、留夢炎為侍讀，李伯玉、陳宗禮、范東叟兼侍講，何基、徐幾兼崇政殿說書，以求隨時能聽取這些大臣講治國強兵之道；又下詔要求各級臣僚直言奏事，特別請先朝舊臣趙葵、謝方叔、程元鳳、馬光祖、李曾伯等指出朝政中的弊端，以便加以改進。

但是，時間不長，趙禥便發生了變化。他從小作為親王之子，雖然國勢衰敗，偏安苟且，但他卻衣食無憂，盡享富貴，而且不處於權力的中心，使他養成了胸無大志、貪圖享樂、與世無爭、百無聊賴的性格。理宗將其選為皇子召入宮中，讓他學習經史，提高素養，掌握為政之道，但對他來講實在是非其所願、味同嚼蠟，甚至是一種煎熬；加之他智商有限，學習、理政實在吃力。理宗駕崩，對他來講是一種解脫，甚至一種慶幸，有點兒失去枷鎖的感覺。即位使他想到的並不是責任，而是有了盡情享樂的機會，所以，無心朝政，沉迷於聲色犬馬。這裡得說一句，理宗當初胸懷大志，意在中興，但到晚年行為惰怠，鍾情女色，喪失鬥志，對趙禥起到了非常不好的影響。

史書中說，趙禥在作太子時，就以好色聞名，別看他身體弱，但慾望極強，當上皇帝後，更加放縱。宋制規定：皇帝臨幸過的嬪妃，次日早晨要到閤門謝恩，由主管官員記錄在案，以備日後查驗。趙禥即位之初，一次到閤門謝恩的嬪妃竟達三十餘人！簡直難以想像。趙禥整日沉溺於酒色，公文懶得批覆，甚至不上朝堂，文武大臣根本見不到他的面。百

官無奈，只得齊聚祥曦殿上表，請他上朝，他不予理睬；時隔近一月，百官再次請他視朝，他依然不理；直至群臣連上七表，他才勉強臨朝聽政。侍御史程無岳規勸：「帝王長壽的方法在於修德，清心、寡慾、崇儉都是長壽的根本。」話說含蓄，但很尖銳，趙禥當面表示「嘉納」，但依然我行我素。

趙禥沉於酒色，無心理政，為了不受干擾，乾脆將朝廷政事委以他人；而臣僚則乘機竊權，攬權擅政，引得朝綱混亂。這時滋生出一個人物，即佞臣賈似道。此人祖籍台州（今浙江臨海），父親曾做過淮東制置使，從小不務正業，放蕩不羈。史書說他精於養蟋蟀，著有《促織經》，人稱「賈蟲」；好收藏，聚斂奇珍異寶、書法名畫，今尚存世的許多古代名家作品，如《王羲之快雪時晴帖》、《展子虔遊春圖》、《歐陽詢行書千字文卷》等，均曾為他的收藏。他依靠姐姐被封為理宗貴妃的關係，平步青雲。

賈似道得志於理宗後期，緣由就在於立趙禥為太子一事。只是當初有閻、馬、丁、董等佞人當道，他的作用和影響不及四人。當時理宗有意立趙禥為太子，向宰相吳潛提出，吳潛曰：「臣沒有史彌遠那樣的才能，忠王恐怕也沒有陛下那樣的福份。」此話一語雙關，話中有話，不但表示出反對立趙禥為儲的態度，而且觸及到理宗與史彌遠陰謀篡位的隱處，讓理宗頗為尷尬，可吳潛講的畢竟是事實，理宗也不好說什麼，但對吳潛產生不滿。

理宗與吳潛之間的隔閡實際上由來已久。當初宋蒙交戰之際，由於軍情緊急，吳潛行事往往先斬後奏，讓理宗很不滿。開慶元年（1259年），蒙古軍渡過長江，圍攻鄂州，理宗問吳潛對敵之策，吳潛主張理宗遷都以避敵鋒芒，自己死守臨安。理宗竟哭著質問吳潛：「你想作張邦昌嗎？」言下之意，指吳潛要另立朝廷，圖謀篡位。蒙古軍撤走以後，理宗對群臣說：「吳潛幾誤朕。」將君臣的不和公諸於眾。而賈似道與吳潛也早有矛盾，鄂州之戰前，吳潛聽從監察御史饒應子的建議，讓賈似道移屯黃州，此乃軍事要衝，賈似道認為吳潛是要將他置於死地，懷恨

在心。賈似道見理宗與吳潛在立儲問題上產生分歧，趁機上書，力主立趙禥為太子，迎合理宗之意，又命侍御史沈炎羅織吳潛指揮作戰不力、在立儲問題上「奸謀不測」等罪名，促使理宗罷免了吳潛。景定元年（1260年）六月，理宗下詔立趙禥為太子。趙禥從內心對賈似道充滿感激。

任由奸佞
樂得逍遙

趙禥即位，因賈似道有大恩於己，便知恩圖報，委以重任。每次視朝都答拜，稱之「師臣」而不呼其名。群臣也懾於他的聲威，稱之為「周公」。賈似道在理宗後期就飛揚跋扈，此時更是不可一世。他為了控制住趙禥，在趙禥剛即位便導演了一齣「辭職」的鬧劇。

咸淳元年（1265年），理宗剛剛下葬，賈似道竟不辭而別，棄官而去，隱居起來。但暗中卻指使黨羽荊湖帥呂文德謊報軍情，說北兵打下了下沱（今湖北枝江東南），直逼臨安。此情報使朝中亂作一團，趙禥和太后馬上起草詔書，請賈似道歸朝理政，並答應拜他為太師。這裡得說一句，賈似道之所以被如此看重，也是因為南宋朝中實在無人可用。按照規矩，拜太師必先拜為節度使，趙禥又趕緊授賈鎮東軍節度使。誰想賈似道對此並不滿意，冷冷地說：「節度使是粗人的好位子。」等到他奉命出節時，引得京城不少百姓圍觀，他竟突然說時日不吉，不去了，逕直回到家中，讓眾人驚愕不已。賈似道如此傲慢無禮，趙禥卻不敢說什麼，還得賠笑臉。

賈似道大權獨攬，趙禥將大小事完全委任於他，一方面是對其信任，更主要的是自己樂得逍遙，以致天下人只知有賈太師，而不知有趙禥皇帝！賈似道稍有不滿，便以病老歸退相挾，每次都把趙禥搞得非常狼狽。一年，賈似道提出要罷政歸養父母，趙禥趕快派人傳旨挽留，一天諭旨

四五遍。又專門派人賜其許多寶物，夜裡派人守候在賈府門前，怕他不辭而別。隨即，授以太師、平章軍國事，一月三赴經筵，三月一朝，赴中書堂治事，並賜第葛嶺，迎養父母。這等於是把賈似道供了起來。賈似道雖不上朝，但朝臣有事兒必須得去請示，以致朝臣們每天魚貫於去葛嶺的路上。

賈似道雖深居簡出，但對朝政控制得很緊。他結黨營私，重用奸佞，排斥異己，無惡不作。他不親理奏章，交由親信廖瑩中、翁應龍處理，但大小事兒都要經他點頭；對於敢於違抗他的人，輕則斥責罰俸，重則罷官禁錮，李芾、文天祥、陳文龍、陸達、杜淵、張仲微、謝章等人都因此受到排斥打擊。一時間，正人端士被清除殆盡，寡廉鮮恥之輩充斥朝中，有人為求依附，不惜重賄，出賣人格。一時貪風四起，趙禥於咸淳二年（1266 年）下達的戒貪令完全為一紙空文。

官場腐敗引得正直之士極度反感，不少人感到國家無望，紛紛提出辭職，一時間辭官歸鄉成為時尚。面對此種情況，趙禥於咸淳四年（1268 年）下詔，斥責辭職者「不義」，是欺世盜名，負於朝廷、負於國家，勉勵群臣要「公忠體國」。但時隔不久，湯漢請求免去刑部侍郎、福建安撫使之職；樞密都承旨高達再次請辭，乞歸故里；參知政事常挺之、葉夢鼎乞賜骸骨放歸田間，其中常已是第六次請辭；更有意思的是，江萬里、馬廷鸞剛任左右丞相不到一個月，便雙雙遞交辭呈。請辭之風蔓延，大有樹倒猢猻散之勢。

朝廷內部人心渙散，外部蒙古兵對宋的攻擊則日甚一日，襄陽長期被圍岌岌可危。賈似道作為朝廷的宰相，根本不管國家安危，在葛嶺大興土木，搜刮民財，四處搜取古玩珍寶，沉於享樂。咸淳九年（1273 年），蒙古軍攻打襄陽，南宋處於危亡關頭，賈似道為平民憤，裝出姿態要上前線指揮作戰，但暗地裡卻指使人上書，要趙禥留他守衛京城。趙禥果真下詔留他駐守，另派高達前去指揮。賈似道平時嫉恨高達，怕他功高，不讓他去，又假報襄陽安穩，朝廷竟也不再派兵。而呂文煥困守襄陽長達五年，最後在元軍統帥阿朮勸降下將襄陽開城投降，淪為叛臣。蒙古

軍勢如破竹，順江而下，南宋危在旦夕。

面對嚴峻形勢，賈似道賣乖，說當初如果讓他出征禦敵，絕不會如此。群臣心知肚明，情緒低落，無心於政，前方將士屢屢遭創。賈似道將前方傳來的情報進行扣押，每天編造好消息蒙騙趙禥。其實像趙禥這樣的昏君，就是知道局勢又能如何？

在蒙古軍鐵騎逼近臨安之時，趙禥於咸淳十年（1274 年）七月死去，他似乎有意規避亡國的責任，也是南宋最後一個有葬身之地的皇上，其子繼位後便被蒙古軍追得逃向了大海。他享年三十五歲，諡端文明武景孝皇帝，廟號度宗，葬於浙江紹興寶山永紹陵。

命運跌宕的趙㬎

1274-1276

趙㬎一生命運跌宕起伏，富有傳奇色彩。四歲繼位，國破家亡；地位從大宋君王到元之臣子、再到吐蕃佛門高僧；居住從秀美的江南到北方幽燕、再到蒙古大漠、直至青藏；本為一朝天子，居然專於佛學研究和翻譯，且造詣頗深。死後稱恭帝而不稱宗，只因當時宋已滅亡了數十年，元人給其上謚號恭皇帝，但無廟號。

宋恭帝趙㬎像

沖齡踐祚
家國無保

度宗縱慾無度，身體嚴重透支，於咸淳十年（1274 年）七月撒手人寰，終年只有三十五歲。留下了三個未成年的兒子：楊淑妃所生七歲的趙昰、全皇后所生四歲的趙㬎和俞修容所生三歲的趙昺。這三個孩子，先後都嘗試了一把做皇帝的滋味，儘管下場都很悽慘。

度宗死後謝太后召集群臣商議立帝之事。眾人認為楊淑妃所生的趙昰年長當立，但賈似道和謝太后則認為其為庶生，當立嫡子。賈似道在朝中權重，故決定捨長立幼，趙㬎便這樣被推上了尊位，成為了南宋的第七位皇帝。史籍說他「沖齡踐祚」，即年幼登基，當時只有四歲，故由謝太皇太后垂簾聽政，但朝政大權實際上仍掌握在宰相賈似道手中。

宋朝經過理宗和度宗的統治，風雨飄搖，氣數已盡。趙㬎繼位，等待他的並非榮華富貴，而是蒙古大軍壓境及國家走向敗亡。度宗沒有親手葬送國家，而是將此苦果留了了趙㬎。蒙古軍攻下襄陽後，忽必烈召阿術等還朝，阿術說：「此次作戰，發現宋兵日漸虛弱，大不如前，今不滅宋，更待何時！」忽必烈接受阿術的建議，下旨調兵遣將，決定對南宋以最後一擊。任命丞相伯顏為統帥，水陸並進，消滅南宋。咸淳十年（1274 年）九月，伯顏親率二十萬大軍，兵分兩路，一路由博羅懽和降將劉整率領，進攻淮南，直取揚州；另一路則由他率元軍主力，以降將呂文煥率水軍作先鋒，沿長江東下，直抵杭州。

進攻淮南的元軍被宋兵牽制在無為軍（今安徽無為縣），劉整因受伯顏壓制，怕搶不到渡江的頭功，怨憤成疾，暴死於城下；伯顏企圖攻佔鄂州（湖北鐘祥），遭遇宋將張世傑的頑強抗擊，只能繞道郢州以南的黃家灣堡，沿漢水南下，攻佔沙洋（今湖北沙洋）。十二月，伯顏率軍向鄂州進逼，在青山磯擊敗宋將夏貴率領的鄂、漢水軍，漢陽及鄂州的宋將相繼獻城投降。伯顏繼續率軍東下，因沿途守軍多為呂文煥的舊部，所到之地宋軍紛紛歸降。德祐元年（1275 年）正月，元軍到達江州（今

江西九江）；不久，宋將范文虎在安慶府獻城投降。

當元軍佔領鄂州後，京師太學生集體上書，請求「師臣」賈似道率兵出征，賈似道無奈，只得在臨安建都督府，但他害怕降元的劉整，不敢出兵。直到德祐元年正月，聽說劉整已死，暗喜：「我得天助也。」上表趙㬎請求出征，抽調各路精兵十三萬，用船載着無數金帛、器甲及給養，甚至帶着妻妾，浩浩蕩蕩，綿延百里。二月，行至蕪湖，與夏貴會合。夏貴見到賈似道，從袖中抽出一張字條，上寫：「宋歷三百二十年。」言下之意，宋氣數已盡，不要再為其無謂賣命。賈似道也沒多說，只是低頭歎息兩聲。

賈似道還幻想着像開慶元年（1259 年）同忽必烈講和那樣，派人與元知江州呂師夔聯繫，放回元軍俘虜，送荔枝、黃柑等南方水果給伯顏，表示願向元朝稱臣納幣。但伯顏不予理睬，元軍此番的目標是消滅南宋，絕非為了一點歲幣。所以繼續進攻池州（今安徽貴池），南宋知池州王起宗望風而逃，通判趙卯發堅守，城破前寫下「國不可背，城不可降，夫婦同死，節義成雙」的誓言，同夫人自縊而死，表現出崇高的民族氣節。

賈似道到達前線後，命大將孫虎臣統領前軍屯駐於池州下游的丁家洲，自己率後軍駐紮於魯港，夏貴率二千五百艘戰艦橫列於江上。伯顏令軍士砍乾柴放於數十個木筏之上，揚言要用火攻燒掉宋軍的艦船，宋軍得知後心驚膽顫，日夜防備，弄得疲憊不堪。伯顏見時機已到，水陸並進，攻擊宋軍。孫虎臣在兩軍交戰時竟在其妾的船上，宋兵以為主將逃跑，軍心大亂；夏貴自鄂州兵敗後，早就被元軍嚇怕了，伯顏乘勢追殺，突破孫虎臣、夏貴兩道防線，直抵魯港，宋軍大敗，眾多宋兵落入水中，溺水而亡，江水為之變赤。宋軍所攜軍械、輜重全部成了元軍的戰利品，賈似道慌忙與孫虎臣乘快船逃到揚州。

孤兒寡母
無人相助

魯港之役的潰敗，使宋軍精銳損失殆盡。伯顏繼續沿江東下，於三月進駐建康（今南京市），再分四路出擊，向臨安挺進。元軍進攻常州，此為扼守臨安的門戶，伯顏投入二十萬軍隊，常州知州姚訔、通判陳炤等奮勇抵抗。伯顏命令城外居民運土填充護城河，甚至將運土的百姓也用作填充，無比殘忍。十一月十八日，元軍開始總攻，兩天後常州城陷，為震懾宋軍，元軍進行野蠻屠殺，上萬人被害，全城僅有七人倖免。隨後，元軍逼近平江，平江守將不戰而降。元軍逼近臨安，南宋王朝危如累卵。

賈似道逃到揚州後，根本不作戰守準備，卻上書請求趙㬎遷都。因群臣反對，謝太皇太后未作應允。情勢危急，太后以趙㬎名義下詔勤王，但將領們多未響應，只有李庭芝和張世傑領兵來援。張世傑反而被執掌政事的樞密院事陳宜中懷疑，說他是從元軍那邊回來的，更換了其軍隊。

陳宜中是因依附賈似道而攀升的小人，見賈似道戰敗而成為眾矢之的，竟率先上書太后，請誅賈似道以正誤國之罪。謝太皇太后覺得賈似道輔佐三朝，沒有功勞也有苦勞，不能因一時之罪，失了對待大臣的禮數。因此僅罷去了為其特設的平章軍國重事和都督諸路軍馬的職位，貶為高州團練使，到循州安置，抄沒了其在臨安及台州的家產。謝后派人監押行至離漳州城南五里的木綿庵，賈似道被監押官鄭虎臣所殺，結束了其擅權誤國的一生。

蒙古軍大兵壓境，臨安城內一片恐慌。那些平日養尊處優、只會勾心鬥角的大臣們，全然不顧責任和廉恥，爭相出逃。三月，元軍第一次逼近臨安，臨安城實行戒嚴，同知樞密院事曾淵子等幾十名大臣連夜脫逃，朝中為之一空！更令人匪夷所思的是，簽書樞密院事文及翁和同簽書樞密院事倪普等人，竟暗示御史台和諫院大臣彈劾自己，以便卸職逃跑，結果還沒等到彈劾就倉皇出逃了。謝后見此悲痛欲絕。起草了一份詔書，

趙㬎
宋恭帝

張貼於朝堂之上，說：「我大宋朝建國三百餘年來，對士大夫從來以禮相待。現在我與繼位的新君遭蒙多難，你們這些大小臣子不見有一人一語號召救國。內有官僚叛離，外有郡守、縣令棄印丟城，耳目之司不能為我糾擊，二三執政又不能倡率群工，竟然裡外合謀，接踵宵遁。平日讀聖賢書，所許謂何？卻於此時做此舉措，生何面目對人，死何以見先帝！」然而，這些譴責與蒙古鐵騎的威脅相比顯得蒼白無力，根本激不起內外官員為宋室而戰的信心，趙㬎和謝太皇太后完全陷入了孤立無援的境地。

謝太皇太后無奈，只得派使臣柳岳找伯顏請求退兵求和。伯顏說：「汝國得天下於小兒，亦失之小兒。天道正是如此，還要再說什麼呢？」柳岳無言以對，只得返回。伯顏進駐平江，陳宜中又派陸秀夫、柳岳等人再赴元營，說情願稱侄納幣，若不行降稱侄孫。謝太皇太后甚至淚水漣漣地說：「假如能保持社稷，稱臣也不足惜。」但元軍的目標是大宋的江山，並不想收什麼侄孫或臣子，斷然拒絕。

謝太皇太后召集群臣商議，誰也拿不出擺脫困境的辦法。次日晚，元軍前鋒已抵達臨安外的北新關。文天祥、張世傑等大臣請三宮（太皇太后、皇后、少帝）轉移海上避難，自己率兵背城一戰。陳宜中認為這樣太冒險，不表同意，但暗地裡卻為謝太皇太后定策投降。她心底裡也認為宋朝氣數已盡，戰、守、走都辦不到，只有投降一條路。正月十八日，太皇太后派大臣楊應奎向元軍獻上傳國玉璽，遞上降表，哀乞伯顏體恤上天好生之德，網開三面，延續宋朝國祚。降表說：「臣㬎正值幼年，不幸國家多難，權奸賈似道背盟誤國，以致貴國興師問罪。我並非不打算趨吉避凶以求苟全，怎奈天命有歸，我又能逃往何處！現在謹奉太皇太后之命，削去帝號，以兩浙、福建、江東、江西、湖南、兩廣、四川、兩淮等地現存州郡，悉數送給聖朝，為宗社生靈哀乞請命。還望可憐宋朝三百年江山不致斷絕，使趙氏子孫世世有靠，那麼一定不忘大德！」

伯顏接受降表，即派使者告知陳宜中，讓其前往商議投降條件，說：「非宰相不能講和。」陳宜中接此口信，嚇得魂飛魄散，不敢前往，連夜逃

往溫州。翌日,謝太后加封文天祥為右丞相兼樞密使,讓其出面議降。文天祥到達元營後,神態自若,大義凜然,與伯顏據理力爭,意在保住宋王朝,結果被元扣留。

二月初五,在伯顏的精心策劃下,在臨安城舉行了受降儀式。脫去了皇袍的小皇帝趙㬎率降元的文武大臣宣佈正式退位,並遣使四出詔諭各州縣投降。隨後元軍接管南宋京師,此次伯顏規定元軍禁止殺掠,遣董文炳、呂文煥、范文虎等入城安撫百姓,撤銷官府和皇家侍衛軍,封閉府庫,收繳宋廷袞冕、圭璧、儀仗、圖籍以及大批財寶、器物等。至此,偏安江南一百五十年的南宋、以至創立三百餘年的趙宋王朝壽終正寢。

南宋亡於元朝,應當說完全出於必然,其長期遭受金國的屈辱,忍氣吞聲,畏敵如虎,如今碰上了更為強大的元朝,又怎能不亡?天數似乎也作出了解釋,事出巧合,小皇帝的名字趙㬎和年號德祐的中間兩字「顯德」,正好為後周亡國時的年號;後周是以孤兒寡母為政被宋所代,而宋滅時也恰好是寡母孤兒為政。所以,有人寫詩譏諷:「當日陳橋驛裡時,欺他寡婦與孤兒。誰知三百餘年後,寡婦孤兒亦被欺。」

北上幽燕
青燈黃卷

德祐二年(1276年)三月,伯顏以佔領者的身份進入臨安,謝太皇太后想和趙㬎一同覲見,遭到拒絕。次日,元軍派人送來忽必烈的詔書,要趙㬎速前往大都(今北京市)朝見元帝。使者入宮宣讀詔書,讀到免牽羊繫頸禮時,全太后哭道:「承蒙聖天子仁慈,留你一條性命,還不趕快拜謝!」趙㬎在眾人的攙扶下跪拜行禮,之後跟母親全太后和少數侍從離開臨安北上。謝太皇太后因有病暫緩啟程,不久也被押解到大都。

趙㬎
宋恭帝

趙㬎與母親一路風餐露宿，異常艱苦。雖路過瓜洲（今江蘇揚州東南）、真州（今江蘇儀征）時有宋軍營救，但救兵並非元軍的對手。一行人於五月二日到達大都，趙㬎很快受到忽必烈的召見，忽必烈是一名有頭腦的政治家，他清楚地意識到，這個落難的少帝仍然具有潛在的號召力，只有妥善地安置，才能廣為招徠南宋尚未歸附的文臣武將。於是，封趙㬎為開府儀同三司、檢校大司徒、瀛國公，全皇后、謝太皇太后也都受封了爵位。從此，趙㬎從大宋的帝王成為了元朝的臣子。相對於金人，蒙人對宋宗室比較客氣，因其與宋沒有直接的仇恨，不像對待金國，元滅金後將完顏宗室全部殺掉，一個不留。而且元欲統治中國，需要招降納叛宋朝官員。有人說，正是出於這一點，百年後朱元璋反元，讓元順帝以及宗室能得以安全地從北京退回大漠。

趙㬎和全太后在北京雖然過着衣食無憂的日子，但處處受到監視，完全失去了自由。南方的局勢尚未穩定，文天祥不肯降元，在談判中被扣，逃脫跑回江南，再次舉兵反元，一時中原各地群起呼應。元遣四十萬大軍進剿，兩年後，文天祥在廣東被張弘範俘虜，押往北京，忽必烈想招降其以安定人心，先後派張弘範、留夢炎勸說無效，又讓趙㬎前去勸降。文天祥看到昔時的君主，傷感萬分，痛哭流涕，北跪於地，只說了句「聖駕請回」，趙㬎見此情形，「噤不得語」。後來丞相孛羅及忽必烈本人對文天祥勸降均被毅然回絕，最後只能成全了其一片忠魂烈志，其氣節和精神令世人、也包括元統治者深深的敬重。

趙㬎在北京幽禁的生活史籍記載不多，只有零零散散。至元十九年（1282年），趙㬎十二歲，忽必烈突然下詔，將其從北京遣送至上都（今內蒙古正藍旗東閃河北岸），據說是聽信了一個僧人的讖語及當時中山（今河北定州）等地發生反元活動，感到趙㬎會危及統治，將其遣送。趙㬎在那裡生活了六年。

至元二十五年（1288年），忽必烈「賜瀛國公趙㬎鈔百錠」，十九歲的趙㬎感動不已。此時元朝在中原的統治已基本穩定，忽必烈不打算再供

養趙㬎母子，下詔：「瀛國公趙㬎學佛法於吐蕃」，即去西藏學習佛法，全太后則削髮為尼。一對母子就這樣都被勒令出家，從此二人骨肉分離，天涯各自。

趙㬎到吐蕃後，漢文史籍便沒有了記錄，但在藏文資料中偶有蹤跡。其到藏後得法號「合尊」，從此青燈黃卷，開始潛心學習藏文、佛法，後來成為漢藏佛典的著名翻譯家，還擔任過薩迦大寺的主持，成為西藏的佛學大師。翻譯有《百法明門論》、《因明入正理論》等典籍，自稱「大漢王出家僧人合尊法寶」，被藏族史家列入翻譯大師的名列。

關於趙㬎的死，漢文《佛祖歷代通載》有這麼一句：「至治三年四月，賜瀛國公合尊死於河西，詔僧儒金書藏經。」據此人們認為，趙㬎是被元英宗於至治三年（1323年）賜死於河西。原因則是他寫了一首五絕詩：「寄語林和靖，梅花幾度開？黃金台下客，應是不歸來。」元人認為他是借題發揮，懷念故國，煽動天下人心。但也有人認為「賜瀛國公」是獨立成詞，整句話不是被賜死的意思。從文字上看，趙㬎也不像是暴死，後面「詔僧儒金書藏經」，更有渲染朝廷禮遇之意。不管怎麼理解，趙㬎於當年結束他那坎坷、多舛的人生，享年五十三歲，其中在西藏生活了三十五年，此間就再也沒有踏入過中原和江南的故土！

趙㬎
宋恭帝

日暮途窮的趙㬎

宋端宗
景炎

1276-1278

蒙古大兵壓境，恭帝和謝太皇太后被迫降元，延續三百餘年的大宋王朝宣告滅亡。趙㬎被不甘就範的南宋遺臣擁立為帝，建立流亡小朝廷，南宋臣民以此為旗幟又堅持了數年的抗元鬥爭。

相傳宋端宗趙昰和趙昺被元朝軍隊相逼南逃避難，曾在今九龍舊啟德機場附近建立行宮「石殿」，後人為紀念他，建有「宋王臺」。香港日據時期，啟德機場擴建跑道，整塊巨岩被炸毀。

幸免於難
被擁為帝

在元軍大舉南下之初，度宗病亡，留下了三個兒子，長子趙昰，次子趙㬎和三子趙昺。趙昰的母親是楊淑妃，趙㬎的母親是全皇后，趙昺的母親是俞修容，這就是說，年齡趙昰最大，而論身份則趙㬎是嫡子。該立誰繼承皇位呢？謝太后召來群臣商議。群臣多以為戰亂時節應當擯棄舊規，立年齡稍長的趙昰，但把持朝政的賈似道則主張立嫡，以保持皇脈的純正。實際上趙昰、趙㬎都是孩童，誰也不可能主理朝政，率部抵抗，關鍵看其身後的勢力，論此無疑是賈似道勢強，謝太后也同意其主張，結果，立嫡子趙㬎為帝，趙昰受封吉王，趙昺受封信王。

德祐二年（1276 年），趙昰進封為益王，出判福州；趙昺進封為廣王，出判泉州。按照朝廷的意思，是想讓二人前往經略閩、廣，徐圖恢復。此建議在文天祥為相時就提出，但沒有回應。此次經大臣再次提議，謝太皇太后應允，任命駙馬都尉楊鎮及楊淑妃的弟弟楊亮節、俞修容的弟弟俞如珪為提舉二王府事。這時趙昰八歲，趙昺五歲，都尚不諳世事。而三位提舉都為國戚，楊亮節和俞如珪更是二王的母舅，實際上是他們代行其事。二王出判閩、廣，當時看並沒什麼，但後來元軍攻入臨安，他們有倖免罹被俘的厄運，為宋亡後臣民繼續進行抗元鬥爭提供了一個聚集的空間。

元軍入杭前，楊鎮等人護送二王離京，同行的還有楊淑妃。元丞相伯顏佔領臨安後，為控制南宋宗室，派降將范文虎領兵追至婺州（今浙江金華），找尋二王。楊鎮得知元軍來追，心想：「皇上已降，二王是度宗僅存的親子，不能再落入元人之手。」決定自己返回臨安，臨行前對二王說：「我前往就死，以緩和追兵。兩位殿下速離此地，不可滯留。」楊鎮在途中遇到范文虎，說與二王走失，范文虎搜尋無果，只好押着楊鎮回去交差。楊亮節等人背負着二王在山中隱藏了七天，才脫離危險，逃到溫州。

宋端宗
趙昰

臨安淪陷，南宋的一些文臣武將得知二王抵達溫州，便懷着東山再起的心情前來投奔。陸秀夫輾轉而至，張世傑率水軍而來，這二人及文天祥被譽為「宋末三傑」，都是頗有血性之人。陳宜中恰巧也在此地，此人貪生怕死，身為宰相，因害怕赴元營談判，倉皇出逃，所帶的船隊就停靠在溫州附近的清澳。這些昔日宋室的重臣，如今又彙集於二王的麾下。溫州的江心寺，宋高宗南逃時曾到過此地，其御座還保留在那裡，眾人觸景生情，在御座下失聲痛哭。隨即，眾臣擁戴趙昰為天下兵馬都元帥，趙昺為副元帥，發佈檄文，詔示各地忠臣義士緊急勤王，光復宋室。正在此時，成為元人階下囚的謝太皇太后委派兩名宦官帶領百餘兵丁前來，要迎接二王回臨安投降元軍。眾人怒不可遏，一哄而上將這些人推入了大海。

隨後，趙昰連同元帥府遷往遠離元軍威脅的福建。陳宜中、張世傑、陸秀夫等臣得知少帝趙㬎被擄北上幽燕，於德祐二年（1276 年）五月一日，在福州擁立趙昰為帝，改元景炎；冊封楊淑妃為太后，垂簾聽政；進封趙昺為衛王。陳宜中被任命為左丞相兼樞密使、都督諸路軍馬，陳文龍、劉黻為參知政事，張世傑為樞密副使，陸秀夫為簽書樞密院事，蘇劉義主管殿前司。這裡得說一句，臨陣逃亡、妒賢嫉能的陳宜中又被委以高職。流亡小朝廷在福州建立起來，粗具規模。

內訌頻頻
抵禦乏力

流亡政權剛剛建立，外臨強敵，內無根基，本該同心協力，共同禦敵，但其內部卻開始爭權奪利，相互傾軋，分化了本來已經非常孱弱的力量。被元人扣留的文天祥逃脫後來到寧波，眾臣主張任命其為右丞相兼樞密使，但陳宜中與文天祥素來不和，只讓其任樞密使同都督一職。文天祥提出回師溫州，圖謀進取，陳宜中拒絕，他怕文天祥對其權力構成威脅，

命其在南劍州建立都督府，經略江西。楊淑妃的弟弟楊亮節在朝中秉權，秀王趙與檡以趙氏宗室身份對其所為進行諫止，遭到楊的忌恨，藉機讓其出兵浙江。有人說秀王忠孝兩全，應該留下來輔佐朝廷，以提高朝廷的威望，楊亮節聽後更為憂慮，擔心自己的地位將不保，堅決要將其排擠出朝廷。趙與檡在處州與元軍交戰，被俘不屈而死，表現出高尚的氣節。陳宜中則又開始使出其慣用黨同伐異的手段，指使言官將陸秀夫彈劾出朝廷。眾臣們都覺得不妥，張世傑責備說：「現在是什麼時候？還在動不動就以台諫論人！」陳宜中無奈，只得又將陸秀夫召回。

小朝廷的建立起到了一定凝聚和號召作用，但畢竟實力有限，將士的情緒受朝廷降元的嚴重影響，戰鬥力不強。朝廷派遣將領吳浚收復南豐、宜黃、寧都三縣，翟國秀進攻秀山，傅卓進攻衡、信等縣，所到之處，百姓紛紛揭竿響應。元軍來攻，佔領婺州、衢州，攻打吳浚，吳浚戰敗撤走，翟國秀不戰而逃，傅卓戰敗投降。廣東經略使徐直諒在恭帝被擄後心灰意冷，派部將梁雄飛到元營聯繫投降，當得知宋重建朝廷，幡然悔悟，重歸宋室，但元軍來攻，兵敗出走。

在各地兵敗之際，揚州也告危急。駐守揚州城的是抗元英雄、淮東制置使李庭芝和保康軍承宣使姜才，元將阿朮攻於揚州城下，派李虎進城勸降，李庭芝將其斬首；阿朮又派使者拿着謝太皇太后的手詔招降，李庭芝義正詞嚴：「奉詔守城，沒聽說過以詔諭降。」當姜才獲悉被擄恭帝和全太后將途經瓜洲（今江蘇揚州東南）押往北方，旋冒死去救。元軍見勢不妙，忙挾恭帝等人向北逃遁。姜才追擊，阿朮率軍趕到，將其團團圍住，勸其投降，姜才厲聲拒絕：「吾寧死，豈能作降將軍！」拚死殺出重圍返回揚州。謝太皇太后又下詔書：「前日下詔令卿納城投降，多日不見回報，是不是沒有洞悉我的意圖，還要負隅頑抗？現在，我和嗣君都已降元，卿還為誰守城？」李庭芝不予回答，下令發弩射擊使者，射斃一人，其他人狼狽逃竄。阿朮派兵據守高郵、寶應，以斷絕揚州的糧道，博羅懽攻佔泰州新城，將夏貴的淮西降卒驅趕於城下，進行勸降。李庭芝的手下也勸李帥想想退路，李庭芝說道：「我只求一死而已！」忽必烈親自下詔書招降，李庭芝將來使斬首，把詔書燒掉。揚州當時已

趙昰
宋端宗

然成為一座孤城，糧食已絕，市民、兵士以雜物充飢，甚至出現人相食的現象。姜才率兵數次突圍運米，負傷纍纍，三軍見之，無不動容。

小朝廷為了充實力量，派使者召李庭芝、姜才趕赴福州，李將城交淮東制置副使朱煥把守，準備同姜才從海路南下。不料他們剛剛離開揚州，朱煥就叛變投敵。元軍知他們沒有走遠，派兵急追，將二人包圍於泰州，泰州守將投降，李庭芝、姜才被俘。阿朮指責李庭芝為何不及早投降？姜才搶答：「不降者我也，要殺便殺，何用多言！」之後怒罵不止。阿朮愛其忠勇，不忍殺之，以高官厚祿勸降，姜才嚴詞拒絕：「姜某生來只為宋臣，寧為玉折蘭摧，不為瓦礫長存，絕不對元稱臣！」降元的朱煥唯恐不殺李庭芝、姜才於己不利，竟向阿朮說：「揚州自用兵以來，屍骸遍野，都是李庭芝與姜才造成的，不殺他們更待何時？」阿朮將李庭芝、姜才押至揚州處死，揚州民眾聞者莫不泣下。

疲於奔命
死於驚嚇

元軍破揚州後，再攻真州（今江蘇儀征）。真州守將趙孟錦乘霧出兵，襲擊元軍，無奈日出後大霧散盡，元軍見宋軍人少，進行反擊，趙孟錦匆忙登船，不慎落水而死，元軍乘勢攻陷真州城，淮東州縣盡陷元軍之手。

淮東淪陷，福建也變得不安全。小朝廷任命王積翁為福建招撫使，兼知南劍州，防禦上三州；黃佺為副使，兼知漳州，防禦下三州，力保小朝廷的安全。景炎元年（1276 年）九月，元軍派出舟師和騎兵，分道由明州（今浙江寧波）和江西出發，大舉向閩、廣進軍，力圖清掃不屈的殘宋臣民。元軍接連攻陷建寧、邵武、南劍等地，福安府盡失屏障。

此時宋軍其實在福安府周圍屯駐有大量兵力，有正規軍十七萬，民兵

三十萬，還有戰鬥經驗豐富的淮兵一萬人，數量遠比元軍要多，而且元軍不習水戰，如果運籌得當，在閩江一帶完全能同元軍一決雌雄，勝負將很難預料。但朝中群臣勾心鬥角，權力分散，沒有有威望、勝任於危難之際的帥才，結果元軍舟師從海上包抄過來，貽誤了絕好的戰機。陳宜中貪生怕死，張世傑悲觀失望，見元軍攻來，驚慌失措，慌忙護擁趙昰和趙昺登舟出海。宋室的船隊剛剛離岸，便與元軍舟師狹路相逢，幸虧大霧瀰漫，宋船才得以逃脫。隨着小朝廷的撤離，福安府陷落元軍之手。自此，小朝廷的立足之地就只剩下了舟船，流亡於海上。

十一月，趙昰隨船隊逃至泉州。泉州的招撫使是阿拉伯商人蒲壽庚，曾擔任泉州市舶司使三十年，是個大富商。他見宋復國無望，早有叛心。他請趙昰駐蹕泉州，張世傑認為非長久之計，沒同意。張世傑徵用了他一批海船，他竟大怒，殺害了大批宗室和淮兵，投降了元朝。小朝廷在泉州立不了腳，便轉移潮州，不久又移至惠州的甲子門（海豐以東海口）。

十二月，元將阿剌罕收降泉州，接着，元軍攻擊興化軍，進軍廣西，當地守將陳文龍、馬墍、鄧德遇等人對宋室忠貞不渝，面對元人所給予的高官厚祿誓死不降，大無畏精神令人敬佩不已；但也有不少將領貪生怕死。抗元英雄文天祥輾轉漳州、梅州（今廣東梅縣），經過整頓，率軍越過梅嶺進攻江西，收復會昌、雩都，在興國建立大本營，進攻吉州，包圍贛州，江西抗元義士紛紛起兵響應。當時，廣東、四川、福建各地也遍地抗元義軍。

但這只是一時的迴光返照，景炎二年（1277年）三四月間，元室因內部不靖，忽必烈召回了在南方陣前的將領。內亂平息，元軍再次發動攻勢，攻擊贛南文天祥大本營，文天祥倉促應戰，失利，宋兵潰散殆盡，其妻子幕僚都被元軍俘虜。文天祥退至汀州，又輾轉廣東，最後在廣東被俘。

七月，元軍將領劉深來攻，張世傑趕緊護衛趙昰乘船逃亡，先到秀山，又至珠江口的井澳。在井澳，海上刮起颶風，掀翻了趙昰的座船，趙昰落入水中，幸虧搶救及時，沒有被淹死，但受到驚嚇，大病不起。元軍

四處設卡，趙昰和小朝廷無法登陸，只能在海上漂泊。本打算遷往占城（現屬越南），去聯繫的陳宜中一去不返，他們只好繼續游蕩在海上。景炎三年（1278 年）四月，在海上漂泊百餘日的趙昰病死在廣州灣的岡州，年僅十一歲，諡裕文昭武愍孝皇帝，廟號端宗，也稱宋帝昰，葬於廣東省新會縣南的永福陵。

替人受過的趙昺

宋帝昺　祥興　1278-1279

說宋代說到後幾任帝王，總帶有指責甚至怨憤，他們的軟弱、昏庸和奢靡，導致了王朝一步步走向衰朽和滅亡。中國也正是從那時起，變得惰性十足，軟弱可欺。可說到趙昺，卻沒有了指責，充滿了同情，因為他是一個孩子，一個不懂事的孩子。他在懵然不知的情況下封王、即位、逃亡以至最後被別人背着跳海，死時只有八歲。隨着他生命的終結，趙氏王朝徹底落下帷幕。

位於深圳蛇口赤灣的宋少帝陵。在崖山海戰中，宋軍大敗，陸秀夫背負少帝趙昺投海自盡。後人為趙昺修建此衣冠塚，以示紀念。

兄終弟及
顛沛流離

趙昺生於咸淳八年（1272年），母親是俞修容。咸淳十年（1274年）四月，授左衛上將軍，封永國公；七月，恭帝趙㬎即位，年僅三歲的他被授為保寧軍節度使，開府儀同三司，進封信王。

德祐二年（1276年）正月，作為臨安府尹的文天祥提出以二王（即吉王趙昰和信王趙昺）出判閩、廣兩地，建立後方，徐圖發展，但未獲響應。元軍入杭的前夕，有人再次提出此議，得到響應，趙昰晉封益王、判福州、福建安撫大使；趙昺則晉封為廣王，判泉州，兼判南外宗正。

臨安陷落後，南宋遺臣在寧波擁立趙昰為天下兵馬都元帥，趙昺為副元帥。恭帝被擄北上，又擁立端宗為帝，趙昺進封為衛王。經過三年的顛沛流離，端宗及流亡的小朝廷周轉數地，歷盡艱辛，多次擺脫數元軍的圍追堵截，飄泊於海上。景炎三年（1278年）四月，趙昰因海上颶風將船掀翻，落入水中，被救起後驚病交加，病死於廣州灣的岡州。

趙昰死，許多大臣認為流亡朝廷該告終結，想一散了之，各奔前程。因為大多數人實在看不到希望。假如這樣，尚存的抗元力量就會即時瓦解，光復宋室就絕對無望了。面對欲作鳥獸散的大臣們，陸秀夫站了出來，慷慨陳詞：「諸君為何散去？度宗一子還在，他怎麼辦呢？古人有靠一城一旅復興的，何況如今還有上萬將士，只要老天不絕趙氏，難道不能靠此再造一個國家麼？」群臣被陸秀夫的話所打動，遂立趙昺為帝，改元祥興；趙昺年幼，由楊太后垂簾聽政；陸秀夫任左丞相，與張世傑同執朝政。

進駐涯山
忠魂不朽

新相陸秀夫、張世傑感覺岡州不夠安全，便把小朝廷轉移至廣東新會縣以南八十公里大海中的崖山（今廣東新會崖門附近），張世傑指揮在島上修建行宮、軍營，儲備糧草、器械，製造舟楫，準備駐紮休養，以待復起。正在外地的文天祥聞之也積極跟朝廷聯繫，逐漸把軍隊轉移至海豐一帶活動。

元軍得知文天祥的行蹤，先鋒張弘正一路急行，追至五坡嶺，文天祥沒料到元軍來得快，倉猝應戰，被元軍活捉。其手下將領劉子俊自稱文天祥，想代文相去死，文天祥被押至，說自己才是文天祥，二人相爭，元軍確認了身份，將劉子俊烹殺，其將帥之情令人感動。

文天祥失敗，元主將張弘範率水陸軍兩萬殺向廣南，張弘範是張弘正的哥哥，為元初世侯張柔之子。祥興二年（1279年）正月，元軍追至崖山，張世傑率軍迎戰。珠江口外，零丁洋上，戰雲密佈。張世傑此時擁有戰船一千艘，其中有不少形制巨大的海上樓船，兵民二十多萬；而元軍只有大小船隻八百餘艘，且三百多艘迷失了航向，尚未趕到。從兵力對比上講，宋軍還稍佔優勢。但戰爭的勝負並不完全取決於實力，軍隊士氣、指揮方略以及天時地利，都起着關鍵性的影響。

隨趙昺逃難的多為忠義之士，而非鑽營之徒，他們在危難之際擁立朝廷，並非為了私利，而是欲光復宋室。張弘範得知元軍中有一韓姓軍官為張世傑的外甥，便連續三次派去招降，遭到張世傑嚴詞拒絕：「我知投降可以生，可富貴，但義不可移，我豈可為之！」文天祥被俘後被帶到崖山，張弘範讓其寫信勸降，文天祥道：「我不能捍衛父母，卻教人背叛父母，這怎麼能行？」張弘範一再逼促，文天祥賦《過零丁洋》詩一首以作答：「辛苦遭逢起一經，干戈寥落四周星；山河破碎風飄絮，身世浮沉雨打萍；惶恐灘頭說惶恐，零丁洋裡歎零丁；人生自古誰無死，留取丹心照汗青。」詩文大氣磅礡，情勢豪邁，特別是最後兩句，稱得上

是我們民族的精神佳釀，也是中國文學史上的不朽佳篇。

文天祥的精神感動了世人，也令元人敬佩。張弘範讀罷，不禁讚歎：「好人好詩。」待攻破崖山後，張弘範勸誘文天祥：「國家已經滅亡了，丞相的一片忠心也算盡到了，若能改變心志，像服侍大宋一樣服侍元朝，還可照舊作宰相。」文天祥悲愴落淚：「國亡不能救，為人臣者死有餘辜，怎敢逃避死亡，而改變自己的初衷呢？」

文天祥被押至大都，元廷高規格款待，派人輪番勸降。先是降元的宰相留夢炎，文天祥不等其開口，大聲訓斥：「你為宋朝的宰相，現竟穿起元朝官服賣國求榮，還有臉來見我，你還有臉見宋朝父老嗎？」其灰溜溜地走了。接着是被俘的小皇帝趙㬎，因為有君臣之分，文天祥只說了一句：「聖駕請回！」

見用俘虜不行，元丞相孛羅親自出馬，文天祥見其長揖不拜，孛羅指責：「人言你為忠臣，但拋棄德祐嗣君，另立二王，這是忠臣所為嗎？」文天祥答：「當此國家危亡之時，應以社稷第一，君次之；我另立二王，是為國家打算。」孛羅大怒：「你擁立二王，竟要成就什麼功業？」文天祥反唇相譏：「立君是為了保存宗廟，宗廟在一天，就盡一天臣子的職責，有什麼功業可言？」孛羅道：「既然知道是徒勞無益，何必去做？」文天祥說：「父母有重病，雖知不能救，卻沒有不給服藥的道理，那是對父母的一片孝心。不能救，則是天命。我今日做了階下囚，只有一死了之，何必再囉嗦！」孛羅欲殺文天祥，忽必烈及眾多大臣不同意，張弘範在病中上表，說文天祥忠於自己的君主，值得稱讚，請元主放其一條生路。

文天祥在獄中寫下《正氣歌》，為忠魂烈魄的千古絕唱。忽必烈敬其忠，惜其才，竟親自召見，告諭說：「如果能改變效忠大宋的心志來效忠我，我就讓你做丞相。」文天祥答：「我本大宋丞相，怎能忠於兩姓？不必費言，寧願一死。」忽必烈還是不忍殺他。由此可見，忠臣是受到眾人敬仰的，也包括他的敵人；而且還能看出元代統治者珍惜人才，很看重人的氣節。

趙㬎
宋帝㬎

最後，忽必烈終於在勸降無果的情況下，於至元十九年（1282 年）十二月將文天祥斬首。行刑當日，大都颳起大風，煙塵瀰漫，忽必烈仍戀戀不捨，歎息道：「好男兒，不為我用，殺之太可惜了。」文天祥從容鎮靜，視死如歸，面向大宋所在的南方，再拜而死，時年四十七歲。死後，人們發現他衣帶上的絕命書寫道：「孔子說過『成仁』，孟子說過『取義』，只有義盡，才能仁至。讀古聖賢書，所作何事？從今以後，我問心無愧！」在場圍觀的人無不為之動容。

戰略失當
一跳終古

張弘範招降不成，崖山決戰不可避免，宋元雙方都在積極準備。元軍其實在兵力上並不佔優，且存有不少弱點，他們習慣於馳馬平川，不適於水戰；而船工多為南方人，內心向宋，如果形勢改變，他們會轉變立場。

決戰前夕，有人向張世傑建議：「海口之地，至關重要，倘元軍以水師扼守海口，則我不能進退。不如派兵防守，若能僥倖取勝，那是國家的福氣；不勝，還可撤走。」張世傑認為，自祥興以來，宋軍久在海中，如果大軍調動，士卒離散，再無力抗戰，他說：「頻年航海，何時得休？不如一決勝負。能勝是國家之福，不勝則同歸於盡。」這就是孤注一擲了，不知他是實在飄蕩煩了還是對勝利缺乏信心，似乎想一戰便見分曉。倒是張弘範派水師佔據了海口，斷絕了宋軍打柴取水的通道。宋軍在船上沒有淡水，只能喝海水，結果一喝就吐，身體綿軟無力，逐漸喪失了作戰能力。

二月初六，決戰的日子到來。張世傑用繩索將千餘條舟船連成一字長陣，停泊於海中，四周修起樓棚，船舷糊上濕泥，像陸地上的城堡一樣，又將島上行宮燒掉，把趙昺也遷到船上，與元軍對峙。這無疑犯了兵家大忌，宋軍乃窮寇之師，本應機動靈活，化整為零，進退自如，積蓄力量，

而張世傑卻將所有船隻綁在一起，毫無保留地暴露在元軍面前，以顯聲勢，這是在給自己壯膽，也給自己挖掘了墳墓。

元軍主將張弘範部署，將主力分為四隊，由猛將李恆率軍攻打宋軍北面及西北的船隊，自己率領精銳的中軍及其他將領進攻宋軍南部。他命令各軍將領：「宋軍船隊西泊崖山，潮水退時，必定東遁，北軍即應乘潮進攻，不能讓其逃竄。南軍聽到帥船奏樂，即向宋軍開火，違令者斬！」

這天早晨，天氣特別惡劣，西北上空一片昏黑。不久彤雲密佈，陰風怒號，十分恐怖。上午，早潮退去，水流由北向南，張弘範令李恆率船隊順流而下發起攻擊。張世傑忙指揮淮軍抵抗。當年海戰，近則雙方士兵躍到對方船上短兵相接，遠則發射弓箭、火炮射擊。一時間，炮火轟鳴，羽箭蝟集，雙方士兵拚死而戰，戰鬥持續了兩個時辰，海上硝煙瀰漫，將士精疲力竭，沒有分出勝負，雙方暫時休戰。

午後漲潮時，張弘範的帥船鼓樂聲起。張世傑沒有在意，連日的戰鬥讓他心神疲憊，士卒們則勞頓不堪，思想放鬆了戒備。這時元軍迅速殺來，炮火震天，箭矢如雨，張世傑慌忙指揮軍隊應戰。張弘範預先偵知宋軍南面有一大將指揮，力量較強，便親率中軍來攻，將艦船的兩舷蒙着布幛，士兵手持盾牌，躲在布幛之後，宋軍見敵船接近，亂箭齊發，都插在布幛、船舷上，並傷不着元兵。宋元船隻靠近，元兵紛紛跳上宋船，雙方短兵相接，殺成一團。由於宋軍船隻都連在一起，給元軍短兵相接提供了方便，宋軍被動挨打，元軍完全佔據了上風。

此時，李恆從北面攻來，宋軍腹背受敵，兵士疲於抵擋。不久，有幾艘宋船上的桅杆被砍斷，旗幟飄落，標誌着這些船上的宋軍已停止抵抗，被元軍收繳，宋軍陣勢大亂，將領翟國秀、凌震先後解甲投降。張世傑見勢不妙，忙向其餘船隻下令，砍斷繩索，集中到指揮船周圍，準備突圍。

這時天色已晚，風雨驟起，霧氣瀰漫，咫尺之間不能相辨。張世傑擔心趙昺，忙派人乘小船前去接應，但負責保護趙昺的陸秀夫怕是元人假冒，

趙昺
宋帝昺

拒絕了救援，張世傑只好和將軍蘇劉義保護楊太后衝出重圍。

趙昺的御船體積大，又與其他的船隻緊緊地連在一起，行駛格外困難。而失去了張世傑派人營救的機會，趙昺的處境異常危險。眼看着靖康之難及恭帝被俘的事件又要發生，陸秀夫決意不能讓趙昺落入元人之手，要陪同趙昺一起殉難！他先讓妻子兒女投海自盡，對趙昺說：「國事至此，陛下應當為國而死。德祐皇帝被俘，受辱已甚，陛下千萬不可重蹈覆轍。」趙昺聽後嚎啕大哭，陸秀夫為他穿上皇袍，將御璽繫於脖頸，背負其跳入大海。宋軍將士以及官員、嬪妃們見此也紛紛隨之殉難。

數日之後，陸秀夫的屍體浮出海面，被鄉人收葬。元軍在清理戰場時，發現一具身着黃袍的幼童屍體，脖子上繫有一尊金璽，上書「詔書之寶」四字，送交張弘範，經確認正是宋室的御璽。張弘範忙派人再找趙昺屍體，已下落不明。

張世傑擁楊太后衝出重圍後，聽到趙昺的死訊，楊太后痛哭失聲，投水自盡。張世傑收拾殘部，逃亡海上，突遭暴風雨，張世傑仰天大呼：「我為趙氏已經盡心盡力了，一君亡，又立一君，如今又已亡矣。今遭遇大風，不知天意如何？若老天不要我存復趙氏，就讓大風吹翻我的船吧！」狂風大作，船沉沒於海中。

崖山之戰是宋軍抗元、也是元軍滅宋的最後一戰，隨着宋軍的失敗及趙昺赴死，流亡三年的南宋小朝廷及大宋王朝徹底宣告滅亡。趙昺死時八歲，沒上謚號和廟號，後人稱宋帝昺或宋幼主，衣冠墓在今廣東深圳的赤灣村。

宋代卷

皇帝也是人

范捷 著

責任編輯　張俊峰

書籍設計　黃沛盈

出　　版　三聯書店（香港）有限公司

　　　　　香港鰂魚涌英皇道一〇六五號一三〇四室

　　　　　Joint Publishing（Hong Kong）Co., Ltd.

　　　　　Rm. 1304, 1065 King's Road, Quarry Bay, Hong Kong

香港發行　香港聯合書刊物流有限公司

　　　　　香港新界大埔汀麗路三十六號三字樓

印　　刷　中華商務彩色印刷有限公司

　　　　　香港新界大埔汀麗路三十六號十四字樓

版　　次　二〇一一年十月香港第一版第一次印刷

規　　格　十六開（165mm × 260mm）二五六面

國際書號　ISBN 978-962-04-3160-9

本書原由紫禁城出版社以書名《皇帝也是人（宋代卷）》出版，經原出版社授權本公司在港台及海外地區以中文繁體出版發行本著作。